本研究是国家社科基金项目（21BSH097）的重要成果之一，教育部产学合作协调育人项目（201902036018，201902315002）、教育部中外语言交流合作中心重点项目以及广东省自然科学基金项目、广东省社会科学基金项目、华南理工大学重点培育项目"区块链应用研究""区块链+场景下的应用研究"等项目资助。

|光明学术文库|经济与管理书系|

区块链+跨境电子商务理论与探索

王庆年 等 | 著

光明日报出版社

图书在版编目（CIP）数据

区块链+跨境电子商务理论与探索 / 王庆年等著. －－北京：光明日报出版社，2021.10
ISBN 978－7－5194－6429－5

Ⅰ.①区… Ⅱ.①王… Ⅲ.①区块链技术—应用—电子商务 Ⅳ.①F713.36

中国版本图书馆 CIP 数据核字（2021）第 274300 号

区块链+跨境电子商务理论与探索
QUKUAILIAN+KUAJING DIANZI SHANGWU LILUN YU TANSUO

著　　者：王庆年等	
责任编辑：刘兴华	责任校对：张彩霞
封面设计：中联华文	责任印制：曹　净

出版发行：光明日报出版社
地　　址：北京市西城区永安路 106 号，100050
电　　话：010-63169890（咨询），010-63131930（邮购）
传　　真：010－63131930
网　　址：http：//book.gmw.cn
E － mail：gmrbcbs@ gmw.cn
法律顾问：北京市兰台律师事务所龚柳方律师

印　　刷：三河市华东印刷有限公司
装　　订：三河市华东印刷有限公司
本书如有破损、缺页、装订错误，请与本社联系调换，电话：010－63131930

开　　本：170mm×240mm	
字　　数：296 千字	印　　张：17.5
版　　次：2022 年 10 月第 1 版	印　　次：2022 年 10 月第 1 次印刷
书　　号：ISBN 978－7－5194－6429－5	

定　　价：98.00 元

版权所有　　翻印必究

序

当前，区块链技术的应用领域已经超越了金融领域，并逐步在供应链、征信、身份认证、公益慈善、物联网等领域展开实践。伴随着全球对区块链技术的应用与拓展，各种区块链相关的上游、中游和下游应用不断发展，形成了不少实际应用产业，对社会经济发展起到较大的推动作用。而这些发展和各类应用的深化，给跨境电子商务带来巨大变化，对跨境商务的商业模式、支付系统、营销模式、物流体系、安全体系等一系列领域都带了改变。针对这些新变化，对跨境电子商务理论和实践展开相关研究具有较大的意义。一方面，研究这些变化对于探索深化当前的跨境电子商务理论有一定的支撑作用；另一方面，应对新变化带来的新挑战可以提出政策层面的相应对策，对国家跨境电子商务未来发展具有一定的借鉴。

关于跨境电子商务对"贸易距离"影响的研究趋于多元化，例如，有的研究认为跨境电子商务作为一种新型的贸易模式可以通过部分的消灭"贸易距离"来减少贸易成本；有的文献认为跨境电子商务并没有有效地降低"贸易距离"，两国的地理距离仍然是影响双边贸易的重要影响因素；而且对跨境电子商务的贸易效应的实证研究并没有得出一致性的结论。目前，国内有关跨境电子商务的研究主要集中于跨境电子商务平台建设、跨境物流体系建设、跨境支付方式、跨境电子商务税收等问题的应用型研究。而对于区块链+跨境电子商务的理论和实践方面的研究极其有限。因此，本研究将在这些方面进行一些探索。

区块链技术已经在相当多的国家展开了应用，特别是在欧美等发达国家和一些IT类产业发达的国家和地区，其应用已经在诸多层面展开，不管是企业应用，还是政府层面的应用；不管是上游开发，还是下游应用；也不管是全球巨型企业，还是微型企业，都纷纷加入其中。而创业公司如雨后春笋般涌现，跨境电子商务更是如火如荼。一种乐观的预测认为，到2025年之前，全球GDP总量的10%将利用区块链技术储存。据数字市场漫记（DMR）估计，到2024年，区块链产业规模有望达到200亿美元。

早在2016年1月，英国政府发布了一份名为《分布式账本技术：超越区块链》的报告，指出区块链技术在改变公共和私人服务领域都有着巨大的潜力。2018年2月，美国众议院连续两次召开区块链听证会，探讨区块链技术的新应用。日本政府则大力支持区块链和数字货币行业，建立了首个区块链行业组织——日本区块链协会与区块链合作联盟。俄罗斯正在大力推动区块链基础设施建设，俄罗斯最大的银行Sberbank与政府合作，用区块链转移和保存文件，成为区块链真实的应用案例。加拿大有一个庞大的区块链创业社区，汇集了包括以太坊创始人Vitalik Buterin在内的一大批区块链顶级人才。

2016年12月区块链首次被作为战略性前沿技术、颠覆性技术写入国务院"十三五"国家信息化规划，明确提出需加强区块链等新技术的创新、试验和应用，以实现抢占新一代信息技术主导权。此外，腾讯计算机系统有限公司、阿里巴巴网络技术有限公司等国内知名互联网公司也积极布局区块链产业，全国另有超过100家区块链创业公司，主要瞄准区块链基础设施技术研发及其在征信、供应链、资产管理、物联网等行业的应用。

区块链是一种把区块以链的方式组合在一起的数据结构，它具有去中心化、分布式、去信任、数据不可篡改、可追溯等诸多特点。当前，区块链与云计算、人工智能等新技术基础设施交叉创新，越来越多的实体经济垂直领域呈现出"区块链+"的发展格局和"脱虚向实"的良好势头。而为避免脱实向虚，除继续严厉打击投机行为之外，还必须引导区块链技术与实际应用场景深度融合。因此，"区块链+"各种产业应用场景，成为区块链发展的必然趋势之一。随着区块链应用落地加快推进，区块链+业务已经成为互联网骨干企业进军区块链行业的发展重点，在金融业务之外，积极部署互联网、溯源、供应链&物流、数字资产、政务及公共服务、知识产权、司法、大健康等多领域的应用。但是，我们也要看到，区块链+给跨境电子商务带来了革命性的挑战和持续的不断深化的改革，使跨境电子商务能够跟上区块链发展的步伐，不断深化相关理论和应用方面的探索。

因区块链发展对跨境电子商务所提出的挑战和扩大跨境电子商务应用的要求，本研究将从区块链的应用场景、特征分析出发，分析区块链+跨境电子商务的特征，然后分析相关理论，并构建了区块链+跨境电子商务体系，以"一带一路"沿线国家为例分析区块链+跨境电子商务的实践。之后，分析可能给跨境电子商务带来的影响。最后，结合由于区块链技术的不断应用而产生的在供应链金融、监管制度、安全体系以及法律问题等变化，分析跨境电子商务所受到的各种影响，并有针对性地提出了一些解决方案。

在内容架构上，该书共分为3篇，以区块链+环境下的跨境电子商务发展为主线，分析了为什么要在跨境电子商务领域扩展区块链应用，区块链技术的作用、具体应用以及存在的关键点，并结合区块链技术的相关特征就区块链+跨境电子商务理论进行了相关探讨，以"一带一路"跨境电子商务实践为例进行了分析，结合由于区块链技术的不断应用而产生的跨境商务的商业模式、支付系统、营销模式、物流体系等转变，以及在供应链金融、监管制度、安全体系以及法律问题等方面的显著变化，分析跨境电子商务所受到的各种影响，并提出了相关解决方案。

作者于 2021 年 6 月 25 日

目录
CONTENTS

第一篇：为什么要区块链+跨境电子商务 ······ 1

第一章 区块链+是什么？ ······ 3
- 第一节 区块链的概念 ······ 3
- 第二节 区块链的核心技术组成 ······ 27
- 第三节 区块链技术图谱和产业图谱 ······ 31
- 第四节 区块链+应用场景概述 ······ 37

第二章 区块链的特征分析 ······ 55
- 第一节 区块链的不可更改性 ······ 55
- 第二节 区块链的匿名性 ······ 56
- 第三节 区块链的去中心化特性 ······ 57
- 第四节 区块链的可追溯性 ······ 58
- 第五节 区块链的透明度高 ······ 59
- 第六节 时间协调效率 ······ 59

第三章 跨境电子商务的特征分析 ······ 60
- 第一节 基于跨境电子商务的国家层面存在的问题 ······ 60
- 第二节 跨境电子商务进出口贸易规模较大且增长迅速 ······ 62
- 第三节 优势产业出口占主导地位 ······ 63
- 第四节 跨境电子商务信息服务逐步完善 ······ 64
- 第五节 跨境电子商务模式多元化 ······ 65
- 第六节 跨境电子商务平台多样化发展 ······ 67
- 第七节 跨境电子商务的品牌塑造初步形成 ······ 67

第八节	跨境电子商务影响因素复杂化	68
第四章	区块链+跨境电子商务的特征分析	70
第一节	区块链+跨境电子商务发展存在的问题	70
第二节	区块链+企业跨境电子商务风险识别	72
第三节	区块链+场景下的应用发展方向	73
第四节	区块链+跨境电子商务的特征	74

第二篇：区块链+跨境电子商务相关理论探讨 … 77

第五章	跨境电子商务相关理论基础	79
第一节	物流成本理论	79
第二节	空间溢出效应	81
第三节	空间权重矩阵	81
第四节	技术创新理论	82
第五节	4P 理论	82
第六节	4C 理论	84
第七节	贸易便利化理论	85
第八节	贸易风险理论	86
第九节	交易成本理论	87
第六章	区块链+跨境电子商务体系的构建	88
第一节	跨境电子商务的区块链+生态系统构建	88
第二节	区块链+商业模式	94
第三节	区块链+支付系统	96
第四节	区块链+网络营销	102
第五节	区块链+物流体系	105
第六节	区块链+供应链金融	106
第七节	区块链+环境下的监管制度	108
第八节	区块链+安全体系	111
第九节	区块链+场景下的法律问题	116
第十节	区块链+平台操作与应用	122

第七章　区块链+跨境电子商务的实践 …… 125

第一节　关于物流绩效的研究 …… 125

第二节　关于跨境电子商务的研究 …… 126

第三节　关于物流绩效与跨境电子商务关系的研究 …… 128

第四节　区块链+物流绩效现状分析——以"一带一路"沿线国家为例 …… 133

第五节　中国对"一带一路"沿线国家的跨境电子商务出口贸易现状 …… 141

第六节　中国对"一带一路"沿线国家跨境电子商务出口额与物流绩效的相关性分析 …… 144

第七节　物流绩效对中国跨境电子商务出口贸易影响的实证分析 …… 148

第八节　物流绩效的空间相关性分析 …… 151

第九节　基于面板数据的物流绩效空间溢出效应的检验分析 …… 154

第十节　基于空间计量模型的空间溢出效应的实证分析 …… 156

第十一节　相关结论 …… 164

第十二节　对策建议 …… 166

第八章　区块链+国家吸引力水平对跨境电子商务企业的影响——以一带一路沿线国家为例 …… 168

第一节　国家吸引力的内涵 …… 168

第二节　国家吸引力影响因素 …… 169

第三节　国家吸引力影响跨境电子商务出口的依据 …… 171

第四节　市场规模、经济增速对跨境电子商务的影响 …… 171

第九章　国际政治经济对区块链+跨境电子商务的影响 …… 173

第一节　政治经济环境与跨境电子商务 …… 173

第二节　区块链环境下跨境电子商务的新挑战 …… 178

第三节　跨境电子商务对贸易和战略的影响 …… 180

第四节　构建新型跨境电子商务的思考和措施 …… 182

第十章　区块链+跨境电子商务与央行数字货币和Libra …… 186

第一节　Libra的基本性质 …… 186

第二节　央行数字货币的基本性质 ·· 187
　　第三节　Libra 和央行数字货币对国际货币体系的影响 ················· 189
　　第四节　Libra 和央行数字货币的竞争关系 ································· 190
　　第五节　Libra 和央行数字货币的合作关系 ································· 192

第三篇：区块链+场景下的解决方案与路径选择 ·············· 193

第十一章　区块链+跨境电子商务人才培养模式研究 ····················· 195
　　第一节　区块链发展的三大趋势 ·· 195
　　第二节　区块链+跨境电子商务人才培养模式 ····························· 198
　　第三节　区块链+跨境电子商务创新人才培养体系 ······················· 199
　　第四节　针对不同区域，实现特色培养模式 ······························· 203
　　第五节　区块链+跨境电子商务综试区高水平人才培养模式 ·········· 208
第十二章　区块链+跨境电子商务纠纷解决问题研究 ······················ 209
　　第一节　区块链+跨境电子商务的法律监管 ································ 210
　　第二节　跨境电子商务法律监管主体 ·· 211
　　第三节　跨境电子商务法律监管的实现路径和机制保障 ··············· 211
第十三章　构建区块链+跨境电子商务的政策框架 ························· 213
　　第一节　全球化趋势不可逆 ·· 213
　　第二节　迎接跨境电子商务新挑战 ··· 214
　　第三节　推动跨境电子商务综试区的创新发展 ··························· 215
　　第四节　区块链+企业走出去战略 ·· 216
　　第五节　优化贸易伙伴，积极探索新兴市场 ······························· 217
　　第六节　区块链+物流服务，提升能力和质量 ···························· 218
　　第七节　区块链+中国全球治理的实践范本 ································ 219
第十四章　区块链+跨境电子商务的道路选择 ······························· 222
　　第一节　后疫情时代"经济内循环"的动因 ································ 223
　　第二节　"后疫情时代"国内国际双循环的支撑要素 ··················· 224
　　第三节　"后疫情时代"基于区块链+实现高质量发展 ················· 226
　　第四节　完善跨境电子商务区块链+生态系统 ···························· 227

第五节 区块链思维的培养 ……………………………………… 227
第六节 区块链助力数字经济转型 ……………………………… 228
第七节 区块链+AI 将重塑信用体系 …………………………… 230
第八节 区块链技术发展的新突破 ……………………………… 232
第九节 区块链+对数字货币和新基建的推动作用 …………… 233
第十节 区块链+跨境电子商务应用中的风险识别与控制 …… 234

附 录 …………………………………………………………………… 236
  附录 1 区块链相关词语及其解释 ……………………………… 236
  附录 2 国家各部委发布与区块链相关的政策列表 …………… 241
  附录 3 中东欧各国物流绩效具体得分及排名 ………………… 243
  附录 4 亚洲、非洲各国的物流绩效具体得分及排名 ………… 244

参考文献 ……………………………………………………………… 246
后　记 ………………………………………………………………… 264
致　谢 ………………………………………………………………… 266

第一篇 01
为什么要区块链+跨境电子商务

第一章 区块链+是什么?

第一节 区块链的概念

一、区块链的来源

2008年，世界上出现了比特币，它来自虚拟世界，并且它的出现，让人们意识到作为数字货币所存在的经济价值，而区块链作为支撑它的技术，却是比特币能够实现不需要中介而直接实现价值转移的技术基础，这无疑就是一项重大的技术变革。区块链是比特币、以太坊等数字加密货币的核心技术，它可以充分解决数字货币长期所面临的拜占庭将军问题和双重支付问题。近年来，区块链得到了各领域研究人员的广泛关注。传统社会的信任是建立在可信第三方、基于信用"背书"的信任机制下，由权威的第三方机构（如银行）来提供社会的信任支撑。因此，在没有第三方中心的条件下，直接在两个陌生实体间建立信任是很困难的事情，而区块链能够通过分布式节点的验证和共识机制解决去中心化系统节点间信任建立的问题，实现了去中心化、分布式的信任建立机制。从而在信息传输的同时完成价值的转移，能够实现当前网络架构由"信息互联网"向"价值互联网"的重大转变。基于区块链技术，比特币是人类第一次实现在没有任何中介机构参与下，完成了双方可以互信的转账行为，这是对传统信任领域的一次重大突破。

刚开始，人们将焦点集中的并不是位于底层的区块链，而是比特币等虚拟货币。之后，随着以太坊（Ethereum）的出现，人们的目光集中于区块链这一概念并讨论和研究，朝着更广泛的应用场景不断发展。区块链是比特币背后的技术，它是为比特币而发明的，目的是创造出第一个真正的在线虚拟货币。它的核心是一个数据存储机制，由包括分布式计算机在内的一揽子技术来实现。因此，区块链确实存在于世界各地，没有一个中央集权。在这个模型中，这些计算机正在共同努力，以创建一个一致的协议来安全地验证每个交易。有了共识机制，区块链就不会受到任何一个参与者的影响，无论它的好与坏。

区块链技术中的每一个节点保存的区块链前缀部分都是完全相同的，仅区块链末端有所差异。区块链本身的数据结构和共识机制使得其具有防篡改的性质。区块之间都通过密码学证明的方法连接在一起。当主区块链具有足够长度时，若对其中的某一区块内容进行增加、修改、删除等操作，其后所有区块都将受到影响。由此，就破坏了前后相继的链式结构。此时，就必须通过一系列的密码学证明对后续区块进行修改。如果被篡改区块处于主区块链中靠前的位置，则篡改区块的代价要远超篡改者所具有的能力和篡改后可获得的利益。而除了区块之间的连续性之外，在区块链中数据的每一次变更都通过合法的数字签名存储在区块链上。这就意味着在区块链上标注着一条数据从产生到消亡之间的每一次修改，因此，区块链存在着数据的可追溯性。从另一个角度来说，数据可追本溯源也间接保证了数据的公开透明性。

二、区块链的研究与应用

区块链是分布式账本的底层技术，其概念首次出现在 Nakamoto S（2008）发表的论文 *Bitcoin：A Peer-to-Peer Electrionic Cash System* 中，他认为区块链技术是构建比特币数据结构与交易信息加密传输的基础性技术，能够实现比特币的挖矿与交易过程。区块链是一个分布式的、共享的、加密的数据库，是一个不可逆转且不可破坏的公共信息库，首次使得不相关的人在不需要控制权限的情况下就某一事务或事件的发生达成共识（Aaron W 和 Primavera D F，2015；John W B 等，2018）。从本质上来看，区块链只是一种利用散列函数和加密技术来提供前所未有信息安全的数据结构（Lawrence J. T 和 Mason J. M，2019），能够将记录的数据转换为唯一的"哈希值"，然后将该"哈希值"传播到操作系统的所有节点，每个节点通过检查相关方的交易历史来独立地验证交易（Nick W，2018；Daniel Z 和 Vlad-Andrei N，2018；Investopedia，2019）。Melanie S（2015）认为区块链技术是一种全新的信息技术形式，并创新性地提出与传统互联网架构不同的区块链思维。Wessel R 和 Mark C（2016）

研究认为区块链技术最大的创新特征不在于发送与接收地址之间实现了匿名传输,而是在离散的公共数据库中可追踪到每一笔交易的痕迹,从而剔除掉假冒与欺诈的部分,保证整个链条的真实完整。Marco L 和 Karim R L(2017)认为区块链是一种开放的分布式分类账,能够以可验证和永久的方式记录双方之间的交易。Okan A(2018)认为区块链中的共识机制是分布式账本节点上历史数据和最终状态达成一致的过程。在此基础上,Deepak P 等人(2018)对拜占庭容错(PBFT)算法、工作量证明以及权益证明三大主流共识算法进行详细描述。袁勇等人给出了区块链基本模型,以比特币为例将非许可链分为数据层、网络层、共识层、激励层、合约层和应用层;邵奇峰等人结合开源项目细节,对比了多种企业级区块链(许可链)的技术特点;Yang 等人总结了基于区块链的网络服务架构的特点、挑战和发展趋势;韩璇等人系统性地归纳了区块链安全问题的研究现状。国内关于区块链技术的研究大多集中在技术本身和应用层面。袁勇、王飞跃(2016)认为区块链技术是作为一种由多方共同维护,以块链结构存储数据、使用密码学保证传输和访问安全,实现数据一致存储、无法篡改、无法抵赖的技术体系。吕乃基(2017)指出区块链技术可以连接现实和虚拟世界,客观世界存在的知识可以转移到虚拟世界中,以一个分布式的共识算法重构世界。张庆胜、刘海法(2017)把区块链理解为一种完整的、不可篡改的、多方参与和监督的账本记录方式。董志学等人(2018)从技术角度出发,认为区块链技术是一种规则与制约标准体系,旨在通过分布式账本技术在各相关业务之间建立"网络状"节点间的"面"式特征。秦川(2018)认为区块链是通过去中心化和去信任的方式集体维护一个可靠数据库的技术方案。郑妍(2018)认为区块链中的任一节点都可通过密码学技术算法将每个交易事项记录到相应数据块中,实时复制一定时间段内的全部交易数据,并且连接到下一个数据块而形成一条可追溯主链,由系统中的所有节点共同认定所收到的数据块中记录的真实性。杨雷鸣等人(2019)认为区块链是一个公开、透明、共享、可信的分布式网络记账系统。张巍、郭墨(2019)认为区块链是一种具备信息验证性能与数据分布式存储架构的技术,能完成数据库存储和数据记录验证,解决数据或第三方数据交换的信用验证和可靠性问题。

(一)什么是区块链

一般认为,区块链是一种融合多种现有技术的新型分布式计算和存储范式。它利用分布式共识算法生成和更新数据，并利用对等网络进行节点间的数据传输，结合密码学原理和时间戳等技术的分布式账本保证存储数据的不可篡改，利用自动化脚本代码或智能合约实现上层应用逻辑。区块链技术的基础架构可分为 6 个层次，由数据层、网络层、共识层、激励层、合约层和应用层（如图 1-1）组成。

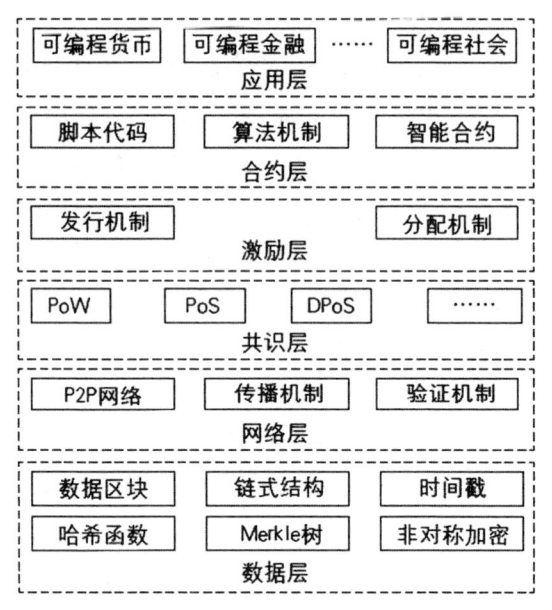

图 1-1 区块链基础架构模型

资料来源：研究人员整理

区块链技术的模型是由自下而上的数据层、网络层、共识层、激励层、合约层和应用层组成。

第一层"数据层"，封装了底层数据区块的链式结构，以及相关的非对称公私钥数据加密技术和时间戳等技术，这是整个区块链技术中最底层的数据结构。这些技术是构建全球金融系统的基础，数十年的使用证明了它非常安全的可靠性。而区块链正式巧妙地把这些技术结合在了一起。

第二层"网络层"，包括 P2P 组网机制、数据传播机制和数据验证机制等。P2P 组网技术早期应用在 BT 这类 P2P 下载软件中，这就意味着区块链具有自动组网功能。

第三层"共识层"，封装了网络节点的各类共识机制算法。共识机制算法是区块链的核心技术，因为这决定到底是由谁来进行记账，而记账决定方式将会影响整个系统的安全性和可靠性。目前已经出现了十余种共识机制算法，其中比较知名的有工作量证明机制（PoW，Proof of Work）、权益证明机制（PoS，Proof of Stake）、股份授权证明机制（DPoS，Delegated Proof of Stake）等。数据层、网络层、共识层是构建区块链技术的必要元素，缺少任何一层都将不能称之为真正意义上的区块链技术。

第四层"激励层"，将经济因素集成到区块链技术体系中来，包括经济激励的发行机制和分配机制等，主要出现在公有链当中。在公有链中必须激励遵守规则参与记账的节点，并且惩罚不遵守规则的节点，才能让整个系统朝着良性循环的方向发展。而在私有链当中，则不一定需要进行激励，因为参与记账的节点往往是在链外完成了博弈，通过强制力或自愿来要求参与记账。

第五层"合约层"，封装各类脚本、算法和智能合约，是区块链可编程特性的基础。比特币本身就具有简单脚本的编写功能，而以太坊极大地强化了编程语言协议，理论上可以编写实现任何功能的应用。如果把比特币看成是全球账本的话，以太坊可以看作一台"全球计算机"，任何人都可以上传和执行任意的应用程序，并且程序的有效执行能得到保证。

第六层"应用层"，封装了区块链的各种应用场景和案例，比如，搭建在以太坊上的各类区块链应用即部署在应用层，而未来的可编程金融和可编程社会也将会是搭建在应用层。激励层、合约层和应用层不是每个区块链应用的必要因素，一些区块链应用并不是完整地包含后三层结构。

加密货币（Cryptocurrency）是一类数字货币（Digital Currency）技术，它利用多种密码学方法处理货币数据，保证用户的匿名性、价值的有效性；利用可信设施发放和核对货币数据，保证货币数量的可控性、资产记录的可审核性，从而使货币数据成为具备流通属性的价值交换媒介，同时保护使用者的隐私。加密货币的概念起源于一种基于盲签名（Blind Signature）的匿名交易技术。交易开始前，付款者使用银行账户兑换加密货币，然后将货币数据发送给领款者，领款者向银行发起核对请求，若该数据为银行签发的合法货币数据，那么银行将向领款者账户记入等额数值。通过盲签名技术，银行完成对货币数据的认证，而无法获得发放货币与接收货币之间的关联，从而保证了价值的有效性、用户的匿名性；银行天然具有发放币种、账户记录的能力，因此保证了货币数量的可控性与资产记录的可审核性。最早的加密货币构想将银行作为构建信任的基础，呈现中心化特点。此后，加密货币朝着去中心化方向发展，并试图用工作量证明机制（PoW，Proof of Work）或其改进方法定义价值。比特币在此基础上，采用新型分布式账本技术保证被所有节点维护的数据不可篡改，从而成功构建信任基础，成为真正意义上的去中心化加密货币。区块链从去中心化加密货币发展而来，随着区块链的进一步发展，去中心化加密货币已经成为区块链的主要应用之一（邱丹霞，2020）。

（二）区块链的工作流程

如果说传统数据库实现数据的单方维护，那么区块链则实现多方维护相同数据，保证数据的安全性和业务的公平性。区块链的工作流程主要包含生成区块、共识验证、账本维护3个步骤，其工作原理如图1-2。（1）生成区块。区块链节点收集广播在网络中的交易——需要记录的数据条目，然后将这些交易打包成区块——具有特定结构的数据集。（2）共识验证。节点将区块广播至网络中，全网节点接收大量区块后进行顺序的共识和内容的验证，形成账本——具有特定结构的区块集。（3）账本维护。节点长期存储验证通过的账本数据并提供回溯检验等功能，为上层应用提供账本访问接口。

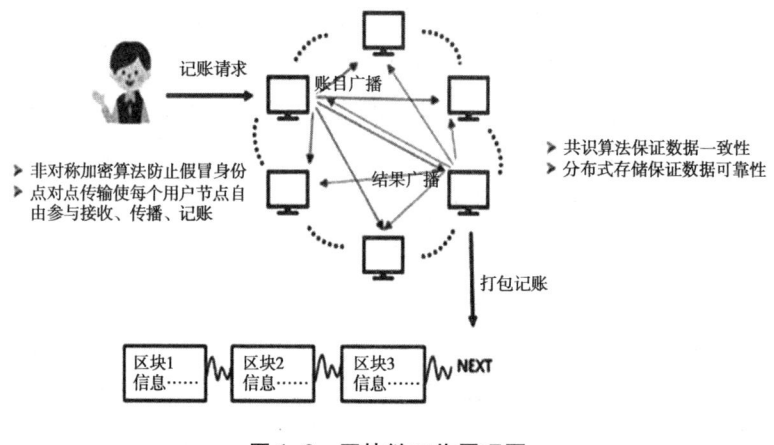

图1-2　区块链工作原理图

资料来源：发现报告官网

（三）数据层——区块构造与链的生成

数据层主要负责区块链中所有信息的储存。作为区块链的基本结构单元，区块由数据的区块头和一系列交易数据的区块主体构成。区块头包含当前版本号（Version）、前一区块的地址（Prev-block）、当前区块的目标哈希值（Hash）、随机数（Nonce）、梅克尔根（Merkle-root）以及时间戳（Timestamp）等技术要素，用于链接前一区块并且保证数据库的完整性。区块体用于记录储存区块生成时间段内所发生的所有交易数据，包括交易详情、交易计数器、区块大小等（区块链链式结构如下图1-3）。为保护区块内部以及链式传递时的信息安全，区块链运用了密码学原理，涉及哈希函数、非对称加密、数字签名等技术。

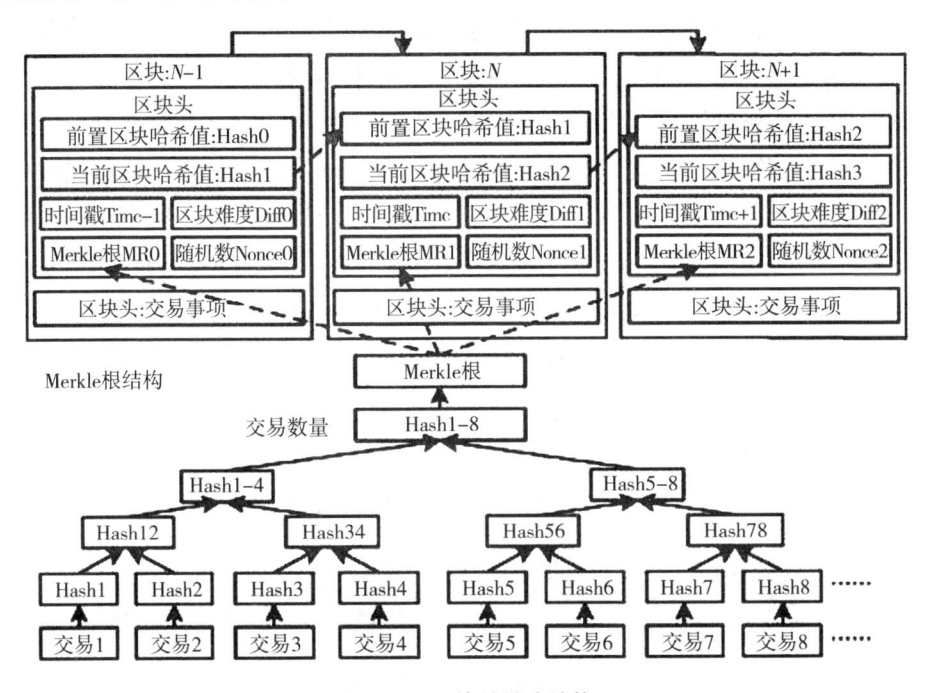

图1-3 区块链链式结构

资料来源：邱丹霞与作者整理

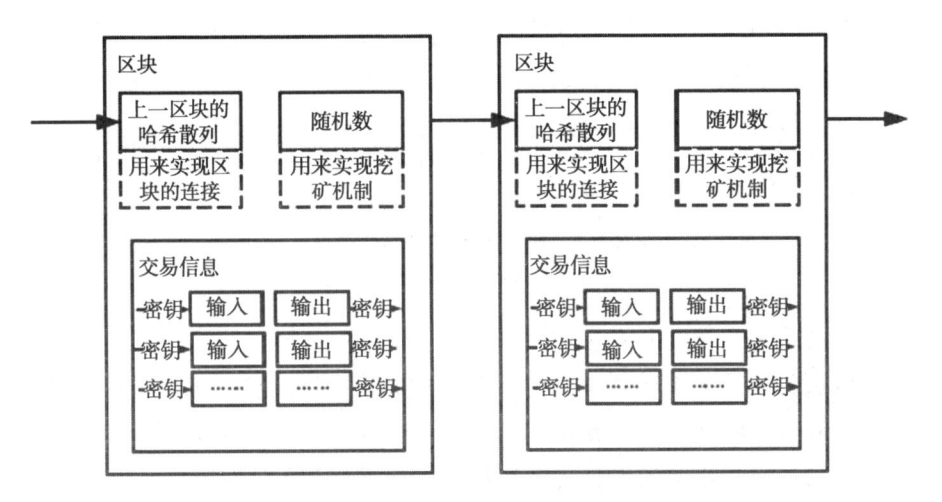

图1-4 区块链工作流程图

资料来源：邱丹霞与作者整理

当交易发生时，通过特定的哈希算法和梅克尔树（Merkle Trees）数据结构，获得记账权的矿工（节点）利用加密技术将一段时间内接收到的交易数据和代码记录到一个带有时间戳的数据区块中（区块链工作流程图如图1-4），构成该区块的主体，并链接到当前最长的主区块链上，形成最新的区块。每一个区块头都包含上一区块的哈希指针（Hash Pointer），通过基于随机数的挖矿机制链接到下一区块，各个数据区块通过链式结构相结合，就形成了包含该网络下所有交易信息的分布式数据库——区块链，能够提供区块链数据的溯源和定位功能。每一区块上的时间戳保证了区块的唯一性，哈希函数和梅克尔树（Merkle Trees）机制保证了所记录交易信息的有效性，非对称加密机制则保证了交易信息的安全性和不可篡改性。

创建哈希值应该是一个快速的过程，它不会大量使用计算能力。（图1-5）

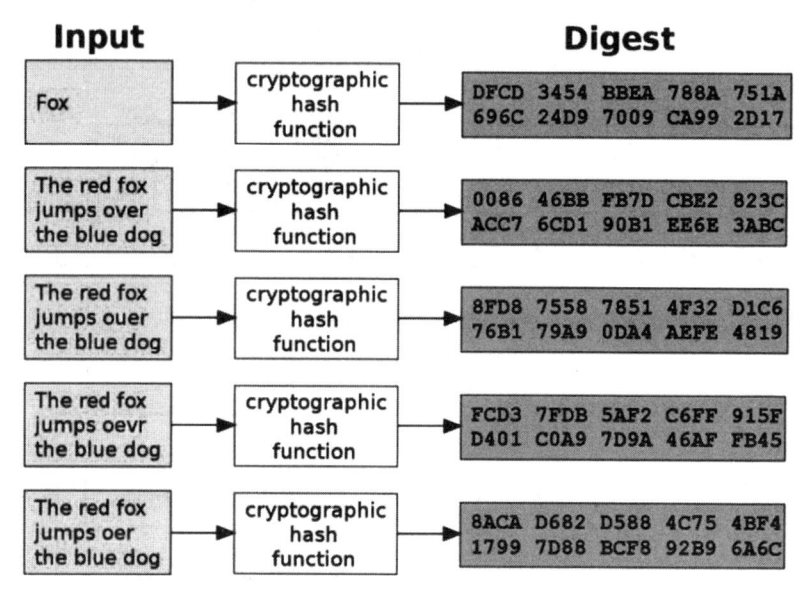

图1-5 哈希值创建过程示意图

资料来源：发现报告官网

1. 网络层——区块链的工作机制

网络层封装了区块链系统中所有节点的通信机制，包括组网方式、消息传播协议和数据验证机制等要素。所有节点通过P2P（Peer to Peer）网络相互连接，通过设计特定的消息传播协议和数据验证机制，使得每一个节点都能参与区块数据的校验和记账过程。由于验证机制的不同，区块链已经演化出三种不同类型的构建模式，分别为公有链（Public Blockchain）、私有链

（Private Blockchain）和联盟链（Consortium Blockchain），组织结构如图 1-6 所示，各自属性差异见表 1-1。

图 1-6 区块链的三种构建模式

资料来源：简书官网

表 1-1 区块链的分类及属性差异

	公有链	联盟链	私有链
参与者	所有人	联盟成员	个体或组织内部
访问权限	可匿名	需注册许可	需注册许可
中心化程度	去中心化	部分去中心化/多中心化	完全中心化
共识机制	POW/POS/DPOS	PBFT/RAFT	PBFT/RAFT
激励机制	需要	可调整	无须
应用	比特币、以太坊	R3 银行同业联盟	方舟私有链 Arkblockchain
特点	公开透明	高效	安全可溯源

资料来源：根据各网站整理

从表 1-1 可以看出：（1）公有链，也被称为非许可链，是完全去中心化且需要发行通证作为激励的区块链，分布式系统的任何节点均可匿名参与链上数据的读写、验证和共识过程，并根据其 PoW 或 PoS 贡献获得相应的经济激励，比特币和以太坊是公有链的典型代表。该链公开透明，不能随意篡改，但不受国家监管，缺乏维权举证的法律保障。缺陷在于其吞吐量低，交易速度慢，因此效率较为低下，成本相对较高。（2）联盟链，也被称为许可链，是部分去中心化（或称分散多中心化）的区块链，其特征介于公有链与私有

11

链之间，是指由多个联盟链成员共同参与管理的技术架构，每个联盟成员都运行着一个或若干个节点。参与方相互之间实现数字身份实名，保障了交易主体的合法有效。其共识过程由预选节点共同决定，不需要工作量机制的能源消耗，可有效提升联盟内跨组织工作效率。如R3银行联盟，链上数据只允许系统内的成员节点进行读写和发送交易，共同享有对整体网络的记账权，可做到接近实时校验与自动结算。联盟链高效且可控性强，但其受监管程度同样偏低。（3）私有链，是一条仅对私有个体或组织开放的许可链，也是完全中心化的区块链，且不需要发行通证来激励节点。私有链仍具备区块链多节点运行的通用结构，仅使用区块链中的总账技术来进行记账。该链上的交易、共识等权限由组织内部单个中心节点控制，组织内部各节点之间实现信息完全共享，但信息的访问和读取权限需在中心节点授权许可的前提下进行，视其需求有选择性地对外开放。私有链交易速度快，交易成本低，并且安全性较高，但并非真正地去中心化，因此只能应用于企业内部数据管理与审计，有时也会应用于政府行业，如政府的行业统计数据、政府的预算与执行。如蚂蚁金服、央行发行的数字货币等就是私有链。私有链的价值主要表现为提供了一个不可篡改、安全、自动执行、可追溯的运算平台，能够在一定程度上防范来自外部与内部对数据的破坏攻击，适合保护涉密信息，这是传统的系统难以实现的。然而在监管方面，私有链处于国家监管的边缘位置。

2. 共识层——共同维护的记录规则

共识层是指各节点通过共识机制达成一致，共识机制（Consensus）是区块链实现分布式自治的前提，规定了一笔交易所需的确认时间，依托时间戳进一步增强了交易安全，解决了数字货币的"双花问题"和"拜占庭将军问题"。常见的共识机制主要有：工作量证明机制（PoW）、权益证明机制（PoS）、委托权益证明机制（DPoS）、拜占庭容错机制（PBFT）、验证池机制（Pool）等。区块链技术正是运用了一套基于共识的数学算法，在机器之间建立信任网络，以技术背书而非第三方信用机构来完成全新的信用创造。

3. 激励层——工作节点奖励机制

激励层将经济因素集成到区块链技术体系中来，规定了当节点拥有记账权时可以享受到的奖励，通过共识机制决定出来的记账节点将在获得记账权的同时享受这一特权，主要包括经济激励的发行机制和分配机制等。区块链系统通过设计适度的经济激励机制并与共识过程相集成，从而汇聚大规模的节点参与并形成了对区块链历史的稳定共识。合约层和应用层——底层技术上的可编程经济。合约层即区块链向某个应用领域的扩展实现，主要封装各类脚本代码、算法和智能合约，是区块链可编程特性的基础。应用层是区块链在各种领域上的实际运用，封装了区块链的各种应用场景和案例。

4. 智能合约机制

智能合约是基于算法和程序来编制条款、部署在区块链之上且能够根据预设条件自动触发执行的一段数字化协议，将交易条约履行的判定条件以代码方式写入区块链网络，用计算机语言取代法律语言去记录条款的合约，合同主体无须通过中间媒介即可直接交易。根据实时交易记录，一旦达到预定履约条件，区块链网络就会自动、自主执行协议中的特定内容，这些交易可追踪且不可暂停或中途修改，体现其高度自治性。应用智能合约的目的在于提供一种优于传统合约的安全方法，无须中心化服务器的参与，可以减少与签订合约、执行和监管相关的交易成本，节省社会资源，同时减少交易步骤与交易时间，还能解决信用问题。例如，以太坊（Ethereum）平台即提供了图灵完备的脚本语言以供用户来构建任何可以精确定义的智能合约或交易类型。智能合约的特点包括自动检验，自动执行，防止被篡改，将法律义务转化为自动化过程，保证更大程度的安全，减少对可信中介的依赖，降低交易成本等。

追溯区块链技术的发展路径，区块链技术的成长大致经历了三个发展阶段：区块链1.0，又称为可编程货币阶段，其应用主要是处理货币与支付方式的去中心化问题，比特币是其典型的应用；区块链2.0，又称为可编程金融阶段，在区块链1.0的基础上加入了"智能合约"的元素，条件一旦成熟便自动触发，其应用范围由原来单一的数字货币领域扩展到股权、期货、贷款抵押、产权与债券的等级与转让、证券与金融合约的交易与执行等其他金融领域，以太坊、超级账本等是区块链2.0的典型应用；区块链3.0，又称为可编程社会，超越了原本的货币、金融与市场的应用范围，主要应用于社会治理领域，社会进入智能互联网时代。探索形成"区块链+"应用的各种场景，以提升经济和社会效益为目的，这是实现区块链价值传递网络的最终形式，也是区块链应用的根本价值。

5. 拜占庭容错（Tendermint）

拜占庭容错（Tendermint）是一个分布式系统状态复制引擎，用于在多台机器安全一致地复制一个应用。所谓安全性，指的是即使有多达1/3的机器出现任意故障的情况下，Tendermint仍然能够正常工作。所谓一致性，指的是每一个正常工作的机器都会有着同样的交易日志，计算相同的状态。安全一致的复制是分布式系统中一个基本原则问题，它在各种应用程序（从货币到选举，到基础设施规划等）中的广泛应用的容错能力方面承担了极其重要的作用。Tendermint被设计成易于使用、易于理解，且性能优异，适用于广泛的分布式应用。

区块链通过在共享数据库上责任的去中心化，减少了对手方风险，因此被称为"信任机器"。比特币由其具有的抵抗任何攻击和恶意行为的能力而著称。传统地容忍恶意行为的共识协议被称为拜占庭容错共识协议（Byzantine Fault Tolerant）。术语"拜占庭"被使用，源于拜占庭将军们面对的类似问题，这些将军们尝试相互协调来攻击罗马，使用唯一的信使，其中一个将军可能是叛徒。在一个崩溃故障中，一个进程可能宕机。在一个拜占庭故障中，故障节点能做任何事情。崩溃的故障更容易处理，因为没有进程会对其他进程说谎。只存在崩溃故障的系统可以通过简单的多数决定规则（Majority Rule）来操作，因此通常能够同时容忍近一半的系统故障。如果系统能够容忍失败的数量是f，这样系统必须至少有2f+1个进程。

（四）区块链类型

比特币及其衍生产品取得的成功，特别是以太坊及其关于安全、自治、分布式和对任意代码的容错执行的使用前景引起了主要金融机构的兴趣。在此情况下，由于不同目标的设定而出现了两种区块链技术：一方面是公有链（Public Blockchains），其协议被内建经济激励通过原生货币（Native Currency）的方式所支配；另一方面是所谓的私有链，更准确地被称为"联盟链"（Consortia Blockchains），通过哈希树的使用、数字签名、P2P网络和加强的问责制，其对传统共识和拜占庭算法有一定的提高。市场逐渐对透明、问责和高性能的拜占庭系统的需求越来越多，这个系统支持的应用程序从财政到域名注册再到电子投票和与治理的高级机制协作和未来的演进。

1. 私有链。尽管这种现象的出现让区块链开始变得火爆，但是，它同样将区块链的发展引入了原本并不属于它的发展轨道，一场以炒币和暴富为代表的区块链的狂热、癫狂的新发展时代开始来临。如果区块链的功能和属性仅仅是局限于此，那么，它的作用必然无法得到最大限度的发挥，甚至还有可能把区块链的发展引入死胡同，后来，区块链的发展同样为我们证明了这一点。

可见，以私有链为代表的区块链的发展仅仅能在表面上让区块链行业短暂繁荣，但无法真正让区块链的发展进入良性的轨道。我们后来所看到的区块链市场的乱象以及随之而来的监管，基本上都是在这个大背景下诞生的。早期区块链市场的不健康、不理性的发展状态告诉我们，仅仅是以私有链作为区块链的全部并不能够带来长久发展，甚至还将会把区块链的发展带入死胡同里。经历了私有链的洗礼之后，人们开始摆脱单纯意义上的发币或者ICO，转而通过将区块链看成技术来寻找新的发展突破口。于是，我们看到一场以区块链的落地和应用为代表的新发展浪潮。这个时候，发币或者ICO不再是区块链的终极意义，而是变成了一种类似大数据、云计算、人工智能相类似的存在。

作为一种新技术，区块链在落地和应用的过程当中，在很多时候是被当成是一种优化和斧正的角色出现的，而不是以一种颠覆的角色出现的。当区块链不再把互联网看成是一种颠覆性的存在，而仅仅是一个母体的时候，它的功能和作用是无法得到发挥的。这个时候，区块链其实蜕变成为另外一种形式——联盟链。虽然相对于私有链相比，联盟链更进了一步，但是，在很多情况下，联盟链最终变成了互联网时代业已形成的平台和中心的工具，而没有实现真正意义上的去中心化。从目前联盟链的玩家的身份来看，依然是以互联网时代业已形成的平台和中心为主，阿里、腾讯、京东就是这些玩家的突出代表。当区块链的功能和作用沦为维护互联网式的中心和平台的时候，它的功能和作用仅仅是停留在缝缝补补上面，无法实现真正意义上的颠覆和重塑。这是区块链行业之所以最近几年一直都无法获得突破性发展的根本原因所在。直到现在，以联盟链为终极导向的发展模式依然备受拥趸，但是，这种看待和实践的做法终究会因为缺少颠覆性和创新性而无法为区块链行业的发展打开新世界。当区块链作为一种新技术无法再为互联网玩家提供新动能的时候，它的功能和作用将会消失，取而代之的将会是一个全新的区块链新时代。这个新时代，其实就是以公有链为主的全新时代。当公有链成为区块链行业发展的主导，它才真正回到了正轨，才算是回到了区块链的原始奥义。当区块链从联盟链进化成为公有链的时候，它才会有可能成为新时代的基础设施。

2. 公有链。从名字就可以看出，是公开的区块链。就是说，任何人都可以参与区块链数据的维护和读取，不受任何单个中央机构的控制，而且数据是全网公开的。公有链的代表案例是比特币和以太坊。有下面几个特点：（1）数据完全透明。尽管公有链上所有节点是匿名的，但是链上所有数据完全公开透明，任何节点都可以查看其他节点的账户余额以及交易活动。（2）完全去中心化。公有链没有中心机构管理，依照程序写好的规则自动运作。（3）共识算法。公有链为了达成完全去中心化，通常采用工作量证明机制或权益证明机制等共识算法。这种做法虽然保证了网络的安全性，但是导致效率低下。（4）激励机制。公有链中的节点在参与共识过程中，会获取相应的经济激励，也就是常说的 Token，比如，比特币网络的 BTC、以太坊网络的 ETH 等。

联盟链。从名字可以看出，联盟链需要多个相互已知身份的组织组建联盟，所有新晋成员都需要联盟的批准才可以加入。联盟链主要特性：（1）隐私性更强。联盟链只对联盟内部成员开放数据共享功能，甚至在同一联盟内，不同业务之间的数据也是隔离的。（2）权限控制。不是任何人都可以加入联盟链，需要一定权限才可以加入。而且链上信息的读取、写入以及记账规则都按照联盟共识来设定。（3）效率更高。联盟链是多中心化的区块链，由于联盟链成员在现实世界中彼此熟悉对方的身份，在共识过程中由某些指定节点控制即可。（4）更合规。由于联盟链中的参与方都是为了在现实业务中的共同利益而在链上协作，所以不再需要像公有链一样发行代币进行激励。代表案例：国际上有 Linux 基金会支持的超级账本（HyperLedger）、R3 区块链联盟开发的 Corda。国内有微众银行等参与的 FISCO BCOS、趣链推出的 Hyperchain 等。

在什么情况下应用？公有链最大的特性是完全去中心化，面向大众，所以通常适合虚拟货币以及面向大众的泛金融服务，比如，2017 年火热的 ICO 以及最近大火的 DeFi。但是公有链的应用目前依然没有清晰的模式，简单说就是大部分公有链就是重复造轮子，而且几乎没有人用，也无法产生现金流。比特币的成功之处在于其设计的激励机制经过时间的检验，比如，挖矿产业已经十分成熟，诞生了嘉楠科技、亿邦国际这样的矿机上市公司。而且比特币的用途十分广泛，明面上可以用作投资、跨境转账等，暗地里可以用在大量的灰色产业。以太坊作为区块链 2.0，诞生了 DeFi 等金融应用。除了比特币和以太坊外，大部分公有链生存艰难。联盟链适合用于处理组织间需要达成共识的业务，如多个银行之间的支付结算、多个企业之间的物流供应链管理、政府部门的数据共享、跨境汇款等。

（五）全球区块链发展现状

1. 全球区块链产业蓬勃发展

全球区块链产业投融资方面，2019年、2020年逐步降温，投融资金额较2018年有所下降；全球区块链企业数量方面，年新增企业数量持续减少，企业布局回归理性，截至2020年9月，全球共有区块链企业3709家，分布于产业链各关键环节。分布式账本技术（DLT）通常称为区块链，可实现数据的分散和安全存储和传输。利用在与贸易有关的部门，从贸易融资、海关和认证程序、保险、物流和分销、供应链可追溯性、知识产权和政府采购等方面，正在探讨案件，也正在探索将其集成到交易单一窗口中的方法。

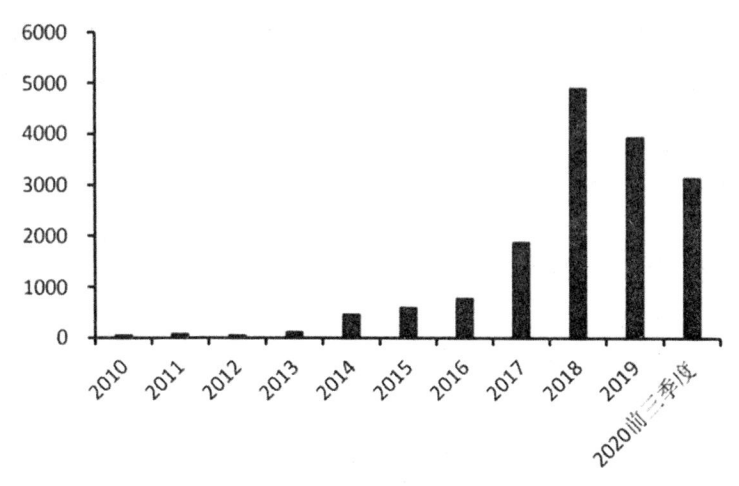

图1-7 全球区块链产业融资金额（单位：百万美元）
资料来源：发现报告官网

2. 区块链产业链逐步成型

区块链的发展前景吸引了大量公司进入产业链的各个环节。区块链行业上游硬件、技术及基础设施厂商主要提供区块链应用所必备的矿机、矿池、硬盘、路由器等基础设施；中游区块链应用及服务厂商负责区块链通用技术及技术扩展平台研发、数字货币教育与存储平台搭建等工作，为行业应用层提供技术支持；下游区块链应用领域则为区块链技术与现有行业的结合运作。（1）需求增加、供给吃紧，矿机市场供不应求局面将持续。（2）数字资产存储、交易需求不断提升，交易费用上涨。

3. 下游应用潜力大，各国政府积极推动区块链技术项目落地

目前下游代表企业包括Ripple/Bitbay（金融）、布比/京东（供应链）、

Medicalchain/MedicalShare（医疗）、Decentraland/Refereum（游戏）。政府也在积极推动区块链项目落地，2012年至2020年9月，各国政府发起或参与的区块链实验项目多达236项。从具体政策来看，2019年9月德国发布了"国家区块链发展战略"，2019年11月欧盟委员会宣布针对欧洲人工智能和以区块链为重点的初创公司的新投资计划；2020年2月，澳大利亚发布《国家区块链发展线路图》；2020年3月，韩国科学与ICT部宣布发起《区块链技术验证支撑计划2020》推动区块链技术发展和项目落地。

区块链产业链逐步成型。区块链行业上游硬件、技术及基础设施厂商主要提供区块链应用所必备的矿机、矿池、硬盘、路由器等基础设施；中游区块链应用及服务厂商负责区块链通用技术及技术扩展平台研发、数字货币教育与存储平台搭建等工作，为行业应用层提供技术支持；下游区块链应用领域则为区块链技术与现有行业的结合运作。受需求端比特币价格增长及挖矿难度增加、供给端芯片供应稀缺影响，区块链上游矿机市场供不应求局面将持续。数字资产存储和交易的需求也随数字货币价格的上涨和用户数量的增加不断提升。

区块链行业市场规模有望实现快速增长：金融领域，多平台、多国家及地区致力于数字货币研发与探索，区块链将助力无纸化货币金融发展。凭借去中心化分布式信息存储的优势，区块链与云计算、大数据等技术结合可在多方协作网络中增加数据透明度与安全性，目前已在供应链、政务、医疗等领域率先实现应用落地。区块链行业2016—2018年市场规模CAGR接近25%，据Fortune Business Insights研究估计，区块链行业将迎来高速增长阶段，至2025年市场规模将达到210.7亿美元，2018—2025年CAGR高达42.5%。

4. 下游需求多点开花，区块链产业规模有望快速增长

区块链历经发展十余年，正逐步从数字货币向更广应用领域拓展。从2008年"中本聪"发布比特币白皮书开始，区块链行业经历了数字货币、智能合约和应用探索三个阶段。2013年以太坊的推出开启智能合约在经济、金融领域的应用，区块链行业开始步入2.0智能合约阶段；3.0应用探索阶段正在进行中，行业表现出底链多源性、应用先进性和生态开放性三大特性，将实现与物联网、云计算等技术融合发展、助推物联网、供应链等多行业提升管理水平。根据中国信通院《区块链白皮书》统计，截至2019年8月和2020年9月的全球区块链企业分类中，数字资产占比由38%下降至35%，金融与

互联网合计占比由24%上升至27%，区块链技术从数字货币向各行业应用延伸的趋势明显。

区块链凭借去中心化分布式信息存储的优势，与云计算、大数据等技术结合可在多方协作网络中增加数据透明度与安全性，目前已在金融、供应链、政务、医疗等领域率先实现应用落地，下游场景逐步实现落地将进一步拓展区块链产业边界、实现规模扩张。

在金融领域，多平台、多国关注数字货币研发与探索，区块链助力无纸化货币金融发展。多平台陆续推出数字货币产品，区块链金融领域发展提速。各大互联网公司及金融巨头纷纷布局相关领域，如JPMCoin是摩根大通发行的数字稳定币，主要用于摩根大通各国分子公司之间，以及摩根大通与其业务合作伙伴的直接资金流动；而USC是由Fnality International公司推出的跨国稳定加密货币，用于金融机构之间交易和转账。（1）各国政府积极研究探索法定数字货币，区块链助力无纸化货币时代。（2）供应链方面：分布式账本模式解决防伪溯源、物流及供应链管理难题。（3）政务方面：打通政务"数据孤岛"，实现多部门业务协同。

5. 区块链应用政策逐步出台

政策方面。整体而言，很多国家如美国、英国、德国、俄罗斯、澳大利亚、日本和韩国等国家已经将区块链上升为国家战略，从国家层面进行各项立法。政策在不断加大对技术扶持力度的同时，也在不断加强对数字货币的监管，且日趋成熟。（1）法定数字货币。法定数字货币"三强"格局初具雏形，第一个是美国企业Facebook主导的Libra；第二个是中国人民银行牵头的DC/EP（Digital Currency Electronic Payment）；第三个是瑞典、法国等欧洲各国央行推动的CBDC的三强格局。（2）应用领域扩大。德国政府于2019年9月发布《德国国家区块链战略》，明确了在金融、投资、公共服务、技术创新等五大领域的行动措施。美国国会、美联储、财政部等部门已就区块链技术在供应链管理、政务系统、清结算系统等领域展开探索。2019年10月8日，欧盟委员会联合研究中心（Joint Research Centre，JRC）发布报告——《区块链的当下和未来：评估分布式账本技术的多维影响》，深入分析了分布式账本技术对多个应用领域所带来的机会和挑战。区块链企业主要分布在美国和中国，此外，英国、新加坡、瑞士、加拿大等国家和地区也比较重视区块链技术应用发展。垂直行业方面，数字资产成为企业涉足最多的领域，占比达到35%。此外，金融、互联网、供应链&物流分别位居第二、三、四位。

（六）国内区块链发展现状

国内区块链的发展看似繁荣，实则虚空。2019年10月24日，中央政治局集体学习时强调，把区块链作为核心技术自主创新的重要突破口，加快推动区块链技术和产业创新发展，探索区块链+金融、能源、政务服务、司法、医疗健康、产品溯源、社区服务、公益、智慧城市、物流等领域的发展。

国家各部委及地方政府也在抓紧推进区块链的应用，2020年上半年，国家各部委发布与区块链相关的多项政策（见附录3）；超过22个省市政府将区块链产业发展写入《政府工作报告》，地方政府几乎每个月都有专项区块链政策出台。区块链+的需求极大，众多省市、地方政府频频发布公开招标讯息，然而投标的区块链企业很少，甚至出现很多招标书长期无人投标的情况。但是，国内仍缺乏能大规模运用落地的关键核心底层技术。首先，公有链领域未取得较大技术突破，当下公有链主要在电脑PC端，还是以比特币、以太坊为主，在"去中心化、扩展性、安全性"方面无法取得较好效果，无法承载大规模运用落地；其次，联盟链底层核心技术均在国外，且其TPS（系统每秒能处理的事务数）较低，无法满足大规模运用落地，联盟链属于许可链，无法在链上传递价值，普通人无法参与。

国内真正做区块链底层协议、底层系统的区块链公司屈指可数，大多数专利只是在应用层面的创新，互联网巨头如京东、阿里巴巴、腾讯、苏宁、迅雷、百度、蚂蚁金服……的区块链平台都是基于海外的开源底层平台，并没有研发出自主可控的底层系统。因此，在数据库、底层系统、芯片等"国产化"替代的政策要求下，出现"无人投标"的尴尬局面。缺乏真正具有自主知识产权的区块链底层技术，是我国在国际区块链标准和体系建设中占据主导地位的核心障碍，亦关乎国家新一代网络安全建设。我国要实现数字化转型，急需有能够承载大规模运用落地的自主可控的底层区块链系统。另外，在区块链技术层面，如区块链跨链技术、TPS、链上链下数据交换技术、软硬件协同可信一体化技术、应对量子计算机技术等都是急需攻克的重要领域。

（七）典型区块链形式

1. 超级账本

Hyperledger（https://www.hyperledger.org/）是一个开源协作项目，旨在推动跨行业区块链技术的发展。参与方包括来自全球金融、银行、物联网、供应链、制造和技术领域的领导者,并托管在Linux基金会之下。例如,IBM Blockchain就是由Hyperledger提供支持。IBM是Linux基金会Hyperledger项目的主要成员,这是一项跨行业协作,旨在创建适合业务的标准区块链。它是开源的,获得许可管理,处在公共管理之下,并提供了监管透明度。基于Hyperledger托管的业务区块链框架包括以下四方面:

Hyperledger Burrow。Hyperledger Burrow(之前称为eris-db)是一种智能合约机,其中有一部分是根据以太坊虚拟机(EVM)规范构建的。

Hyperledger Fabric。Hyperledger Fabric是区块链技术的一种实现,旨在作为开发区块链应用程序或解决方案的基础。

Hyperledger Iroha。Hyperledger Iroha是一个分布式分类账项目,旨在简化并易于整合到需要分布式分类账技术的基础设施项目中。

Hyperledger Sawtooth。Hyperledger Sawtooth是一种模块化区块链套件,旨在实现多功能性和可扩展性。

2. Chain

Chain(https://chain.com/)Core的基础设施使企业能够在许可网络上发布和转移金融资产,仅允许授权和识别的实体成为区块链网络的一部分。其业务模式处于中心化和去中心化频谱的中间地带,这意味着链上资产的创建、控制和转移是去中心化的,但网络由"联合"实体运营,允许所有资产转移是保密、安全的,且兼容KYC-AML。他们的基础设施还集成了金融服务应用程序和数据仓库解决方案。

3. 以太坊

以太坊(https://www.ethereum.org/)是一个运行智能合约的去中心化平台,完全按照设定程序运行的应用程序,不涉及任何停机、审查、欺诈或第三方干扰。这些应用程序运行在自定义的区块链上,这是一个非常强大的共享全局基础设施,可以让价值流动并代表了资产的所有权。这让开发者能够创建市场、存储债务或承诺的注册表、根据过去的指示(如遗嘱或期货合约)来转移资金,以及很多其他尚未实现的东西,所有这些都没有中间人,不存在合约方风险。与Hyperledger或Chain不同,以太坊网络是无须许可的。因此,任何人都可以加入以太坊网络,并且交易是透明的,欢迎公开审计。

4. 腾讯区块链(TrustSQL)

腾讯公司在自主创新的基础上,打造了提供企业级服务的"腾讯区块链"解决方案。基于"开放分享"的理念,腾讯将搭建区块链基础设施,并开放内部能力，与全国企业共享，共同推动可信互联网的发展，打造区块链的共赢生态。腾讯在支付与金融、社交、媒体等多个领域积累了丰富的行业与技术经验，在高并发的交易处理方面取得了业界领先的突破。此外，腾讯还具备海量数据处理和分析、金融安全体系构建的能力，在云生态和行业连接的探索上也积累了丰富的经验。

（1）腾讯区块链方案的设计原则及目标。腾讯区块链致力于提供企业级区块链基础设施，行业解决方案，以及安全、可靠、灵活的区块链云服务。设计原则等如表1-2。

表1-2　腾讯区块链方案设计原则与目标

性能方面	知识产权	共识算法	安全	效率
自主创新	核心技术	使用	账户安全管理	风控到位
安全高效	运营经验	可信区块链	信息安全	系统效率
开放分享	区块链基础设施	内部服务能力	可信互联网	共赢生态
设计目标	区块链基础设施	安全、可靠、灵活	可靠交易	有效提升运营效率

（2）腾讯区块整体架构。在"自主创新、安全高效、开放共享"设计原则的指导下，腾讯可信区块链方案的整体架构分成三个层次：腾讯区块链的底层是腾讯自主研发的Trust SQl平台，Trust SQL通过SQL和API的接口为上层应用场景提供区块链基础服务的功能。

核心定位于打造领先的企业级区块链基础平台。中间是平台产品服务层为Trust Platform，在底层（Trust SQL）之上构建高可用性、可扩展性的区块链应用基础平台产品，其中包括共享账本、鉴证服务、共享经济、数字资产等多个方向，集成相关领域的基础产品功能，帮助企业快速搭建上层区块链应用场景。应用服务层（Trust Application）向最终用户提供可信、安全、快捷的区块链应用，腾讯未来将携手行业合作伙伴及其技术供应商，共同探索行业区块链发展方向，共同推动区块链应用场景落地。腾讯区块链的整体框架结构如图1-8。

基础服务。基础服务模块由接口适配、共识管理、网络通信和记录存储四个部分组成，如图1-9。

对于全托管的模式，腾讯区块链的用户管理系统由账户管理、密钥管理、权限管理和风控审计四个部分组成，如图1-10：

<<< 第一篇：为什么要区块链+跨境电子商务

图1-8 腾讯区块链的三种构建模式
（整体架构）

图1-9 腾讯区块链的三种构建模式
（基础服务平台）

图1-10 区块链的三种构建模式
（用户管理系统）

23

行业应用前景。区块链技术已在世界各地呈现方兴未艾的发展态势。从业务上看，借助区块链的安全特性与信任机制，将成为发展数字经济的重要技术引擎，可以在多行业领域发挥作用，行业应用领域发展潜力巨大。但从行业 IT 系统需求的角度来看，要在区块链上构建应用，需要区块链解决方案具备强大的三个底层能力：一是完善的新旧系统兼容/切换能力，二是全新的系统安全能力，三是适用多场景的用户隐私保护能力。基于上述需求，腾讯区块链提供了高可用性、可扩展的区块链应用基础平台，通过此平台，各领域的合作伙伴可以快速搭建上层区块链应用，帮助企业将精力聚焦在业务本身和商业模式的运营上，让用户、商户、机构在多样化的应用场景中受益。

腾讯区块链应用场景概览。基于腾讯区块链基础平台，区块链技术的应用范畴，可以涵盖货币、金融、经济、社会的诸多领域。从区块链应用价值角度出发，我们总结腾讯区块连方案使用场景方向，具备分为鉴证证明、共享账本、智能合约、共享经济、数字资产五大类。

5. 百度区块链整体架构

（1）当前区块链技术的性能制约

自区块链技术诞生以来，区块链的性能问题一直是倍受业界关注和讨论的核心问题，同时也可能是成为区块链行业发展的壁垒。当前，影响区块链性能的直观指标可总结为四点：①出块时间:区块产生的时间间隔。②区块大小：单个区块的实际存储容量。③事务执行速度：单个请求的处理时间。对于包含智能合约的请求，执行速度还受智能合约的执行时间影响。④事务大小：事务数据存储在区块链里的实际大小。回顾区块链 1.0 时代的比特币交易系统，性能的制约因素可归纳为区块大小和出块时间。区块链 2.0 时代的以太坊系统，由于支持通用智能合约，除了区块大小和出块时间之外，只能利用单核 CPU 的串行计算的低效率同样是制约整体性能的因素。同时，POW 机制以较慢的出块时间来降低分叉概率的机制，也是影响区块链整体性能的因素之一。

（2）XuperChain 网络介绍

运行结构。XuperChain 简称超级链，是一个支持平行链和侧链的区块链网络。在 XuperChain 网络中，有一条特殊的链——Root 链。Root 链管理 XuperChain 网络的其他平行链，并提供跨链服务。其中基于 Root 链诞生的超级燃料是整个 XuperChain 网络运行消耗的燃料。Root 链有以下功能：①创建独立的一条链。②支持与各个链的数据交换。③管理整个 XuperChain 网络的运行参数。XuperChain 是一个能包容一切区块链技术的区块链网络，其平行链可以支持 XuperChain 的解决方案，也同时支持其他开源区块链网络技术方案。

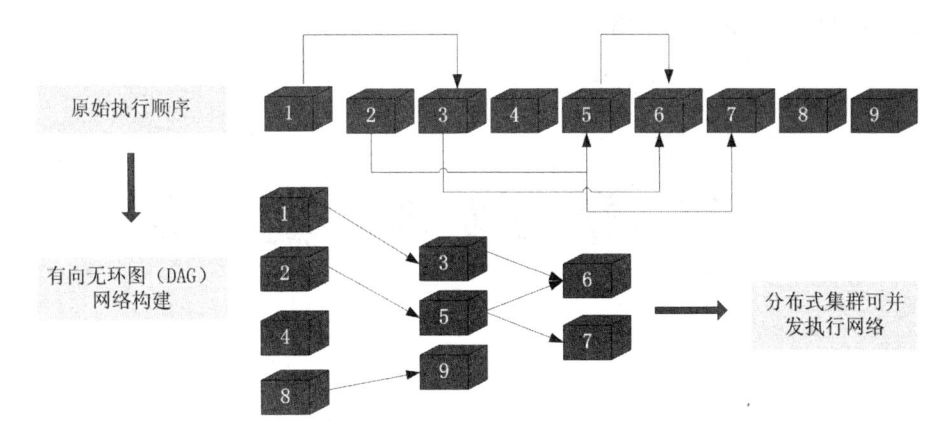

图 1-11 百度区块链的三种构建模式
（链内并行技术）

（3）立体网络技术：链内并行技术

当下区块链技术的实现是将所有事务打包后顺序执行。随着智能合约越来越复杂，如果顺序执行智能合约，高并发度将难以实现，而且也不能充分利用多核和分布式的计算能力。为了让区块里面的智能合约能够并行执行，XuperChain 将依赖事务挖掘形成 DAG，如图 1-12，并由 DAG 图来控制事务的并发执行。

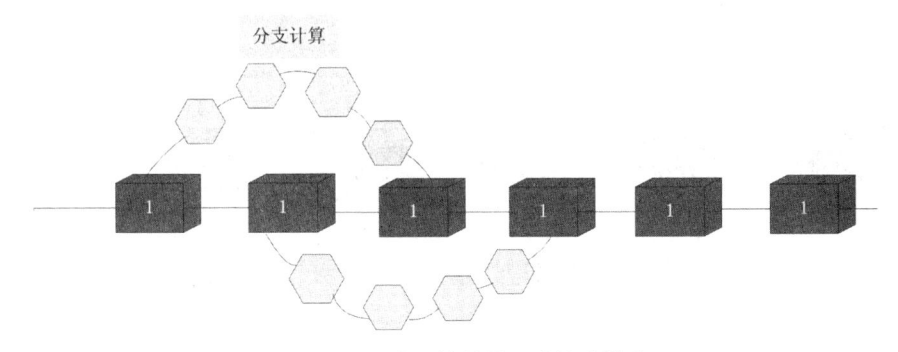

图 1-12 百度区块链的三种构建模式
（可回归侧链技术）

可回归侧链技术

在很多场景下，并不需要把所有的事务都集中在主链上运行。比如，一个运营活动，完全可以把资源放到一个侧链上去，然后通过智能合约执行逻辑，执行完成后一次性合并回主链。通过把复杂的智能合约在侧链执行，可以实现利用其他的并行计算资源去执行而不消耗主链的资源。当满足侧链回归条件的时候，主动引发侧链合并。

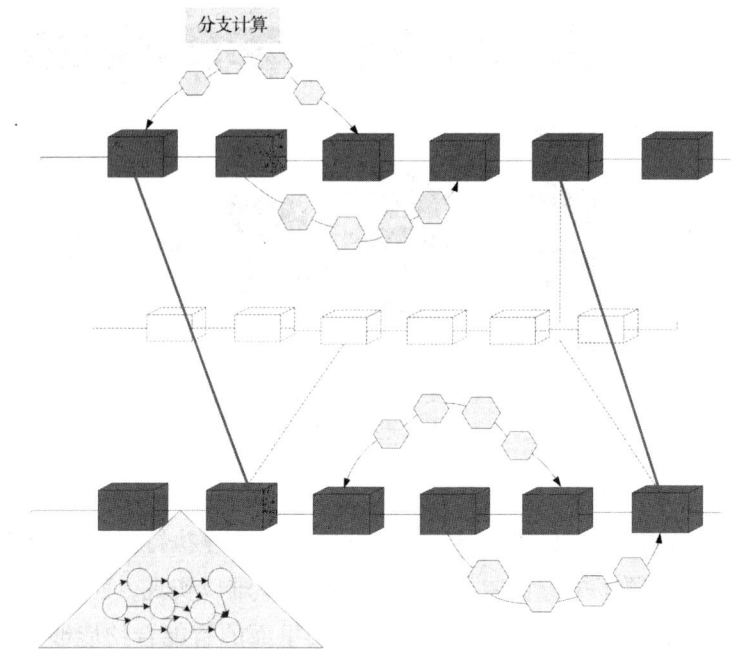

图 1-13　百度区块链的三种构建模式
（平行链技术）

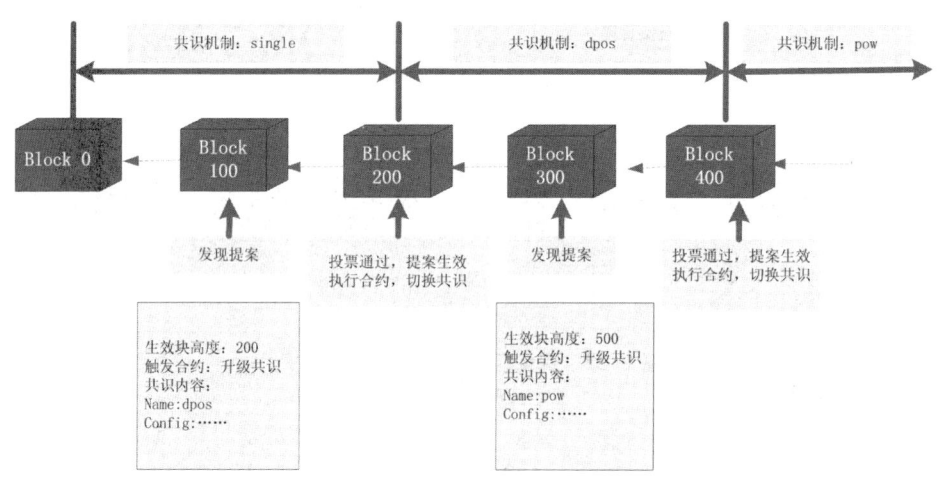

图 1-14　百度区块链的三种构建模式
（共识升级）

平行链技术

在 XuperChain 的立体网络里面，有大量的区块链存在。这些链通过 Root 链管理起来，这些链就是平行链，从而形成一个真实、独立存在的区块链体系。我们把这个网络叫作立体网络。立体网络上通过 Root 链创建的平行链，可以选择是公开链，也可选择是联盟链（仅成员可见）。XuperChain 在设计的时候就支持轻量级节点技术。轻节点仅同步少量数据就可以完成数据的访问和校验。轻量级客户端可以部署在 PC、手机、嵌入式设备等设备上，不需要算力和存储支撑就能有效访问区块链网络数据。

共识可升级

XuperChain 供可插拔共识机制，通过提案和投票机制，升级共识算法或者参数。图 1-15 简要说明了如何使用 XuperChain 的提案机制进行共识升级。

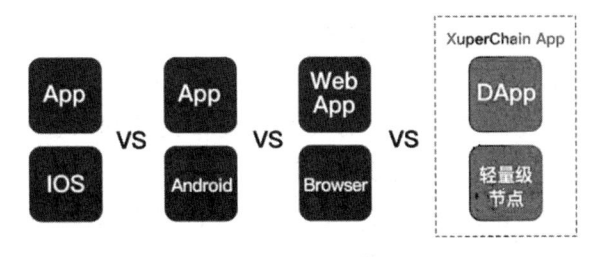

图 1-15　XuperChain App

资料来源：百度网官网

（4）XuperChain 网络生态和基础设施

网络生态：①商业化能力。通过 XuperChain 网络创建区块链需要冻结超级燃料。在系统稳定运行一段时间后，冻结的超级燃料会按照一定比例分给为该区块链提供资源和服务的节点。平行链持有者，为了保证区块链正常运作，应该定期补充冻结一定比例的超级燃料。Root 链是管理平行链和解决跨链的关键，Root 链的每一次 API 调用，都要消耗超级燃料。因此，超级燃料将作为 XuperChain 使用者支付使用费用的途径，也是当下 XuperChain 的主要商业化途径。②开源计划：一是 XuperChain 已经在 Xuper 联盟内部开源；二是 2019 年上半年向全社会开源。

第二节　区块链的核心技术组成

区块链是依托五大核心技术的去中心化共享数据库。区块链网络中的参与者可以使用非对称加密签名证明身份、传输信息，并将账目信息点对点传输给其余所有用户节点，其余节点均可自由参与信息接收、传播与记账，记账者将新信息添加到现有交易链中。区块链运用四大核心技术，即共识算法、非对称加密算法、分布式存储技术及点对点传输技术，在网络节点无须相互信任的分布式系统中实现基于去中心化信用的点对点交易。对比传统中心化数据库，区块链具备三大核心优势，更加适配数据库透明、安全的核心需求。

一、区块链独特的数据结构

区块头里面上一区块的哈希值、该区块的最终随机数、区块的体积大小、交易的具体信息，如交易双方及其数字签名、交易额等。区块链体系结构是区块链系统运行的基础，其结构可分为：并行化架构和链上、链下协同架构。

1. 并行化架构：区块链分片技术（Sharding）采用并行化思想，将用户划分到不同的网络分片内，并行处理不相交的交易集合，进而提升整体性能，但处理涉及不同分片的交易时，需要经过复杂的跨分片通信，开销很大。Plasma则通过利用侧链层次树划分整个网络，用"分治"来扩大交易规模。

2. 链上、链下协同架构：闪电网络（Lightning Network）以类比特币区块链为基础，提出将交易过程尽可能放在链下，进行链下快速交易，而链上交易仅用于担保与结算。本质上，闪电网络并没有提升链上交易性能，并且链下交易环节未存储到区块链中，会影响交易的可追溯性。雷电网络（Raiden Network）作为"以太坊版本"的闪电网络，可与Sharding、Plasma结合，进一步提升交易处理能力。

二、区块链共识算法研究

区块链共识算法保证了区块链系统中各节点可以维护相同的交易内容和顺序，是区块链系统的核心机制。目前应用比较广泛的、常见的共识算法包括工作量证明算法（PoW）、权益证明算法（PoS）、股份授权证明算法（DPoS）和拜占庭容错算法（PBFT），这些算法各有优势但也都存在自身的问题（见表1-3）。近年来，为了适应实际应用的需求，一些新型共识算法被提出。Algorand通过密码抽签机制随机选取一组验证者使用优化的拜占庭协议进行共识来提高共识效率；Bitcoin-NG通过工作量证明选取的领导者发布交易微块，一定程度上改善了比特币区块链PoW共识的性能；Casper通过锁定保证金的验证人下注共识以提升PoS算法实现的安全性以及去中心化程度。

然而，无论是 PoW、PBFT 这些经典共识算法，还是 Algorand、Bitcoin-NG 这些新型算法，都面临"三难困境"问题，即区块链系统最多只能同时优化去中心化、高性能以及安全性三种目标中的两个，寻求"三难困境"的最优解将是未来的主要研究方向和技术挑战。PoW（算法机制）是最初的一种共识机制，所有参与的节点通过比拼计算能力来竞争记账权，这是相对公平和去中心化的一种方式，但是所有人都参与，却只能选一个节点，会浪费大量资源和时间成本。因此，后面又出现了 PoS（权益证明机制）共识机制，持有数字货币时间越长，持有的资产越多，就越有可能获得记账权和奖励，节省了时间，但有人说这违背了去中心化的初衷，容易出现马太效应。再后来出现了 DPoS（委托权益证明机制），选出代表节点来代理验证和记账，更加简单高效，但也有人说这也在一定程度上牺牲了一些去中心化。ETH 采取"PoW+PoS"共识机制，正在向纯 PoS 的方向发展，但进度较为缓慢。PoS 共识就是"Proof of Stake"，权益证明机制，按照币龄计算出块的概率。PoS 共识机制的优点是不用耗费大量能源用于算力竞赛，缺点是按照币龄出块的存币生息不利于代币的流通。

表 1-3　几种常见的共识算法对比

共识算法	安全性	网络规模	资源消耗	交易确认时间	交易吞吐量	分叉	去中心化
PoW	高	大	大	长	小	易	较高	—
PoS	较高	大	一般	一般	小	易	较高	—
DPoS	一般	大	小	短	一般	不易	低	—
PBFT	一般	小	小	短	一般	不易	一般	—

资料来源：根据网站和相关资料整理

三、区块链智能合约研究

自从 Nick Szabo 于 1996 年首次提出了智能合约的概念后，智能合约长期处于一种研究的停滞阶段，直到比特币的产生，才使得智能合约得以最大化地应用。通俗地讲，一个智能合约是一套以数字形式定义的约定，它包括合约参与方可以在上面执行这些约定的协议。而区块链为智能合约提供了一个去中心化、不可篡改、公开透明的运行环境，使得智能合约无须信任第三方即可根据预设合约协议自动执行。目前针对智能合约的研究主要围绕智能合约虚拟机、智能合约升级、链下数据可信喂养等方面展开。

智能合约虚拟机可以分为两大类：一类是自主可控的虚拟机，如以太坊虚拟机（EVM）；另一类是使用现有成熟的编译运行环境的虚拟机，如 Java 虚拟机（JVM）。EVM 等自主可控的虚拟机当前的运行效率还存在较大问题。目前的研究工作主要有 Solidity 编译器的优化、适合智能合约的 Web 程序集（WASM）执行环境研发等，上述工作均处于早期研究阶段。

目前，智能合约存在于区块链空间，它与链下真实世界活动的关联是其进行大规模应用的前提。Oraclize 将智能合约与 Web API 通过加密证明链接起来，使得智能合约不需要额外的信任，即可获得现实世界的真实活动数据；IC3 提出可信数据喂养系统 Town Crier（TC），通过英特尔最新可信硬件 SGX 向智能合约提供认证可信以及机密性数据。然而，现有的可信数据喂养解决方案灵活性较差，如 Oraclize 需要将整个 https 请求响应返回并且依赖于链下的中心化服务器，TC 无法支持代码的更新，需要研究新型灵活、可信的数据喂养方案以满足智能合约对链外数据的喂养需求。

四、区块链隐私保护研究

密码学中的非对称加密技术是保障安全的重要部分。对称加密就相当于开门和锁门用了同一把钥匙，非对称加密则相当于开门锁门用了两把不同的钥匙，一个叫公钥，一个叫私钥。区块链隐私保护为了解决公开的交易信息带来的账户隐私泄露问题。目前主要通过直接或间接隐藏用户关键信息来实现，典型的隐私保护技术包括混币技术（CoinJoin）、隐秘地址（Stealth Address）、环签名技术（Ring Signature）以及 zk-SNARKs 零知识证明算法。混币技术、隐秘地址以及环签名技术只是间接隐藏交易涉及的关键信息，在可靠性方面存在不足；zk-SNARKs 零知识证明算法虽然属于直接隐藏信息，但是其具有"可信赖的公共参数"以及效率低下的问题。

然而，未来随着量子计算的不断发展会对隐私保护研究提出新的要求，而这些典型的隐私保护技术都不具备抗量子攻击能力。新提出的 zk-STARKs 零知识证明算法完全依赖散列和信息理论，解决了 zk-SNARKs "可信赖的设置"问题并具备抗量子攻击的能力，但是该研究处于早期阶段，技术还不成熟且存在证据过大等缺点。因此，设计既能保证高效安全，还能保证交易关键信息隐藏与交易有效性验证的技术方案依然是未来区块链研究面临的主要技术挑战。

图 1-16 区块链的三种构建模式
资料来源：赤道链

五、区块链跨链通信研究

随着区块链技术在加密数字货币、资产追踪、身份管理等领域的广泛应用，出现了很多分立的区块链系统，而这些独立的区块链如果需要相互交易进而实现价值最大化，就需要研究跨链通信技术。解决跨链交易中有效性、可扩展性、原子性等问题是当前区块链跨链通信技术的研究重点。目前，区块链跨链通信技术研究代表性方案包括成对通信、Interledger、Cosmos、Polkadot 等。成对通信通过获取对方区块链的区块头与特定交易的简化付款验证（SPV）证明，可在没有外部参与的情况下验证跨链交易的有效性；Interledger 通过构建连接器，找到一条到接受者的资金转移路径，资金在连接器之间转移，从而实现跨链；Cosmos 利用 Hub 与 Zone，当源 Zone 与目的 Zone 进行跨链交易时，Hub 对 Zone 形成的包进行跨链转发；而 Polkadot 的愿景是实现异构区块链之间的跨链，同时事务可以在不同的区块链上并行执行，从而增加系统的吞吐量。上述跨链通信方案大多面向跨链某一具体场景且性能较低，如成对通信仅限于交易存在性验证，Interledger 以及 Cosmos 仅用于跨链转账这个单一功能。虽然 Polkadot 支持的跨链类型更为丰富，但是其仍处于非常早期的方案设计阶段。随着跨链交易的需求不断增加，制订安全、高效且通用性好的跨链技术方案迫在眉睫。

第三节　区块链技术图谱和产业图谱

2020 年我国国家部委、地方政府发布与区块链技术有关的政策、法规、方案文件超过 200 份，显示我国地方政府正在积极发展区块链产业，促进技术创新，鼓励区块链技术应用落地。区块链已被国家纳入新基建范畴，各省市政府也接连推出的相关政策，未来区块链势必是要与大数据、云计算、人工智能等技术协同，作为基础设施底层应用到实体经济上的。虽然目前仍处于探索阶段，但接下来最可能的是区块链技术和物联网的结合应用。区块链分布式特性将会将绝大多数的安全问题杜绝，为物联网提供更优越的防入侵保护，5G能够帮助物联网和区块链解决他们的可扩展性问题，打造一个安全度极高、交易极为方便、生活极为智能的场景。

2013年至2020年9月，全球区块链发明专利申请量达到3.5万件，授权量达到2165件。申请量方面中国以2.1万件高于其他国家，且授权量方面中国也以998件处于领先地位。IDC的研究报告显示，2023年我国区块链市场支出规模将达到20亿美元，2018—2023年市场支出规模的年复合增长率将高达65.7%。其中，银行业是我国区块链支出规模最大的行业。据国际权威咨询机构Gartner预测，随着区块链技术的发展，中国区块链人才缺口将达75万人以上。然而，当前区块链人才培养体系不够完善，尤其是对行业有细化认知和框架思维的人才仍然较为稀缺。

一、区块链技术图谱

1. 区块链即服务BaaS平台

国际数据公司IDC预测，2024年中国区块链市场整体支出规模将达到22.8亿美元，年复合增长率高达51%。此外，IDC于近日发布的《IDC Market Scape：中国区块链即服务（BaaS）平台厂商评估，2020》报告显示，BaaS平台供应商已经结束了对区块链潜力的最初炒作阶段，并持续在区块链产品上进行投资，涉及技术、业务开发、行业生态等方面，并普遍确立了清晰的战略和可持续的商业模式。

中国信息通信研究院可信区块链推进计划发布的《区块链即服务平台BaaS白皮书》中将BaaS定义为一种帮助用户创建、管理和维护企业级区块链网络及应用的服务平台。它具有降低开发及使用成本、兼顾快速部署、方便易用、高安全可靠性等特性，是为区块链应用开发者提供区块链服务能力的平台。BaaS通过把计算资源、通信资源、存储资源，以及上层的区块链记账能力、区块链应用开发能力、区块链配套设施能力转化为可编程接口，让应用开发过程和应用部署过程简单而高效，同时通过标准化的能力建设，保障区块链应用的安全可靠，为区块链业务的运营提供支撑，解决弹性、安全性、性能等运营难题,让开发者专注开发。

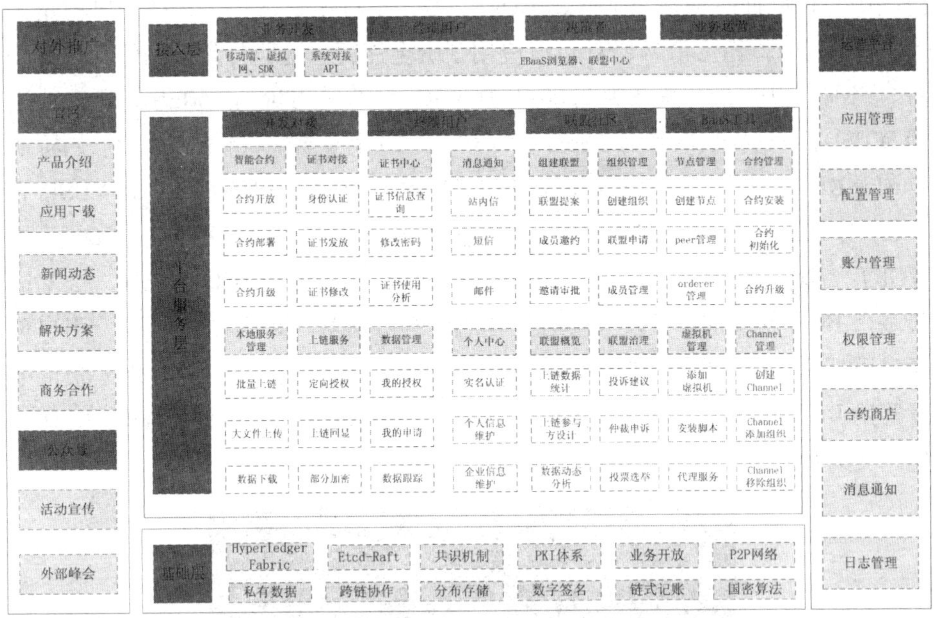

图 1-17 EBaaS 平台架构图
资料来源:赤道链

2. 加速区块链赋能实体经济

IDC 中国新兴技术研究部资深市场分析师洪婉婷表示,受益于政策驱动和新基建数字基础设施建设的持续推进,中国各行业对区块链的接受度大幅提升,产业区块链成为共识。从长远来看,基于 BaaS 平台推出通用化行业服务,加强对个人开发者或中小企业的扶持将成为区块链进一步赋能实体经济的战略路线,中国 BaaS 平台市场也将因此保持高速良性增长。未来,BaaS 平台作为基础的区块链服务形式,将在区块链技术实践及行业价值爬升阶段扮演重要的角色,其构建的开放对等联盟生态对中国各行业的合作发展都具有重要意义。去中心化金融,是公有链垂直产业落地的优良选择。

2018 年,公有链的发展火热,受到市场一度追捧。到了 2019 年,公有链开始走下坡路,逐渐暗淡。在挖矿热潮下,公有链也纷纷推出挖矿机制,但是大多数公有链根基不稳,没有实际应用做支撑,导致挖矿一波流后并没有留下实质性的东西,面临着转型的窘境,急需找到真正落地的应用。去中心化金融,是公有链落地的一个非常合适的选择。

2019 年 3 月,维基链提出"三通证"经济模型(WICC/WUSD/WGRT),

并于当年 4 月打造了全球首个公有链底层稳定币 WUSD。2019 年 10 月，维基链去中心化抵押借贷系统 Wayki-CDP 上线，支持用户抵押 WICC 贷出稳定币 WUSD。其中，稳定币 WUSD 可以应用于资金周转、港股打新、海外支付等场景。当前，CDP 抵押总量为 2000 万枚 WICC，总贷出价值 160 万美元的稳定币 WUSD，全局抵押率为 586%。2019 年 10 月，维基链去中心化交易所 Wayki-DEX 上线，目前已支持 WICC/WUSD、WGRT/WUSD、ROG/WUSD 和 xUSD/WUSD 交易对。DEX 累计交易量已达约 3200 万枚 WICC、5700 万枚 WGRT、720 万枚 WUSD、47 万枚 ROG、13 万枚 xUSD。2020 年 9 月，维基链天基币 ROG 创世挖矿以及去中心化合成资产协议 Wayki-X 正式上线，用户可通过质押 WICC/WGRT 挖矿 ROG，然后抵押 ROG 铸造 xUSD，由此可获得增发奖励 ROG 和部分合成资产交易手续费 xUSD。另外，用户所获得的 xUSD 可用于交易加密货币、美股和股指等。

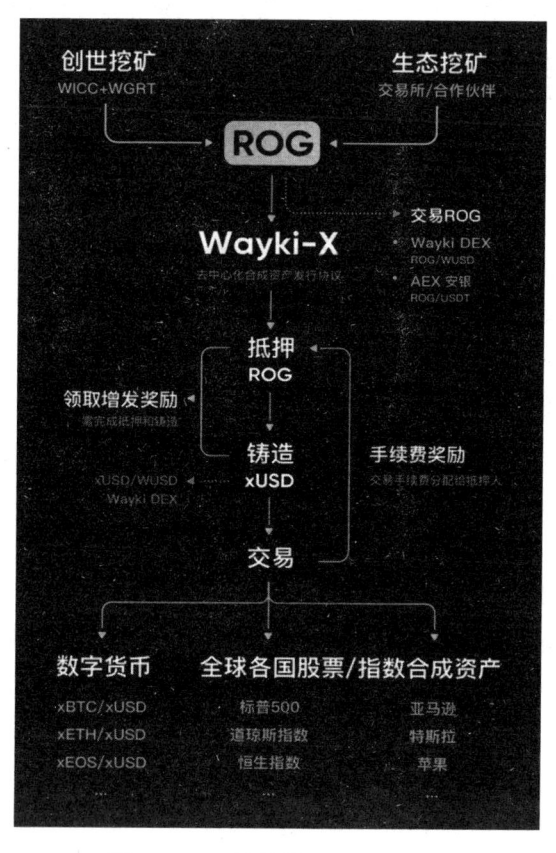

图 1-18　区块链的三种构建模式

资料来源：赤道链

3. 区域区块链发展战略规划

上海市"十四五"规划《纲要》：积极布局区块链技术创新与应用示范。2021年1月，上海市人民政府网站发布《上海市国民经济和社会发展第十四个五年规划和二〇三五年远景目标纲要》。其中提出全面提升核心数字产业能级，加速推进下一代信息通信技术突破，推动操作系统、数据库、中间件、工业软件、行业应用软件和信息安全软件等自主创新，做好软件基础技术、通用技术、前沿技术等研究，不断提升国产软件稳定度和成熟度，鼓励加大应用。推动软件产业向 SaaS（软件即服务）模式转型。积极布局区块链技术创新与应用示范。同时，加快产业数字化转型。引导有基础、有条件的企业开展以设备换芯、生产换线、机器换工为核心的智能化改造，发展基于互联网的网络协同研发、个性化定制设计、共享制造等新模式新应用。实施"工赋上海"三年行动计划，推动工业互联网向知识化、质量型和数字孪生升级，实现高质量工业数据集泽（Z）级突破，工业知识图谱重点领域基本覆盖。构建工业互联网标杆载体，鼓励龙头企业建设行业级和通用型工业互联网平台，支持平台企业向系统解决方案提供商转型。丰富各类产业集群、园区载体、特色小镇的数字化服务功能，引导中小企业"上云用数赋智"，共享产能、技术、数据、人才、市场等资源。大力培育数字开源社区，发展数字创新实践基地。

2020年10月，深圳市罗湖发放了1000万元数字人民币红包。这一先行先试的机会让罗湖成为在全国率先开展数字人民币面向公众的大范围常规性测试的城市。未来，在以数字货币带动数字经济发展的过程中，罗湖大有可为。在这个背景下，应把握好机会，运用区块链技术带动数字经济发展。从技术迭代升级对社会经济的推动来看，现在从"上网"到"上云"，已经发展到了"上链"，时代也已经发展到了区块链时代。区块链掀起了科学、技术和社会治理相叠加的大变革，推动互联网从"信息互联网"转为"价值互联网"，区块链的广泛应用将有力推动我国经济建设和社会治理的数字化、智能化、精细化、法治化水平。罗湖区若能够顺应时代发展，充分利用区块链产业的发展机会，必将增强全区的经济实力。为此，建议出台"区块链产业"扶持政策，用区块链提升罗湖支柱产业和特色产业，打造区块链专属力量。

河南、山西、西藏、广西等多地都对2021年GDP提出了较高的增长目标，并提出要着力推动人工智能、区块链、芯片、量子科技等核心技术取得突破，"新基建"成为多地扩大投资的重要内容。

二、区块链产业图谱

当前，区块链与 5G、人工智能、云计算等前沿技术加速和产业发展深度融合，正成为数字经济的关键基石。区块链正在成为产业创新高地，数字人民币将给经济转型带来全新机遇，技术融合正在改变社会形态，资产上链将成为大势所趋，区块链构建"隐私互联网"等成为最新趋势，而数字人民币在数字经济发展过程中将起到重要作用。产业区块链 2.0 将是 2021 年区块链行业发展的关键词，具体指的是产业上链、资产上链、数据上链、技术融合和 CBDC 应用融合互促，开启区块链发展新篇章。区块链+已经成为中国创新创业的主战场。未来，在世界范围内，所有行业都值得用区块链+的方式重做一次，一切资产，包括人的身份体系都会数字化。从长远来看，CBDC 可以帮助中央银行更好地管理社会信用并制定货币流通规则，成为经济数字化转型的关键动力。

数字人民币正加速推进，引发外界广泛关注。2020 年 10 月和 12 月，深圳市、苏州市先后测试了"数字人民币消费红包"，成都的数字人民币红包也已完成测试。中国工商银行使用"数字人民币"进行公益捐赠，数字人民币跨境支付也进入了测试阶段。按照预期计划，2021 年数字人民币仍将会继续在中国多个城市进行测试，在 2022 年冬奥会期间也将进行内部封闭试点测试。数字人民币是一种面向未来的货币形式。在未来数字经济时代，央行数字货币的普及无疑将加速全球资产数字化和身份数字化的进程，进而促进数字社会进一步发展。同时，在 5G 时代，无人驾驶汽车、物联网设备、工业互联网将得到广泛应用，人与物、物与物之间的交易需求将不断增加，而数字人民币作为一种可编程货币，不仅给人用，也要给物用，未来人与机器的关系将被重新定义。

事实上，数字经济的蓬勃发展，也逐渐显露出数据安全的问题。隐私计算将推动数据价值利用和隐私保护并重，区块链是物联网和大数据时代保障安全与隐私的金钥匙。区块链+隐私计算可以增强对数据隐私的保护、增强信任、提高数据流动性，进而打造"隐私互联网"，这正在成为大数据时代的社会刚性需求，让每个人都可以真正意义上享受数字时代的美好生活。"2021 年将是区块链发展历史上的关键一年，中国的区块链产业正在迎来政策扶持、市场爆发、技术创新、应用落地四大历史性风口，产业区块链 2.0 将赋能百行千业，助推数字经济高质量发展。"产业链图谱集合：有关新零售、人工智能、区块链、增强现实 VR/AR、机器人、云计算、大数据、5G 以及智能客服与智能语音等方面。

第四节　区块链+应用场景概述

当前，区块链与云计算、人工智能等新技术基础设施交叉创新，越来越多的实体经济垂直领域呈现出区块链+的发展格局和"脱虚向实"的良好势头。而为避免脱实向虚，除继续严厉打击投机行为之外，还必须引导区块链技术与实际应用场景深度融合。因此，区块链+各种产业应用场景，成为区块链发展的必然趋势之一。

中国信息通信研究院发布的《区块链白皮书（2020 年）》显示，截至 2020 年 10 月，已有超过 262 家上市公司涉足区块链领域，分别来自保险、房地产、商业百货、安防设备、包装材料、电信运营等 39 个领域。而在国家互联网信息办公室公布的区块链信息服务备案清单中，上市公司区块链项目达到 45 项。随着区块链应用的落地和加速推进，区块链+业务已经成为互联网骨干企业进军区块链行业的发展重点，在金融业务之外，积极部署互联网、溯源、供应链及物流、数字资产、政务及公共服务、知识产权、司法、大健康等多领域的应用。

2021 年将是区块链行业快速发展的一年。日前，SEA 战略合作伙伴牵头发起成立亚太数字经济发展联盟，开启了国内中小企业"抱团取暖"新模式，成为振兴实体经济的助推器。联盟利用高效的"数字经济"手段，在资金、资源、项目、技术、培训、营销、品牌、收益八方面予以民企全面支援，实现资源优化配置，有望打造"价值互联网"，推动经济体系实现技术变革、组织变革和效率变革。从理想到现实，SEA 区块链历经多年，抢占创新发展制高点，走出了自己的特色，相信在不远的将来，也将继续发挥在区块链领域的领先优势，探索区块链+更多落地应用场景，助力产业互联网更好、更快地发展。

由于区块链技术具有去中心化、防篡改、可追溯等特点，吸引了各国政府的高度关注。因此，世界各地的科学家和外科研与金融公司也都将目标指向了区块链，探索研究区块链的特点。2015 年，Linux 基金发起超级账本（Hyperledger）开源项目，提供开放式的区块链应用开发平台，推进区块链技术的研究。世界经济论坛在2016年金融服务会议上对如何借助区块链技术重塑金融服务进行了分析和展望。我国央行也关注区块链和数字货币的发展，开始尝试利用区块链技术设计数字票据交易平台原型。目前，区块链技术与金融行业相结合的项目众多，尤其是第二代区块链技术智能合约（Smart Contract）提出以后，区块链技术在解决跨机构跨行业的金融支付、结算、清算业务中的优势日渐突出。此外，区块链技术在金融服务、供应链服务、公共服务、公共慈善和物联网等多个领域都具有极大的潜在价值。表1-4是区块链技术在部分行业中的应用场景。

表1-4　区块链技术在部分行业中的应用场景

应用领域	部分应用实例
共享经济	供应链金融、商品认证、网络安全
金融税务	金融交易支付（跨机构、跨境支付）结算、清算、证券、众筹
社会治理	知识产权保护、版权保护、档案管理、公益项目管理
医疗健康	保险、医疗预约、数字病例、隐私保护、理赔调节、药品防伪
环境保护	环境费支付
交通运输	智能交通、智能调节
能源	能源管理、智能电网
教育	成绩证明、征信管理、产学合作、资源共享
溯源服务	供应链溯源、食品溯源、物品溯源
AI	共识机制的应用
法律应用	追踪、防伪、认证
智慧城市	身份认证、智能系统
政务管理	户口身份登记、投票选举、公正信用、档案管理
无纸化货币	数字货币、无纸化应用、代币

资料来源：根据网站、各大报告整理

区块链在非金融领域中，研究主要集中在以下几个领域：（1）信息记录及管理领域，如信用记录、公民及企业信息管理、资产管理、防伪、教育医疗信息管理、打分评价、合同签署等方向。（2）信息安全领域，如认证技术、访问控制、数据保护等方向。（3）其他领域，如共享经济、能源互联网、智能交通等方向。其中，第二项即信息安全领域是研究的一个重点，在云计算、物联网、移动网络、大数据等新技术条件下对认证技术、访问控制、数据保护等信息安全技术提出去中心、分布式、匿名化、轻量级、高效率、可审计追踪等更高要求，而区块链具有的开放共识、去中心、去信任、匿名性、不可篡改、可追溯性等特点正好与之相吻合。因此，区块链技术能够解决很多传统信息安全技术无法很好解决的问题。

本研究对区块链+数字货币与跨境电子商务领域的各种应用场景进行了梳理，并对部分应用场景进行了一些基本的介绍。

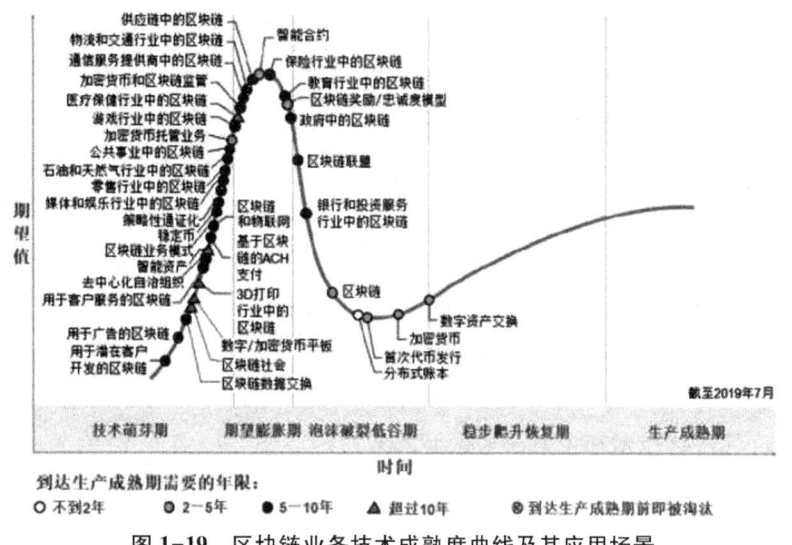

图 1-19　区块链业务技术成熟度曲线及其应用场景

资料来源：Gartner，国盛证券研究所等

一、区块链技术在共享经济中的应用

从目前的我国的经济形势来看，共享经济已成为我国不可取代的国民经济活动方式之一，因为它有着巨大的优势，它可以减少人们的生活成本，也带给人们十年前无法想象的方便与便利。自 2017 年起，以金融科技为代表的虚拟经济，尤其是区块链金融的发展，引起了全世界的关注。区块链技术，不仅有助于降低交易和信任的风险，还能降低企业的运作成本。因此已被运用在企业投融资、跨境支付、金融财富管理、市场与交易等多个领域，很可能构建出一种全新的金融基础设施，彻底改变现有的金融生态。所以，区块链金融必然会引领新虚拟经济发展。

在供应链应用领域，供应链各方可以通过区块链，获得一个透明可靠的统一信息平台，实时查看相关状态，追溯到物品生产和运送的整个过程，从而提高供应链管理的效率、降低相关物流成本。而当发生纠纷时，追查和举证也会变得更加容易。然而，供应链管理往往涉及诸多实体，如物流、资金流、信息流等，而本身在这些实体之间就存在着大量复杂的协作和沟通工作，因此，在应用区块链进行链上链下的有效协同方面，也存在诸多技术难题需要攻关。商品的防伪溯源是各产品供应链均十分重视的环节。区块链技术利用时间戳、共识机制等技术，实现数据的不可篡改、可追溯、透明公开等特性，各节点上的参与者均可查询商品信息源头、证实相关信息真实性，目前区块链在防伪溯源领域实现应用的项目包括京东的智臻链、蚂蚁金服等。

物流领域，存在企业交互成本高、商品真实性无法完全保障、物流征信评级无标准等多方面问题。区块链技术可以解决"大物流"模式下的信任问题，在物流商品上链后，商品包装、调取、运输、交接以及送达等每一环物流信息都被清晰地记录在区块链上，保障了物流数据的真实可靠，促进物流领域的商流、物流、信息流、资金流四流合一。目前，物流巨头马士基与IBM合作建立的全球贸易数字化平台GID、万向区块链实验室与中都物流联合推出的整车物流运输解决方案"运链盟"等项目均已实现落地。

二、区块链技术在金融税务领域的应用

随着区块链技术创新发展逐步成熟，新一代 BaaS 平台正在为开发者提供便捷、高性能的区块链生态环境，支持开发者的业务拓展及运营，区块链在各产业应用的实际效果也越发显著。可以看到，区块链的应用已从金融领域延伸到实体领域，在支付结算、金融交易、版权管理和交易、产品溯源、智能制造、供应链管理、能源、医疗等领域都有了应用的可能性。

1. 在金融领域，各种新形态的业务模式得以多样化发展。区块链提供的信任机制，使各类金融资产，如股权、债券、票据、仓单、基金份额等都可以被整合到区块链账本中，成为链上的数字资产，从而在区块链上进行存储、转移、交易。区块链技术的去中介化，能够降低交易成本，使金融交易更加便捷、直观、安全。因此，区块链技术与金融业相结合，必然会创造出越来越多的业务模式、服务场景、业务流程和金融产品，从而对金融市场、金融机构、金融服务以及金融业态发展带来更多影响。

2. 在税收活动中应用区块链技术可导致经济领域的革命性变化。一方面，能够在交易时实时计算并支付税费，查验与税务相关的完整信息、降

低违反税法的风险；另一方面，有助于降低编制税务报告的成本，减少税务检查的次数，进一步节省政府行政人员的开支（Melanie S，2015；PwC，2016；Flynn C，2016；EY，2016）。在税务管理方面，Clancy H（2016）认为区块链技术向税务部门提供了可共享的准确、详细和可靠信息。PwC（2016）认为区块链技术可以加快与增值税、预扣税、印花税和保险费税等交易有关的税款征收，提高打击逃税的效率，提升纳税人的服务质量。除了上述税种，Ainsworth R T 和 Viitasaari V（2017）认为区块链也可实现工资税的征收。Wijaya D. A. 等人（2017）通过对普华永道的一份报告进行研究，认为区块链技术可以通过跟踪增值税的支付地点和时间来减少增值税欺诈行为，并提出了部署在合作国家税务机关独立数据库之间的区块链数字发票海关交换系统（DICE）。

回顾国内相关文献，国内研究者多从如何改进税收管理的角度出发，大体包括税收征管、信息共享、纳税信用、电子票据管理、风险管理、税收治理等多方面，对区块链技术在税务领域的应用进行探索研究。

（1）关于税收征管的研究。曹明星等人（2018）重点关注区块链技术在增值税、工薪税及虚拟货币的征管、国际税收管理、海关及供应链管理的实践。袁娇等人（2018）认为区块链作为计算机技术的新型集成应用模式，其技术原理与税收征管有着天然的契合。通过对当前个人所得税、增值税的申报扣缴流程进行分析，发现税收征管过程中存在信息错漏、耗时长效率低等问题，提出应用区块链技术重塑核心征管流程。在转让定价方面，袁娇等人认为可在区块链的智能合约中以代码形式录入合同内容，实现相关交易事项的自动执行以及处罚措施的下达。

（2）关于税收风险管理的研究。马天龙（2017）认为，利用区块链技术可以对国库资金往来进行有效的风险监督，尤其是在财政预算收入划缴入库，支出拨付，预算收入更、免、退等方面，对预算收支往来情况实现实时、逐笔的监督，以确保国库资金安全。钟成、张桂茂（2018）从税源风险管控、发票风险管理、纳税信用体系建设等角度，探讨区块链技术在税务风险管控中的应用前景。杨雷鸣等人（2019）认为当前税收风险管理中存在风险等级排序随意性较强、风险管理结果应用不充分、纳税人认同度不高、主动遵从不积极等问题，在此基础上提出构建区块链税收风险管理系统的设想，并对构建的具体思路进行详细阐述。

（3）关于纳税信用的研究。张之乐（2017）探索了区块链技术促进纳税遵从的前景，提出区块链技术在纳税信用公示系统以及增值税管理系统两个场景的应用设想。贾宜正等人（2017）研究认为，区块链技术促使数据更加透明、信息更加安全，并为涉税数据共享、税收信用体系建设提供了全新思路，同时为提升纳税服务质量与效率、减少税收争议提供了新手段。王毛路、陆静怡（2018）建议将区块链技术应用于在线税银贷业务，由贷款企业授权银行查询纳税人的纳税信用等级、销售收入、利润、增值税、企业所得税等各项关键涉税指标，银行根据内部风控模型给予企业授信额度，以快速实现税、银、企三方数据对接。

（4）关于电子票据管理的研究。王晓玲（2019）认为当前增值税发票管理系统无法核对货物流转过程，不能实时监控税收异常行为，发票流转信息的查看受到权限限制，制约着税务稽查打骗打虚工作的开展，主张利用区块链技术解决数据及作案证据获取难题，实现"票款流"一致性检查，避免出口骗税案件的发生。张炜（2019）主张构建一个具有公有网络的联盟链模式的电子发票区块链，税务机关作为监管机构统一制定区块链的运行标准和合约条件，第三方电子发票服务平台经税务机关授权负责电子发票的开具、上传、查询和报销入账等业务，各节点按照智能合约机制自动判定产生增值税发票并负责分布式记录发票账本，形成不可篡改、可追溯、可查阅的分布式发票管理系统，以解决发票重复入账报销、难以自动归集等问题。张国钧等人（2019）在对税收管理方式与区块链技术进行匹配分析的基础上，结合深圳市税务局在区块链发票应用方面的实践探索，从三个层次提出基于区块链电子发票的现代化税收管理模式。

（5）关于涉税信息共享的研究。汤晓冬、周河山（2018）认为区块链的技术特征能够降低涉税信息的加工、鉴定和共享成本，从而构建了基于区块链技术的涉税信息平台逻辑框架，从技术层面对涉税信息流转、鉴定、加工、挖掘和运用进行设计，以降低征纳双方的信息不对称程度，进一步提出基于区块链技术的"税务遵从—纳税评估—纳税信用评级—税收征管"税收治理框架。

（6）关于税收治理的研究。贾宜正等人（2017）从涉税数据共享、税收信用体系建设、纳税服务效率与质量提升等方面，探讨区块链技术在税收治理环节的应用思路。贾宜正等人（2018）进一步对江苏省及常州市地税在区块链与大数据背景下税收治理过程应用场景进行分析。胡海瑞（2019）认为区块链在确保涉税信息数据流通的同时，强化了纳税人的隐私保护，将其应用于税收治理过程中,能有效解决数据的真实、可靠、共享、透明、风险防控及征纳成本高等难题。此外,欧文斯等人(2018)指出区块链是实现税务机构转型的潜力技术,并对区块链技术在税收领域的应用场景进行展望。

三、区块链在社会治理中的应用

Christoppher Pollit 指出整体治理理论是一种通过横向和纵向协调的思想与行动以实现预期利益的政府治理模式,包括四方面内容,分别为排除相互破坏与腐蚀的政策情境、更好地整合各种稀缺资源、促使领域内不同利益主体合作协作、为公民提供无缝隙且全面的服务。当前,区块链在各国、各领域应用落地的步伐不断加快,正在贸易金融、供应链、社会公共服务、选举、司法存证、税务、物流、医疗健康、农业、能源等多个垂直行业探索应用,全球各国都重视区块链技术的发展和应用。2019年,习近平总书记强调区块链技术在社会各项改革中的重要作用,并组织中共中央政治局就区块链技术进行了专门的主题学习。区块链技术对社会治理的最大贡献首先在身份认证。信息时代,对网络参与人的身份进行认证是社会治理中的一项难题。

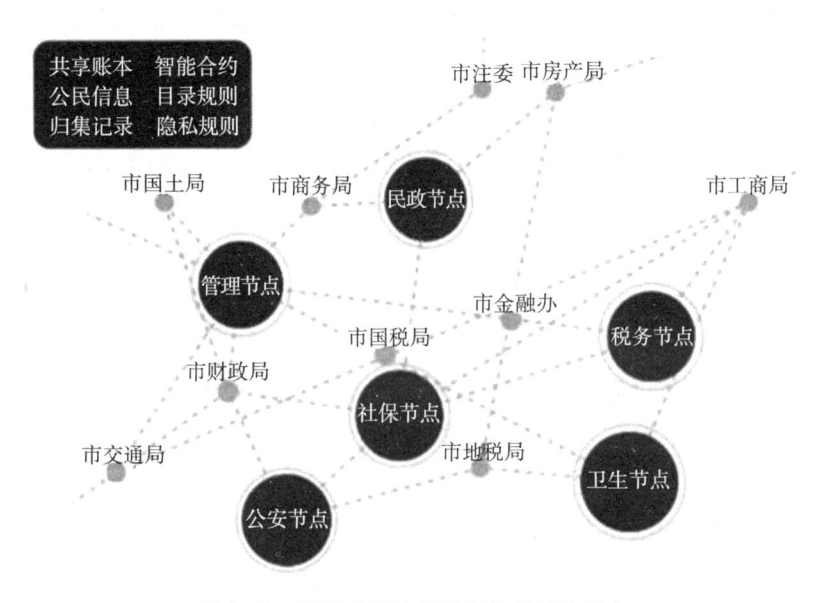

图 1-20 南京市区块链政务信息共享平台

资料来源:赤道链

现存电子政务系统各部门之间的网络基础设施、业务系统、数据资源均处于割裂、碎片化状态。利用区块链技术不可篡改、可信任、可溯源等优势,能够打通政务的"数据孤岛",实现原有机构间分散数据的交换与机构间业务协同。以南京市区块链政务数据共享平台为例,南京市政务数据和电子证照绝大多数通过区块链政务数据共享平台实现共享到各个业务系统,包括工商、税务、房产、婚姻、户籍等。目前为止,南京市区块链电子证照共享平台已经对接公安、民政、国土、房产、人社等49个政府部门,完成了1600多个办件事项的连接与600多项电子证照的归集,涵盖全市25万企业、830万自然人的信息。

四、区块链在医疗与健康管理中的应用

随着医疗信息化和生物技术的高速发展,医疗领域数据的类型和规模正以前所未有的指数式速度快速增长,商业价值、社会价值巨大,当前医疗系统庞大但效率不高,医疗数据的安全性和隐私性低。为进一步提高国家医疗事业的发展和医疗资源的合理分配,在当今信息化时代下要加快国家医疗管理信息化的步伐。

当前,国家医疗领域存在需要解决的问题,集中于以下几方面:(1)医疗信息的相互操作性。在三方面有待提高:首先,患者物理及实验室检查结果不能得到有效共享,不符合国家各级医疗机构的转诊政策;其次,信息不互联,转诊患者重复检查,既延误病情又造成患者经济损失;最后,全面有效的个人电子病历和药物史数据库尚未完善,不利于医生诊断和病人自我保护。(2)医疗纠纷监管控制。对医疗人员信息的公开化、透明化及服务质量的有效控制,更是提高医疗管理水平难得的机遇。(3)医疗资源合理分配当前国家建立了覆盖全民的基本医疗保障制度,城镇职工医保、城镇居民医保和新型农村合作医疗三项医保覆盖全民。但是我国基层医疗卫生服务体系起步晚、见效慢,长期存在的问题表现在城乡医疗水平差异巨大,民办医疗卫生机构参差不齐,由于患者没有相对充足的医疗信息资源,造成患者涌向大城市和大医院,使老百姓形成了不论大小病都要到大城市看病的观念,不仅导致医疗资源严重浪费,而且造成患者"挂号难,看病难"的问题。

区块链在医疗领域的应用前景广泛,主要包括四大类应用方向:(1)医疗信息化:去中心化的分布式结构可应用于医疗数据共享,如建立电子病历等;(2)区块链安全保密的属性,通过使用可信任的链上数据完成线上理赔业务,相比传统的纸质单据处理成本更低、效率更高,极大解决信息不对称带来的医疗理赔风险;(3)药品研发及应用:通过区块链技术,药品供应链的所有节点都将会在区块链上对流通的药品信息进行记录,任何药品在区块链上都能够得到验证;(4)健康管理:基于健康管理的区块链智能合约,可以提供解决各种医疗服务的方案,包括远程家庭健康数据访问与监控等。

医疗数据可通过统计分析、数据挖掘、深度学习等方法从海量数据中剔除无意义部分,筛选出有价值的信息,经过处理(如属性匹配、信息关联)的数据存在泄露敏感信息的可能。区块链作为一种公开的去中心化分布式账本,具有多方维护、不可篡改等特性,有利于解决医疗数据共享过程中的隐私问题,打通数据孤岛,提供医疗数据安全共享及交易平台,明确数据所有权,有效地防止数据被恶意篡改或第三方滥用及倒卖现象。区块链技术的发展和应用,在给医疗信息共享带来便利的同时也带来了新的安全隐私问题。区块链技术应该继续发展信息保护的能力,让实体经济在更加稳妥的信息环境中发展。区块链的去中心化、不可篡改、匿名性、可追溯性等特点为保障医疗信息在共享过程中的安全隐私提供了解决思路。

五、区块链在环境保护领域的应用

区块链技术在环境保护领域的应用已经在不断深化,具体应用方面如下:

1. 区块链用于生态环境监测监管。数据是环境监测是基础,从监测执法到绿色金融,不同环节不同领域有着多重复杂的数据。而数据质量是环境监测工作的核心,目前,传统互联网技术架构下的环保数据系统存在数据易篡改、难以追溯、确权难、司法认定难等问题,影响环境监管治理的实际效果。

2. 污染物排放监控:智能合约+物联网设备的实时监控系统。污染物排放及计量一直以来都难以有效监控、难以精准记录。区块链技术的构想是利用区块链技术的智能合约,配合相应的物联网硬件设备安放在固定位置,全天候工作,实时采集数据,并将数据实时上链。就可确保数据真实可信、可追溯。

3. 促进循环经济:数字经济激励平台。当前,居民环保意识与实际行动不成正比,大家普遍能认识到环保的重要性,但在自主垃圾分类、资源可回收利用方面执行力大打折扣。而利用区块链技术可以设计规划有效的经济激励模型,将权利、义务、激励机制有机结合,实现环境数据和资产实现高效可信流通、共享和交换,促使环境数据和资产的利益主体、监管机构、行业协会和个人纳入有机的治理体系中。

4. 可以让生态环境部门与公安、法院、大数据中心与涉及排污的企业组成一个联盟链，通过智能合约的方式做排放的监测，实现违法证据互联、监管标准互通、处理结果互认，提升企业自治能力和信用度，保障数据全生命周期可信、可流转。区块链用技术设计取代传统的权威控制和情感信任，建立了一种全新的网络结构可以有助于消除虚报环境治理成果和监测数据造假等行为。

5. 区块链技术由于可以将数据采集与分析做得更加精细，所以在环保方面能够发挥更大的作用。对于一些绿色环保创业项目，区块链平台也可以促进项目发展，依据区块链的生态规则完成投资与回报的协议。

六、区块链在交通与运输管理中的应用

交通运输行业是涉及国计民生的关键基础产业。从业务分布上看，点线面结合，渗透到了省市县各个行政层级；从经营服务范围来看，涉及道路运输、交通一卡通、收费公路（及 ETC）结算管理等，与经济金融业务密切相关；从行业管理角度来看，行政审批、综合执法、诚信评价等业务又与信任、审核、认证等事项关联。这些行业特性决定了区块链技术在交通运输行业领域中将会产生更多的应用场景（闫卫喜，2020）。

1. 高速公路收费领域区块链技术在金融结算领域的应用场景较多，技术已经比较成熟。2020 年，我国全面取消省界收费站，实行全国联网的 ETC 收费模式。当前的 ETC 收费模式是典型的中心化记账模式，即部中心连接多个省级中心，将收费数据进行一级拆分，各省级中心负责本区域内的联网高速公路的二级拆分，一般拆分周期需要 5~7 天。如果利用区块链技术，可以将中心化的记账模式改为弱中心化或多中心化的模式。每个省内各路段公司、银行、联网中心和 ETC 中心组成一个弱中心化的联盟链，省级中心监管节点；备省中心和部中心组成一个联盟链，部中心作为监管节点。收费数据随时上链记录，资金随时流转到各路段公司账户。

2. 物流领域区块链技术在供应链中有较强优势，在以阿里系为代表的电商平台的物流平台中已有应用。2018 年年初，菜鸟与天猫国际利用区块链技术对进口商品的生产信息、运输信息、通关及报检信息、第三方检验信息等进行信息上传、跟踪和验证，形成了一条全链路物流信息链。通过区块链技术的应用，传统的物流模式将发生颠覆性变革，尤其在跨国贸易中将发挥出强大的优势。区块链技术在跨境电商领域应用前景十分广泛，消费者可以通过商家、海关等各方上链的物流数据和信息，对自己购买的商品进行交叉认证。

基于我国交通运输行业区域性强、管理领域宽等特点，在未来，交通运输行业可以同区块链技术进行有力的结合，并建立相关"数字招标"和"电子合同"等标准，从而全面推行"数字招标"和"电子合同"应用，以实现"资信智能评标"和"合同智能履约"，实现全程无纸化。另外，交通运输公路水运工程实行对企业和从业人员"信用评价"管理机制。该机制能够对企业和从业人员形成制度上的约束，让其更好地诚信经营和从业。"信用评价"考核的方式是从工程项目层到地方行业管理部门，最后到交通运输部按照考核评价标准层层进行考核评价和上报，最终形成地方和全国的年度"信用评价"结果。

七、区块链在能源领域的应用

习近平总书记在 2019 年 10 月 24 日中共中央政治局就区块链技术发展现状和趋势的集体学习会议中指出："区块链技术的集成应用在新的技术革新和产业变革中起着重要作用。我们要把区块链作为核心技术自主创新的重要突破口，明确主攻方向，加大投入力度，着力攻克一批关键核心技术，加快推动区块链技术和产业创新发展。"对区块链技术应用前景和发展给予极大肯定，从国家战略层面为区块链的应用发展指明了方向。

目前区块链技术有望成为解决能源互联网发展瓶颈的重要突破口，并且在能源领域的应用中已经取得了初步的研究成果。"区块链+能源"项目具有广泛的应用场景，可分为以下几类具体应用：能源生产信息管理、能源交易、能源规划等。区块链不仅是一项先进技术，更是一种多方协同、合作共赢的数据管理生态体系。

区块链用于能源资源调控。区块链技术可用于优化能源结构，降低传统煤炭等能源消耗比重，促进节能环保产业。达到环境保护和经济的协调发展，从而实现经济的高质量增长。一是促进能源电力发展：区块链绿色能源电力交易平台。针对基于传统互联网的用电系统数据流转过程不透明、时效性差和追溯难，交易清算程序复杂、费用高等问题。将区块链技术与能源电力结合，能源电力领域的新发展能够提高转化效率，促进绿色能源持续健康发展。二是优化能源交易服务：分布式能源交易系统。在促进低碳经济转型过程中全球能源行业正从传统的中心化基础设施向高度分布式数字网络的转变。目前，客户正向电网输送数亿乃至数十亿的分布式能源资产，但能源数据流转和交易仍因基础建设不完备，数据不同步、供需不平衡、交易清算过程复杂，交易所有权归属不清等问题受到限制。未来，随着区块链和共享储能的进一步融合，将在清洁能源大范围消纳、虚拟电厂高效运行、光伏扶贫运维分红等多方面提供支持。积极打造共建、共享、共治的能源区块链行业生态圈，全面推动区块链赋能企业发展。

八、区块链在教育领域的应用

联合国寻求为所有人创造包容性和平等的学习机会。到 2025 年，大约 1 亿学习者将有能力接受高等教育，但他们无法获得参与高等教育的机会。区块链可以支持在全球范围内传播开放式的教育资源。但是在教育中使用区块链存在一些挑战，比如，数据所有权的合法性。因此，在其普及之前还需要进行更多的研究。改善全球人民的生活质量意味着对教育进行投资。但由于他们负担不起费用，或者因为所在地区不提供课程而无法获得高等教育。由于社区或机构缺乏技术基础设施，缺少合适的内容或者学生缺乏互联网的链接，因此课程无法被提供。在广泛的各类科目中，也没有足够的合格教师可以进行在线教学。

联合国教科文组织（UNESCO）发布过的被称为开放式教育资源的免费数字化教学材料，对于增加全球学习者的获取至关重要。而区块链技术也被认为是帮助实现战略发展目标的重要资源。通过使用区块链，有可能确保在国际上提供负担得起、公平且优质的教育内容。在新冠肺炎疫情（COVID-19）大流行期间，全球教育机构已迅速转向在线教育，并正在研究其长期战略。教科文组织教育信息技术研究所（IITE）及其合作者一直在支持教育机构利用开放式教育资源向在线教育过渡。（1）公共领域，随意改编。开放式教育资源不仅限于教科书或课程。它们也可以是教育游戏、播客（Podcast，国外的一种网络广播或网络声讯等节目）、视频和应用程序。它们大大降低了学生学习内容的成本。区块链可以描述为分布在网络上的数字分布式账本或数据库。该技术不受任何中央机构的控制，因此开放式教育资源可以在公共网络中安全有效地共享在"链"中的"块"里面。（2）抄袭问题。区块链的追溯功能允许作者查看他们的作品是否或何时被滥用，并允许他们质疑任何不当使用。交易记录不能被隐藏，因此对原始资源的每个改编都是可追溯的。同时也可以上传原有资源的新版本。当每个块或账本被分布在网络上时，可追溯性就得以保持。这意味着使用区块链创建的资源将具有永久在线的特性，可保留所有内容的改编。保存为区块链记录的所有资源都是安全且永久的。如果一个机构消失了，或者一个创造者跳槽去了别的地方或者退休了，这个特性就变得非常重要了。(3) 密码、法律问题与存储。区块链的持久性也可能成为障碍：如果意外或恶意地将不需要的、伪造的、不科学的或非法的内容添加到区块链上，则无法将其删除。同样，缺乏实施区块链技术的人以及创建和维护区块链的速度，尤其是高昂的能源成本也值得关注。使用区块链技术来容纳开放式教育资源，是一个巨大的优势。但是需要更多的研究和政治意愿来克服实施该技术的障碍。

九、区块链在溯源领域的应用

"十四五"期间粮食行业信息化将开始向应用精细化、调控精准化、监管全面化转变，在此背景下，《粮食安全区块链追溯系统技术要求》《粮食行业信息服务云平台技术要求》等两项标准的编制，对于在粮食行业信息化建设过程中推动云计算、大数据、人工智能、物联网、区块链等新一代信息技术的应用将起到很好的指导作用。

数字技术提高了农业生产力，促进了敏捷组织的发展。同时，数据、自动化和"共享"是敏捷组织的基础。透明和共享正是区块链技术的优势所在，可以利用物联网（IoT）、大数据、移动互联网、人工智能、区块链等现代信息技术，大力推动农业全产业链改造升级，为实施乡村振兴战略插上互联网的翅膀。农业领域应用区块链技术的案例如下：(1) 农产品的溯源。溯源一直是农业的痛点之一，区块链技术可以保证记录的不可篡改，使用IoT技术和传感器采集数据保证源头的数据不受人为因素的影响，因为从农产品的生产端到流通端，消费者都有翔实的记录，提高农产品的安全性和食品的安全性。(2) 信息透明和共享。除了溯源之外，生产者和需求方的信息也存在不透明的问题，除了种植户、采购商之外，工商、分销商、监管机构、消费者，金融保险机构都可以加入进来，让数据更加透明。(3) 生产和流程成本的降低。使用区块链和IoT技术，数据可以自动采集和存储，减少人工的投入和其他设施的投入，生产和流通两大环节的成本可以大大降低。另外，区块链可以实现各种网络和系统的互联，帮助生产商和渠道商降低开支，以及降低生产和流通成本，也可以降低农产品的价格，最终消费者可以获利。(4) 金融成本的降低。区块链的信用体制建立后，金融保险机构加入，可以给种植户提供更好的金融保障，融资更简单，而且大型农用机械可以通过区块链和智能合约来实现共享，降低使用成本的同时，还能通过租赁和分享获得收益。

图 1-21 是一个基于区块链实现农畜疫苗管理和追溯的流程，该流程使用 ERC721 标准，将所有的实物资产进行通证化，在生产、流通、使用过程中，进行通证创建、所有权的转移、通证销毁，通过全链路的记录，确保疫苗整体工程透明化。现阶段，已经有很多企业开始实践农业区块链。

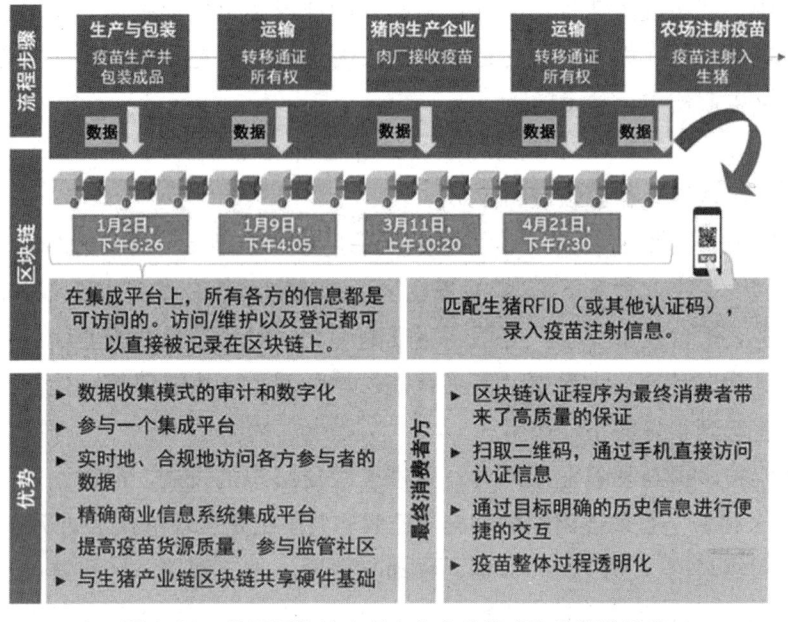

图 1-21 基于区块链实现农畜疫苗管理和追溯的流程

资料来源：赤道链

十、区块链在 AI 领域的应用

在应用领域，开创"中度"人工智能发展与应用的新时代——AI·可信区块链操作系统率先实现领先人工智能与可信区块链的深度融合。人工智能是人类智慧的"容器"，是对人的意识、思维信息过程的模拟。虽然人工智能不是人的智能，但却能像人那样地思考，也可以拥有超越人的智能。人工智能已经是现代社会发展的第一生产力，也是大国竞争的主战场。世界各国均以举国之力发展人工智能，以图在越来越激烈的国际竞争中取得领先优势，我国也不例外。政府在《中共中央关于制定国民经济和社会发展第十四个五年规划和二〇三五年远景目标的建议》中明确提出，把"人工智能"摆在优先发展的第一位。充分地说明了国家的重视，说明了其在科技发展与国际竞争的核心战略地位。目前，深圳市辰宜科技有限公司已将"中度"人工智能的能力与可信区块链操作系统完全融合。形成了全新的"AI·可信区块链操作系统",为广大用户提供简洁、高效、领先、智能的"先进人工智能"与"可信区块链"的体系化服务。

十一、区块链在法律领域的应用

在司法实践中引入区块链技术存证,可以有效解决电子证据真实性、合法性问题,使电子数据认证过程具有更高的可信赖性。目前,司法领域的存证多使用"公有链"。"公有链"也称"公链",是指全世界任何人都可读取、发送交易且交易能获得有效确认的、也可以参与其过程的区块链。除构建"公有链"模式外,司法机关还与公证部门、金融机构、评级机构和门户网站公司共同建立了一个存款链。这样就可以在"链路链"中采集大量的原始数据,实现链路与内部数据的同步更新。

在电子证据领域,区块链技术将成就未来。随着区块链技术的出现,需要司法实践要更加谨慎,在现有证据制度的基础上,明确互联网审判中电子核查的最佳方式,在法律适用出现争议时寻求合理的解决方案。在民事诉讼法及司法解释明确了电子证据在司法实践中可以作为独立证据,并对电子数据的取证手段进行了一些规定。其中的取证手段包含:(1)扣押、封存原始存储介质;(2)现场提取电子数据;(3)网络在线提取电子数据;(4)冻结电子数据;(5)调取电子数据;(6)书式固定;(7)拍照摄像;(8)拷贝复制;(9)委托分析。其中,第一种扣押电子数据原始载体是首位选择。从长远来看,随着区块链技术的进一步的创新发展,区块链技术与司法实践的有机结合,必将在司法存证实际工作中带来更多的变革,尤其是在知识产权保护方面发挥出更有效的优势,为解决各类司法诉讼中的难点问题提供崭新的工作思路。

十二、区块链在智慧城市建设中的应用

数据在信息技术蓬勃开展的新形势下曾经成为一种资源,特别随着城市的开展,积聚了大量体积庞大的数据。但是由于数据的竞争性和排他性,招致城市数据跨层级、跨地域、跨系统、跨部门的高效、有序、低本钱活动难以完成,而凭仗区块链的散布式存储、去中心化、点对点传输功用,城市每个运维管理单位都能够变成一个节点,产生的数据不用经过中心停止数据处置,就能够直接发送到指定散布式数据库,完成数据直接传输,进而处理数

据难以共享问题。

众所周知，"智慧城市"是应用各种新技术、新理念，来优化城市管理与效劳的系统性工程，而区块链正逐步成为打造智慧城市的重要元素，逐步被归入智慧城市的晋级途径中。MXC 的结合开创人 Aaron Wagener 曾表示，"智能城市不再是盛行语，而是基于物联网和区块链的实践处理计划"。在物联网（IoT）时期，智慧城市在 5G、大数据、云计算、AI 等新技术新概念的驱动下，正逐渐迈向万物互联的"超级智慧城市"，而与区块链整合的物联网设将使设备更有用、更强大。经过设备，每个参与者都可以从透明的买卖中取得收益而不用担忧本人的隐私被入侵。

图 1-22 智慧城市解决方案架构

资料来源：拓宝科技

目前，源中瑞区块链 BaaS 平台提供企业级区块链应用效劳，可一键式快速部署接入，具有去中心化信任机制，支持私有链、联盟链的搭建，具有私有化部署与丰厚的运维管理等特征才能，可发明更多的区块链+形式，效劳于更多的实体经济，为实体行业赋能。

十三、区块链在政务管理中的应用

区块链技术具有不可篡改、可追溯、可加密共享、可交叉验证等特性，实现了政务区块链的三大优势：第一，政务服务数据是可信互信的；第二，政务服务全流程安全可控；第三，真正达到降本增效的目的。政务区块链将重塑政务服务数据生产关系，我们的目标也是希望做到这点，依托政务区块链推进数据共享，实际上是进一步理清数据所有权、管理权和使用权，使数据所有者安全放心、管理者可控省心、使用者便捷安心,真正实现数据流的高效流动。

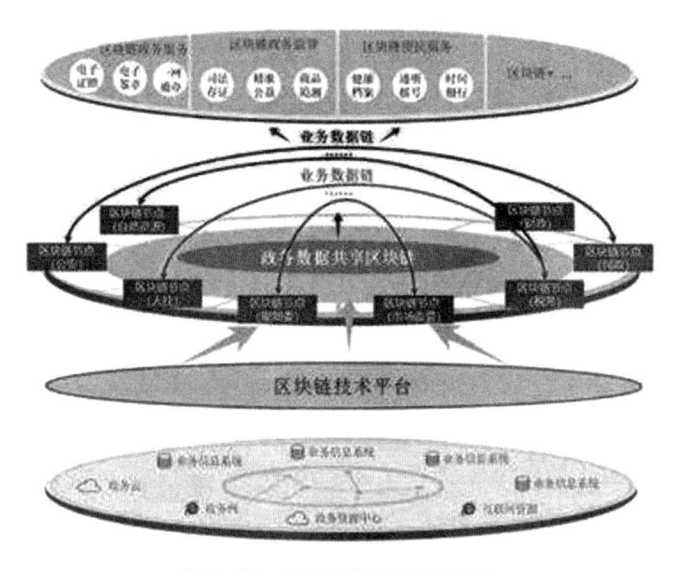

图 1-23 政务区块链应用图谱
资料来源:2020 可信区块链峰会

政务区块链的应用图谱主要包括三层,最下面一层是政务云、数据资源中心、政务网及应用系统等,最上一层是政务服务、政务监管、便民服务等,中间层政务区块链起到了链接支撑的作用。政务区块链的核心是数据共享,各个部门通过所在节点进行数据上链及可信共享,进一步支撑各种政务应用。政务区块链应用图谱初步梳理包括三方面:一是政务服务,如电子证照、电子签章、一网通办等;二是政务监管,如司法存证、精准公益、商品溯源等;三是便民服务,如健康档案、汽车摇号、"时间银行"等。

十四、区块链在无纸化货币时代的应用

各国政府积极研究探索法定数字货币,区块链助力无纸化货币时代。以发展中国家为主的少数国家,如委内瑞拉、韩国等已实现法定数字货币落地,其余大部分国家处于探索研究和概念验证阶段,以中国为例,1∶1 锚定人民币的 DCEP 已基本完成顶层设计、标准制定、功能研发、联调测试等工作。同时,日本、欧洲、英国等国家央行已组建央行数字货币小组,共同评估央行数字货币(CBDC)的可能性。区块链技术可支持法定数字货币,比纸币、硬币更难伪造,且与其他数字货币的分布式记账不同,法定数字货币将存在一个由央行集中管理的总账，从而使得央行具有追踪支付的能力，能够满足制止洗钱和反恐融资的要求，也便于打击逃税和贿赂等犯罪活动。

区块链金融必然引领新虚拟经济。总的算来，区块链技术至少在银行业、支付、慈善捐赠、学术研究、汽车业、资讯预测行业、在线音乐、共享乘车、房地产、保险、医疗、公益、体育、供应链管理、能源管理、云存储、智能合同、电子商务、身份验证、数字证书、公证防伪、文件存储、物流等行业中有所运用。云母（MICA）正是在这样的环境中孕育而生的，深度融合运用大数据、人工智能、区块链等新技术。通过通证数字经济形态进行生态价值相互流转，打造一个全民所有的数字社区。通证经济的载体是社群或自治化组织，通过设定进入就必须遵循原定规则进而形成被所有人认可的共识，从而大大降低社区内成员的交易成本，继而实现规模的扩张和边界的扩大。这样可使全世界范围内互不相识但能达成共识的人共同协作，在维护系统的基础上不断升级系统。MICA 正是运用了去中心化的管理模式，让这个数字社区能够始终保持科学的决策、保证专业主导经营管理，真正达到"共建、共治、共享"的经营理念。

区块链运用在各个领域，通证经济需要区块链技术的支持。云母（MICA）目前采用的是自激励模式，通过在社区内进行通证激励，吸引用户并把用户上升到合伙人阶段，让他们发自内心地愿意贡献自己的价值，去持有、分享、传递价值通证，从而促进区块链项目的改造与技术的升级。"通证经济"一旦脱离了其清晰定位，就会沦为传统的公司制度与股份经济的创新——进而推进更大规模的自由协作，引发全球经济的下一场风暴。MICA 的每一次进步与突破，都在不同程度上体现着维度的转换、技术的创新、文化的进步和生态的颠覆，而解决一切存在的矛盾和不合理，正是 MICA 所有创新与变革的不二动力。

第二章　区块链的特征分析

由中本聪所提出的区块链，是比特币的底层技术，原于2008年发表于题为《比特币：一种点对点的电子现金系统》的论文中。按照论文中的描述，区块链技术是一种新型的分布式数据库技术，由一个个被称为区块（Block）的存储单元组成，用于记录各个区块的节点（Node）即网络参与者的所有价值交换情况。各区块之间依靠哈希算法驱动实现链接（Chain），后一个区块包含前一个区块的哈希值（Hash）。随着价值交换的不断扩大，越来越多的区块与区块之间相继链接，形成所谓的区块链。两个月后，中本聪将这一理论构想付诸了实践，2009年1月初，首个"创世区块"诞生，使得信任问题得以解决。区块链的创新之处在于交易者不需要通过第二和第三方机构提供授信支持，而可依赖特定的算法程序驱动来解决信任问题，达成共识背书，实现价值交换。区块链发展至今，已经被认为是一种应用广泛的技术，基于其独特的技术架构，区块链具有去中心化、公开透明、不可篡改和可追溯性、智能合约机制等特征。从区块链的形成过程看，区块链技术具有的特征具体体现在以下六方面。

第一节　区块链的不可更改性

区块链一旦产生，则是不可改变的，这意味着它是不变的。也就是说，一旦一个交易被附加或记录在区块链上，它就不可能被改变。加密学和区块链核心的新的"工作证明"算法可以保证它是安全的，并且确保记录在它上面的交易也是不可更改的。因此，区块链系统的信息一旦经过验证并添加至区块链后，就会得到永久存储，无法更改（具备特殊更改需求的私有区块链等系统除外）。除非能完成超过51%的攻击，也就是能够同时控制系统中超过51%的节点，否则每一单个节点上对数据库的修改是无效的。因此，区块链的数据稳定性和可靠性极高。哈希算法的单向性是始终保证了区块链网络实现不可篡改性的基础技术之一。不可篡改性是指在分布式账本没有用单一的数据库去存储记录，而是保留了同一个数据库的多个共享副本，有权修改账本的参与者做出的任何改动都能够立刻反映在账本的其他副本上，能够可靠地拒绝未经授权的修改或恶意篡改。黑客攻击必须同时针对所有的副本才能生效，不可能实现仅靠攻克单个节点来对数据库进行修改（除非能够同时控制超51%的节点），也就无法影响其他节点上所记录的数据内容。因此，篡改账本是非常困难的。

另外，区块链技术用于维护信息安全及更新信息的方法意味着参与者可以共享数据，并确保账本的所有副本在任何时候都与其他副本一致。区块链采用带有时间戳的链式结构存储数据，从而为数据增加了时间维度。区块链技术采用了依照时间顺序冗余存储的方式，所有记录的交易数据将被永久储存，交易事项的每一个后续变化都在链条下游创建另一个带有时间戳的数据区块。区块和链相加所形成的时间戳，能够反映出一个数据库完整的历史，并能查询和追踪区块链中全部的交易活动，使得链中的交易数据具有极强的不可篡改及可追溯特性，因而具有较高的安全性。交易一旦发生后便不可删除或篡改，从而更有利于监管机构对市场行为进行监督。

第二节　区块链的匿名性

区块链作为近年来的一门新兴技术，主要应用于数字货币领域，其中，最典型的代表即为比特币。他人无法知道你的区块链资产有多少以及与谁进行了转账，这种匿名性是不分程度的，比特币的匿名性是最基本的。在区块链网络上只能查到转账记录，但不知道地址背后是谁，但是一旦知道这个地址背后对应的人是谁，也就能查到其所有相关的转账记录和资产。达世币和门罗币匿名性做得更高。即使查到了地址背后是谁，你也无法知道他所有的转账信息，而巴比特区块链系统（Zcash）将匿名性做到极致，只有拥有私钥的人才能查到区块链，简单地理解便是不同区块之间通过Hash相互链接，其中每一个区块内都包含有一定数量的交易信息。区块链上的交易也是相互链接的。具体而言，就是作为区块链的参与者，每位用户维护着一对其由公钥演变而来的地址和对应的私钥。每笔新交易的接收方均为一个参与者唯一的地址，而交易的输入则由发起者引用的链上某笔交易及使用私钥对该交易的签名所组成。因为人们可以计算出任何地址的当前数字货币余额，同时，也有许多工作利用诸如基于图谱的分析技术寻找区块链系统中交易地址和用户之间的联系。因此，提高区块链系统的匿名性已经成为数字货币研究领域的一个重要的研究方向。

第三节 区块链的去中心化特性

该项特征对于区块链技术而言是最为显著、最为重要的特征之一。该特征在区块链技术的应用中主要体现在集中对数据信息实施存储之中，主要采用的存储模式为指向访问的存储模式，去中心化特征促使原来需要依靠第三方管理机构、中心处理器等方式实施对于数据信息开展的相关工作获得了转变，如对于数据信息的存储、验证、交易以及传递等重要工作。去中心化这种典型的特征形成的思想是依托于市场经济之下的，在具体交易的过程中交易双方之间具有独立性，所以不会受到第三方的管理、控制等行为。因此，应用于区块链技术之中的存储技术则为分布式存储技术，该存储技术能够实现对区块网络之中，各个节点存在的数据信息实施独立性的管理模式，促使原来传统数据存储模式及管理需要通过中心服务器来实现。而在原来采取的中心化数据存储机制下，中央服务器一旦受到了一定的损害性，那么将会促使整体网络所遭受的打击都是极具毁灭性，而基于区块链技术下的分布式通信模式，针对数据信息建立了点对点、独立性的交易机制。这种交易机制的实现，一般情况下需要将互联网技术作为重要的硬件基础，并实施更为高级的分布式数据库技术的开发，来促使点与点之间实现有效性交易与传播。

中心化（Centralization）与去中心化（Decentralization）是一对相反的操作，其最早用来描述社会治理权力的分布特征。从区块链应用方面看，中心化是指以单个组织为枢纽构建信任关系的场景特点。例如，电子支付场景下，用户必须通过银行的信息系统完成身份验证、信用审查和交易追溯等；电子商务场景下，对端身份的验证必须依靠权威机构下发的数字证书完成。相反，去中心化是指不依靠单一组织进行信任构建的场景特点，该场景下每个组织的重要性基本相同。DApp，英文全称是 Decentralized Application，翻译成中文就是我们平时所说的去中心化应用，DApp 中的 App 就是我们早就接触并且在手机里使用的各种应用,如微信、微博、今日头条、淘宝等,这些都是 App。而 DApp 也是应用,不同的是,DApp 的部分或全部逻辑是被存储在去中心化网络中的,而这个去中心化网络在区块链的世界里是叫作公有链。简单来讲,DApp 之于公有链,即相当于 App 之于 iOS,最大的不同之处就在于,App 是中心化的,DApp 是去中心化的。DApp 则不同,DApp 是去中心化的,DApp 的本质其实是一种协议,一种用代码写死的规则,而这些代码又是开源的,所有人都能看到,并且没有人能够随意修改,在 DApp 里,个人隐私的掌控权也是交还给使用者的,每个人都相当于是 DApp 的主人。也正因如此,DApp 才越来越被更多的人所看重。

相对于中心化的布局而言,去中心化来源于区块链技术中的分布式记账功能。去中心化是指区块链依靠各个节点来共同维护整个系统,以保障信息传递的真实可靠,而无须依靠某一中心化的机构进行协调或者协作。其所有数据的验证、记录、存储、维护和传输等过程都是基于分布式系统结构,而不是依靠某个中心机构实行集中管理,采用纯数学方法来建立分布式节点间的信任关系,从而形成去中心化的可信任的分布式系统。区块链最为颠覆性的一大特征就是把用户对于第三方机构的信任转化为用户对于代码的绝对信任,从而奠定了区块链不需要中介与信任机构背书。在这样一个分布有众多节点的系统中,每个节点地位完全平等,都保存有一份真实完整的交易记录,具有高度自治的特征。只有改写全网 51% 以上的节点才有可能对交易信息进行修改,极大避免了传统中心化记账情况下由于单一中心节点操作失误、因利益驱使或外来攻击而导致数据丢失或被篡改等情况。

第四节　区块链的可追溯性

区块链可确保数据安全与可追溯性,区块链对系统的影响有如下三点:一是区块链通过时间戳、哈希加密算法、共识机制等技术应用和机制设计,确保了系统中的数据不被恶意篡改,实现了数据可追溯性;二是基于区块链的数据管理技术利用三维的数字化指令重塑产品制造生命周期中的数据传输流程,使之全部可以进行电子交换与处理,从而节省时间与金钱、减少人为错误;三是区块链确保数据的发送方及数据内容在传输过程中不被篡改,使产品数据具有高可信度,因此也可增强生产伙伴之间的协调工作能力,加深彼此信任。在美国国家标准与技术研究院（NIST）2019 年 2 月 11 日发布题为《抵御智能制造的数字威胁：基于区块链的产品数据可追溯性参考模型》的报告中，非常明确地分析了智能制造所面临的潜在数字威胁，如产品数据泄露、被篡改等，从而提出将区块链技术应用于数字产品数据管理，进而详细介绍了基于区块链的产品数据可追溯性的参考模型。

第五节　区块链的透明度高

区块链系统是公开透明的，除了交易各方的私有信息被加密外，数据对全网节点是透明的，任何人或参与节点都可以通过公开的接口查询区块链数据记录或者开发相关应用，这是区块链系统值得信任的基础。区块链数据记录和运行规则可以被全网节点审查、追溯，具有很高的透明度。区块链技术在信息记录的每一个环节都实时复制某一时间段内的全部交易数据，并将记载有新交易信息的区块发送给系统各节点进行真实性确认，录入区块链上的交易记录将产生信息公示的效果，因而任意单一节点无法欺骗整个区块链网络。区块链的公开透明特性使得监管节点可以接入任何一个区块链网络，从而更为方便地监控整个系统的交易数据。此外，交易各方的身份等私人信息是经过加密的，在实现信息数据公开透明的基础上保护了信息主体的隐私。

第六节　时间协调效率

对于传统的合约，由于过程是手工完成的，会消耗大量的时间。但现在，一切都运行在软件代码上，并生成在互联网上。这有助于缩短时间，使合同更有效。区块链基于数学算法和共识机制的信任体系，省去了因第三方机构存在而导致的交易摩擦和交易成本。如银行间的清算登记系统、跨国汇兑结算系统等，这些系统需要创建中心化的机构来保障交易清算的职责、确保交易双方的真实意愿，但同时需要承受高昂的验证费用、较长的交易时间以及事后大量的审计费用。区块链从技术上允许各交易主体直接进行价值交易，而无须依赖政策、制度以及第三方组织以确保交易的真实性和安全性，极大地简化了业务流程，节省了交易成本。

第三章　跨境电子商务的特征分析

跨境电子商务具有电子化、个性化、碎片化、高频次和低货值等特点。所谓的电子化包含了两层含义，一是指跨境电商在交易的过程中，从沟通下单销售、到支付均透过电子信息媒介或平台进行，多以无纸化形式呈现；二是指电子化产品（游戏、影视、软件、数字信息）在跨境电商领域快速发展。个性化主要体现在个性化的消费需求、多样化的产品类目以及产品更新换代周期更快。碎片化主要指的是随着互联网接入门槛的降低，跨境电商交易主体朝着数量增加、单个主体体量趋小、消费范围分散的趋势发展。高频次是指跨境电子商务中的交易主体下单、预订、销售、沟通和支付的互动频次和频率均远远高于传统外贸。与高频次相对应的是低货值，跨境电商最为活跃的商业模式是跨境零售，而 B2C 或 C2C 的单笔订单大部分都是小批量、低货值的生活消费商品。而就跨境电子商务行业而言，存在着明显的一些特征。

第一节　基于跨境电子商务的国家层面存在的问题

随着全球互联网渗透率的提高，以及政府对监管模式的不断调整，已往制约跨境电子商务发展的通关、退税、结汇等问题正在逐步解决。而在中国跨境电子商务发展初期，主要问题还集中于用户对互联网技术的接受程度较低，传统政策如海关、出口退税等对新型商务模式监管不适应等方面。随着区块链、人工智能、大数据等新技术手段的广泛应用，跨境电子商务行业的其他亟待解决的新问题也逐渐浮现出来。

一、跨境电子商务地区发展不均衡

截至当前，中国共批准 10 个跨境电商试点城市，包括直辖市沪、渝、津，省会城市杭州、郑州、广州、福州，以及宁波、深圳、平潭三个沿海城市及县地区。政府对试点城市及跨境电子商务综合试验区的选择，主要是从该地区外贸进出口规模、电子商务规模、当地政府的重视程度以及兼顾中西部的发展及东中西部的合理布局。对比可见，除广东、浙江与福建三省各独中两个外，其余外贸大省获批试点城市仅有 1 个，甚至为零。较为明显的就是，江苏作为全国第二外贸大省，仅苏州在 2016 年刚刚获批成为综合试验区，其余各市均未进入试点城市行列。山东与辽宁也呈现类似情形，两省仅有青岛与大连新近成为综合试验区，河北省则干脆榜上无名。这从侧面反映出一些传统外贸大省的跨境电商发展步伐较慢（温珺，2017）。

二、产业基础问题抑制跨境电商的发展

品牌对于跨境出口来说，其重要性不容忽视。更多的平台企业 B2B 平台对于品牌化建设关注度不断加大。他们希望以品牌溢价的方式，对公司整体和部分产品的价值进行提升。我国已跨境电商出口的商品包括了很多日用消费品，如数码产品、饰品、服装等，虽然没有很大的规模，但是涉及的种类较多。现今很多跨境电商企业也处于一种整合品牌阶段。当前竞争力不强是我国跨境电商的一个特点，随着跨境电商在各个地区的深入推进，越来越多的企业开始尝试进行跨境电子商务的贸易活动。不过，由于大部分企业属于中小型企业，其规模相对来说比较小，企业影响力较弱，品牌效应差，在进行跨境电商贸易活动时不具优势。（温珺，2017）。

三、跨境电子商务市场同质化竞争严重

由于跨境电子商务市场的特点，致使在缺乏新技术支撑的情况下，跨境电子商务市场同质化趋于增强。而跨境电子商务市场同质化竞争主要是指在政府管理模式、优惠政策、外贸电商和平台竞争手段与商业模式等方面的抄袭、模仿甚至趋同。一是在中央批复设立跨境电子商务试点城市以及综合实验区后，各地政府在硬件建设上的举措大同小异，管理模式上照搬试点城市和实验区，优惠政策上互相较量，通过让利来招揽企业。这种政策竞争难免导致区域发展中产业雷同，最优资源配置低效，影响到企业的创新积极性。

二是跨境电子商务平台的同质化竞争也较为严重。中国外贸企业展开跨境电子商务模式主要仰仗第三方平台。从出口角度来看，初期的平台主要为黄页式或展会式平台，即以发布公司产品信息为主，如阿里巴巴、慧聪网、在线广交会等；还有仓单式平台，主要提供在线交易、在线支付结算和物流配送服务，如 eBay、亚马逊、敦煌网等；以及当前兴起的后勤服务式平台，主要覆盖通关、物流和金融三大类，包括报关、报检、运输、仓储、外汇、退税、融资等交易后的服务。以前这些平台的服务界限较为分明，而如今这些平台的业务范围不断地沿着国际贸易流程中的各项环节深入，加之业务提供在网服务。

四、跨境电子商务平台业务焦点从专注信息转向提供服务

中国跨境电子商务平台的数量正成倍增加，平台的主体性质也发生了变化。起始，平台主要为个体私营性质，如阿里巴巴、中国制造网、环球资源等。当下，私营性质的平台依旧为主体，并仍占据大部分市场份额，但在各级地方政府的扶持下，政府牵头搭建的平台不断涌现。而且一部分是由政府全权负责搭建，主要侧重于承办搭建跨境电商公共服务平台。例如，天津市政府搭建了海关监管平台与检验检疫监管平台；合肥市政府以快件、邮件为物流支撑，构建通关、结汇、退税等政府服务职能的跨境电商平台。

另外，跨境电子商务平台的服务内容也在不断完善。当下新加入的不少电商平台则将侧重点放在帮助企业降低交易成本，即交易后的服务上。这类平台为外贸企业提供金融、通关、物流、退税、外汇等所有外贸交易所需的进出口环节服务，被称为外贸综合服务平台。最早的代表平台为深圳一达通（2010年加入阿里巴巴）。某种程度上讲，这类跨境电子商务平台完善了从生产厂家到国外完整的业务信息流，将通关体系、物流体系、金融服务体系与信息共享体系等连接起来，最大化地提高外贸企业、电商企业及个人外贸从业者的通关效率，降低了通关成本，将国际贸易流程中的各个环节尽量整合起来，为买卖双方提供一站式服务，可形象地比喻为"国际贸易企业的保姆或管家"。

第二节　跨境电子商务进出口贸易规模较大且增长迅速

跨境电商的高速发展已经成为推动我国外贸增长的新引擎，实现传统外贸转型升级的关键因素。政府为保障跨境电商健康可持续发展制定了一系列政策措施，这些政策的实施为跨境电商发展创造了便利、快速、规范的社会环境。根据现有跨境电商政策文件，以政策主要内容、特征表象为依据，可将其演化过程划分为三个阶段：一是萌芽阶段，该阶段跨境电商发展并没有引起政府的重视，仅有少量政策文件涉及跨境电商；二是探索阶段，该阶段国家主要采取试点方式探索建立跨境电商政策制度和规则，颁布了一系列以跨境电商为主题的政策文件；三是过渡阶段，该阶段侧重于对上一阶段颁布的政策文件进行修正与完善，是由探索阶段向成熟阶段转变的过渡阶段。

我国跨境电商行业交易规模持续扩大，2020年我国跨境电商交易额有可能达到12万亿元，可见我国跨境电商有巨大的行业发展潜力，市场前景非常广阔。在跨境电商交易模式方面，我国跨境电商发展还是以B2B模式为主，B2B模式占比超80%，B2C模式占比逐年增长。虽然B2C市场交易额较小，但增速较快，该阶段呈现B2C占比提升，B2B和B2C协同发展的新业态。在跨境电商的政策红利方面，我国还积极设立跨境电商综合实验区，2020年4月7日，国务院新设了46个综合试验区，全国将有105个跨境电商综合试验区，综合试验区政策红利不仅进一步使跨境电商在全国范围内推广，拉动经济增长，而且有利于形成商品、物流、商户、电商平台、口岸管理部门的信息共享平台。跨境电商平台的建立，节省了企业的成本，提高了城市的创新活力，带动我国整体贸易环境的改善。

第三节　优势产业出口占主导地位

我国跨境电子商务以出口为主。据《跨境电子商务产业发展分析报告显示》，美国有3.15亿居民，2.55亿网民，1.84亿在线买家，全球约37%的跨境在线买家集中在北美。美国和加拿大在线总销售额达到3895亿美元，占全球的33.1%。在网络零售领域，无论从进口角度还是出口角度来说，美国是世界上最大的市场。从我国跨境电子商务的进出口结构来看，我国的跨境电子商务以出口为主。在2010年我国跨境电商总交易额中，其中有93.5%为出口，进口仅有6.5%。到2014年，出口占跨境电子商务总交易额的比例略有下降为86.7%，进口增长为13.3%。从数据中可以看出，虽然进口所占比例均比上一年有所增加，但是出口占比仍以绝对大的数值远远高于进口占比。随着国内市场对海外商品的需求扩大，预计未来几年跨境电商进口的份额将不断提升。

第四节　跨境电子商务信息服务逐步完善

跨境电子商务平台依托大数据等现代信息技术，整合社会零散资源，在跨境贸易飞速发展的时代为供应商与消费者提供了技术支持与信息服务，以实现低成本高效率的商业运作，解决传统跨境贸易的诸多缺陷。如亚马逊、eBay、wish、网易考拉等平台的出现使得全球范围内进出口商品交易方式与消费者的购物模式都发生了巨大的变化。消费者可以通过互联网快速了解全球的货品信息，对比商品价格、质量与服务，并且实现在线购买、发表评论、共享使用感受。衡量一个国家经济水平与国际竞争力的指标不仅仅是 GDP 与经济增长率，还包括互联网技术和电子商务的发展水平，因此，跨境电子商务平台的信息服务成熟度也可以作为衡量一国的国际竞争力指标之一。

提高经济水平、完善网络技术基础配套设施可以有效地促进跨境电子商务的发展。跨境电商的快速发展使得全球电商平台越来越完善，互联网技术应用越来越广泛，这就给不同的市场主体近乎平等的获取信息的机会。但是由于不同地区及国家的信息化水平各有不同，使得各个国家跨境电子商务的贸易水平也有着不小的差距。作为发达国家来说，其信息化水平相对较高，中国在与发达国家进行跨境电子商务贸易合作时就比较顺利、深入。对于信息化水平处于中游的国家来说，中国正加大与其贸易活动。这些国家如中东欧及东南亚地区的国家，它们大多属于"一带一路"沿线的国家，现阶段，这些国家的跨境电子商务发展势头良好。对于那些基础通信技术设施较差的国家，如南亚及非洲国家，其网络覆盖率很低，还不足 10%，严重影响着跨境电商的发展。随着经济水平和网络技术的提高，用户的信息服务需求也会不断攀升，在未来的环境下还有很多方面可以进行深化研究，还需要进行持续不断的数据收集，更加深入地研究跨境电子商务平台的特点，利用不断完善的大数据、人工智能技术来分析用户的信息需求，平台在交易、物流、环境、政策等方面进行提升，评价信息服务质量的维度和指标也需要根据实际情况进行修改、完善，丰富信息服务质量评价研究的内容，使其对于更广泛的跨境电子商务平台具有适用性。

第五节　跨境电子商务模式多元化

广义上讲，跨境电子商务是传统的，如浏览、报价、查询、定价、合同签署、付款以及使用 Internet 工具执行合同的过程。这是国外与国内沟通的国际商业活动，这种贸易下的商品不受国家边界的影响。跨境电子商务用于国际贸易流程的虚拟化、数字化和在线电子商务，如贸易进出口、在线显示产品信息、在线咨询、贸易数据交换、在线汇款和货物跟踪、业务技术的应用等一系列的交易方式。狭义上讲，跨境电子商务就等同于在线跨境零售。在线跨境零售是指在跨境电子商务交易平台上完成交易，在线支付并使用跨境物流将所交易的物品送到买方手上。跨境电子商电子商务的补充和发展，我们使用电子商务平台完成商品的买卖行为，然后使用跨境物流完成交易商品的传输和分配。利用电子商务活动可以实现全球业务活动的目标，这种贸易形式与传统的进出口贸易有很大不同，是进出口贸易在线发展和对外贸易新视野的结果。从当前的跨境电子商务运营模型来看，主要有四种模式：第一，依靠中国的电子商务外贸平台；第二，依靠新的外国电子商务平台；第三，建立自己的跨境电子商务系统；第四，取决于海外在线商。呈现什么样的销售模式取决于什么样的销售链。

一、传统跨境电商模式

目前，主流的跨境电商运营模式主要跨境 B2B（Business to Business）模式、跨境 B2C（Business to Consumer）模式、跨境 C2C（Customer to Customer）模式，而 B2C 模式与 C2C 模式相较于 B2B 模式更是被人们所熟知。近年来，一大批的电子商务平台快速崛起，敦煌网、亚马逊、网易考拉、阿里巴巴国际站、阿里速卖通、小红书等众多平台为跨境电商提供了广阔的市场。B2B 模式是指企业与企业之间通过互联网进行相关数据信息的交换，从而进行交易的模式，在这种模式下商家传递信息主要依靠将自己的商品信息上传至网站，等待买家联系从而达成交易。但交易环节绝大部分线下进行，因此与传统的贸易方式无太大区别。B2C 模式比 B2B 模式起步更早，B2C 是指企业通过建立网站或加入第三方平台建立商店，为世界各地的消费者展示商品，消费者选中商品后在线上进行交易。平台为商家节约了开设实体店的成本，也为买家大大减少时间成本，提高双方交易效率。C2C 模式是指个人卖家通过在第三方提供的平台上传自己的商品，双方在线上完成交易。平台商往往扮演监督和管理的职责，避免欺诈等行为的发生，保障买卖双方的利益。正是有了这样的保证和技术支持，C2C 模式才能够被大众所接受，并受到追捧。

二、O2O 跨境电商模式

O2O（Online to Offline），是指线下的商家依托互联网利用其信息传播速度快、用户多等特性，通过营销提升实体店铺的知名度，为线下实体店减少运营成本，提高销售效率。用户通过 O2O 营销模式的跨境电商店铺消费，足不出户就可以在线了解到商家信息及商品的介绍，还可以直接线上咨询与购买。在线下实体店中，用户还可以现场进行体验后购物，购物更加方便的同时也提升了消费者的购物体验，增加用户黏性。

三、全球采购方式的快速发展

在中国电子商务平台不断发展的前提下，主要网络购物平台不断进步并进入海外市场，引发了中国电子商务平台的稳定增长，最明显的表现是全球产品数量和品种的增多，通过网络购物平台完成交易，并从其他国家购买产品，而无须外包。中国领先的电子商务企业也在朝着"全球购物"的方向不断发展，以便在当下的市场竞争里获得有利的位置。例如，在每年一次的"双十一"活动中，阿里巴巴专注于"全球购物"并提供了全面的促销活动，这种折扣模型也正在网络购物中迅速发展。这些类型的网站主要以低价吸引大众，以将其产品销售给大量用户，这种类型的在线平台本身没有实际的购买、销售或付款方式。用户可以单独浏览 Internet 信息。对于本地购物、平台回扣和从平台收集的订单是平台的收入，用户购买产品的订单后，合作伙伴向平台缴纳固定费用，其中一部分费用返回给用户，其余用于平台的未来运营成本。使用该平台，管理仅需通过网络即可实现，而无须投资高昂的运营成本，无须维护付款系统或管理产品，该平台上使用的其他电子商务平台也希望与该平台保持长期的合作关系。一方面，它可以吸引许多用户；另一方面，基于折扣模型，电子商务平台不需要额外的促销，商品利用率高。价格优势不仅可以激发用户的购买意愿，而且可以实现良好的销售，从而鼓励用户在激烈的市场竞争中占据重要的优势。

第六节　跨境电子商务平台多样化发展

平台的沟通功能，能够让供应商和采购商之间进行实时的交流，促进双方之间跨境贸易的达成。同时，也使得在网络平台的基础上的贸易效率得以大大提升。主要表现在以下三方面：一是综合门类跨境小型批发零售平台模式。这种平台模式是将国内的一些企业以及个体经营户的商品通过网络平台进行交易，在交易平台上具有不同国家的商品且不需跨境费用即可交易的一种模式，而这些平台通过对买卖双方之间交易佣金的收取作为平台的盈利以及维护费用。二是跨境小额批发零售平台。这类交易平台在交易工程中，对一些海内外跨境贸易自行进行并买断目标商品，并且只通过自己的平台进行海外交易销售，在国内加工商品后，即可直接对海外消费者进行销售的一种模式，此时商品购买加工以及销售之间的差价作为平台盈利。三是专业第三方服务平台。其主要把相关信息提供给跨境贸易，如贸易支付平台、物流信息、咨询等，保障跨境贸易交易顺利完成，通过平台提供的贸易服务而获取的佣金为平台盈利。

第七节　跨境电子商务的品牌塑造初步形成

跨境电子商务模式是把"双刃剑"，在为企业扩大销售渠道的同时，也招致了更多的竞争对手。早期这种单纯的想法导致不少企业还处于价格营销阶段，通过不断降低产品价格在激烈的竞争中获取微薄的利润，加之企业普遍规模小，整体缺乏自主品牌意识。当前外贸环境复杂严峻、生产成本增加，若企业利用"互联网+外贸"仍旧进行贴牌生产，当网络渠道的红利瓜分完毕后，势必将举步维艰。因此，利用电子商务实现自主品牌创建将是未来跨境电商企业追求的目标。

企业首先应当在海外注册商标，再利用网络平台进行品牌产品推介，提高品牌的曝光率，增加知名度。同时，利用平台上的大数据，精准分析消费群体的购物习性，了解消费者的需求，准确定位品牌和目标，完善线下服务，从而提高企业的经济效益。"互联网+"的大潮正改造着各行各业。企业塑造自身产品和品牌形象后，要想让广大消费者广泛接受该品牌，必须做品牌推广。企业要想借助跨境电子商务平台将自主品牌推广到海外，必须整合多方资源，打造跨境电子商务的服务团队，提高品牌运营能力，充分利用"大数据"平台为企业的跨境营销引领方向。企业应加大技术投入，增强产品研发设计和创新，保证产品质量。同时，还应充分利用跨境电子商务网络覆盖终端的优势，研究学习目标市场国家或地区的时尚走向及潮流需求，进而设计或是修改自己的产品，"渠道"影响"设计"，"设计"同样也影响"渠道"，两者共同作用，提升出口商品的综合品质，从而打造网民信赖的消费品牌。此外，企业还应基于跨境电子商务平台建立一个完善的供应链体系，完善保障客户服务体系，在售前、售中和售后都给予消费者支持，尤其在退换货服务上做到全心全意，切实照顾到消费者的需求。

第八节　跨境电子商务影响因素复杂化

一、信用保障体系

跨境电商若想获得安全、稳定的发展，需要构建一套完善的信用体系，交易双方的信用度不完善可能会给跨境电子商务的贸易活动带来资金风险，产品质量和知识产权方面有更多的挑战和风险。基于我国众多大型网购企业，如阿里巴巴、大龙网等B2B电商平台的发展历程来看，担保交易和信用体系的作用不容忽视。我国的B2B的商平台相较于国外虽然发展较早，但是相应的信用保障体系并没有有效地建立起来。如果有安全隐患存在于网上跨境支付流程之中，同时，又因为监管体制、宗教信仰、文化等多方面因素的影响，势必会造成买卖双方的信息不对称，从而增加交易风险。另外，由于跨国间法律、法规不同，也给跨境维权增加了不小的难度，影响着跨境电商健康、稳定的发展。在未来，我国的政策法规日益完善，互联网支付平台技术日益增强，而且支付技术风险也在逐步地降低，这也给电商业的发展带来了很好的保障。

二、物流发展

跨境电商业发展期间，其中物流是核心的环节，只有高效物流才能够使商品进行快速流动。目前，物流也是成为制约跨境电商的一个重要瓶颈。跨国界的商品运输成本很高、运行时间长，而且跨国界的物品运输会涉及海关的报检、国际运输以及国外的海关等各类环节，会涉及商检清关等工作，因此就会使商品运输时间被进一步拉长。海外仓的建设会进一步地解决目前的海外商品的仓储问题，缩短交易时间。但在国外建仓也会面临很大的挑战，海外仓更多的是处理库存周转，降低运营成本，但是目前海外仓的服务体系不完善，货物周转时信息数据登记不及时，所以依然会出现货物丢失或者客户信息被泄露等问题，仓库与客户的数据信息衔接不畅，有些物流信息不够对称。目前，国内物流企业开始全球化的经营，但是在国外设置的物流仓储点不多，国外运输未能够解决体制机制方面的问题，使运输会受到较大的阻碍。物流服务系统不太完善，当前大多数的电商产品都是以邮政小包裹的方式来进行运输，这就会进一步提高运输成本，而且还不能够实现对全过程的服务与跟踪。在物流信息方面，国际的物流系统还存在着信息的衔接问题。

我国当前已经建立起较为完备的物流运输系统，不过由于跨境电商贸易活动涉及很多国家，不同国家的物流发展状况各不相同，各个物流公司的管理方式也不尽相同，因此，给国际间的物流运输带来了不小的麻烦，影响物流时效。对于跨境物流来说，其货物运输的路程都很长，运输成本高、时间长，由于不少跨境电商企业均为中小型企业，很难承受高昂的物流成本，导致部分企业不得不退而求其次，去选择成本低但是时效慢或服务差的运输模式，这就造成了产品运输的时间增加。长时间的运输也增加了货物丢失的风险，从而影响了顾客的消费满意度，最终使跨境电商贸易受到影响。

将来，随着国内物流公司网络的不断完善，低成本的国际物流服务，将不断地涌现在消费者眼前，这不仅会降低国际物流运输的成本，而且也会加快推动物流业的发展。跨境电商业的发展会进一步地缩短产品的报关报检时间，此时物流公司也会加大海外仓储运输设施的投入，会进一步地保障电商业的稳步发展。公司积极转变传统的运营模式，构建智能化的物流网络来降低物流的费用成本。紧跟当前信息社会的发展步伐，进一步提高跨境物流的市场规模。当前跨境电商业要充分地发挥其自身的服务作用，摒弃过去传统的物流思想理念机制，不断转变观念，加大对海外物流设施的投入。政府应着力缩短海关的报关程序，使国际物流信息可以更好地进行无缝衔接以及数据的分享。

第四章 区块链+跨境电子商务的特征分析

习近平总书记在2019年10月25日主持中央政治局第十八次集体学习时强调，要把区块链作为核心技术自主创新的重要突破口，加快推动区块链技术和产业创新发展。这就把区块链技术的发展运用上升到了国家战略层面。区块链的原初设想是作为一种底层技术，为发行、交易"比特币"（Bitcoin）以及相关信息验证与存储提供保障。但由于区块链技术具有去中心化、分布式对等、链式数据块、不可篡改、防伪造、可追溯等特征，一问世就迅速延伸至数字资产交易、互联网金融、智能制造、供应链管理、物联网等多个领域。数据显示，区块链2023年有望关联2万亿美元的全球商品和服务贸易。因此，极有必要依托区块链技术形成涵盖跨境物流、信息追踪、环节监管全过程的跨境电商监管创新模式。区块链技术的出现可以有效解决商家和电商平台的造假行为，区块链技术是以时间为顺序把数据区块组成一种区块数据链，每个区块都有密码控制保证不会被篡改。

第一节 区块链+跨境电子商务发展存在的问题

区块链在跨境电商监管中的耦合优势，主要表现在区块链的技术优势能够更好实现监管服务的创新需求。目前，欧盟税务与海关同盟总司正着手运用区块链技术进行公证服务；香港货局也与新加坡共同开发了全球贸易连接网络（GTCN），用于将两地之间的贸易、金融相关数据和文件数字化。2020年6月3日，一批韩国进口面膜从中国（山东）自贸试验区青岛片区西海岸综合保税区顺利通关，这是我国首次利用区块链技术实现跨境电商商品的全程溯源，海关以及业界都给予了高度关注。这表明，我国跨境贸易已经迎来

"链"时代。针对跨境电子商务"无纸化、虚拟化、无界化和便利化"的特征，海关多采用专用账册与专门平台相结合的方式实施监管。

第一，跨境电商物流风险监控水平还不够强。一般来说，跨境电商的物流过程大抵包括出入境清关、国际物流、销售物流等，每一个流程又可进一步细分为配货、仓储、报关、清关、配送等环节，每一个程序和环节都有可能使跨境电商物流跨度更长、周转环节更多。再加上跨境电商特有的报关程序又会因其特殊性而产生较多的不可控因素，这些都影响了海关实时监管效能。此外，一旦货物出现损坏或存在质量问题，退换货环节又将进一步增加物流的时间和资金成本，进而降低商品运送效率和物流效率，在增大跨境电商物流脆弱性风险的同时，也相应增大了海关的监管风险。

第二，跨境电商信息数据追踪效能还不够高。在一般信息追踪方面，由于缺少统一标准的全球市场物流配送体系，国际乃至国内物流的信息化程度也参差不齐，海关难以实现实时追踪跨境物流信息；较长运送周期的商品在途期间也会出现一定甚至较高的货损率。有学者做过统计，跨境电商一般有着3%~10%的退货率，鞋帽服装和玩具类商品的退换率更是高达20%。海关一旦不能及时掌握相关信息，极有可能影响消费者和跨境电商企业对货损协商处理的选择对接。在交易信息追踪方面，由于做不到全程可视化追溯，海关对B2B、B2C模式多采取用时间换监管的方式，即通过拉长监管链条、抬升准入门槛等手段，不尽"合理"地降低事中监管和事后监管的风险概率。

第三，跨境电商全链监管体系还不够全。由于不同政府部门之间的信息壁垒以及企业、个人与监管机构之间的信息鸿沟，海关在监管跨境电商时，往往无法交叉验证多种数据源，只能被动依赖系统接收"自证类"的申报信息。如何从这些海量信息中甄别并判断贸易的真实性，已对海关数据集合、逻辑算法等方面的技术能力提出了更高的要求。以未来即有可能进一步放开的跨境电商销售医药产品为例，对海关而言，由于大量数据信息分散在市场、外汇等监管部门，海关一旦缺少数据共享和联通的手段，就难以随时跟踪跨境医药物流过程的信息变动；而海关一旦不掌握企业过往的医药交易情况，或者缺少终端购买者的个人信息，必定无从判定个人购买国外药物是否违背了法律的强制性规定，客观上存在个别企业伪造订单以及药品流向黑市的风险。

第四，区块链技术的应用也面临一定的新挑战：（1）打磨内核，提升区块链交易能级。区块链全网共识的特性导致其交易在网络、计算资源的消耗要高于传统中心化系统。目前，通过共识算法、存储算法及网络算法等优化，交易吞吐量提升到万级，但仍无法适用于高并发支付等规模化交易场景。需要不断推进区块链内核技术的发展，通过提升负载容量、发展跨链技术及隔离见证等边缘化手段提升交易性能，满足银行业日益扩大业务应用的需求。（2）深入研究，加强区块链智能合约安全性。智能合约极大地扩展了区块链的应用场景与现实意义，智能合约的可信度源自其不可篡改性，一旦被部署上线便无法修改。因此，智能合约的安全执行关系到整个区块链联盟的安全运行。需要从方法论出发，提升智能合约漏洞检测手段，采用不同的检测方法、检测组合，着力提高漏洞检测的准确性、效率和自动化程度，满足智能合约规模化运用后的安全运行要求。（3）多方协作，促进区块链内核技术自主可控。区块链是多种技术的集成创新，经过近几年产学研合作，已经在多种内核技术上实现自主研发，但在如区块链虚拟机、智能合约等核心构件方面，普遍采用的国际通用开源组件。这些组件并非完全自主可控，存在技术受限的风险，完全自主化还需要一个长期的研发过程。

第二节　区块链+企业跨境电子商务风险识别

跨境电商监管亟须一个既安全又开放的技术场域，而从一开始就以解决数字交易信任与安全问题的区块链技术，在实现海关严密监管方面显然有着独特的技术优势。

第一，有助于解决"信息孤岛"难题。跨境电商海关监管最大的难题，在于无法获取全网层面的供应链数据，从而不得不面临一个又一个以企业为单元的"信息孤岛"。区块链技术运用的哈希运算可使链上存储的可公开信息更加透明化，公共账本的产生让节点上所对应的用户都可查询到区块链上存储的每一条交易记录，所有数据块上的信息随时可被用于考证所要检验信息的真伪，从而实现对相关对象的监督以及提供海关监管所需的充分信息，形成依托于区块链技术信任模式的系统信任。

第二，有助于解决信息获取难题。分布式账本结构是区块链的著名特征之一，其最吸人眼球的就是可以由不同网络空间里多个不同节点共同完成交易记账，由于每个节点都共时性地成为记载所有信息的同步账本，从而不需要依托任何中心介质就能完成信息录入，也不需要第三方中心管理机构或中心设备进行信息传输。这在节约信息获取成本的同时，也降低了海关监管需要依赖某一中心介质或中间代理的风险。同时，由于所有跨境电商贸易信息记录节点在数量分布上呈规模化，除非所有节点都被破坏（这在实践中是不可能发生的），否则所记录的数据信息就不会丢失，从而保证海关监管所需的数据调取与审核。

第三，有助于化解海关监管风险。所有存在于区块链中的数据，都要纳入线性时间顺序逻辑化的链式数据结构。各类商品流通与交易信息数据都是对非授权账户高度加密的，未经授权是无法访问上链数据的，这些最终就形成了区块链的不可篡改性特征，极其可靠地保证了数据安全，也最大限度地保证了各类商业秘密的合法避险。智能合约可以看成是一种以数据编码方式传播、验证或执行的计算机协议，其最大优势在于实现可信交易的同时确保过程的可追溯与不可逆转，从而实现交易的确定性、安全性以及不依赖第三方的独立性。智能合约在保证跨境电商主体更好履行义务的同时，更方便海关等监管部门介入其中，从而降低交易和监管风险。

第三节　区块链+场景下的应用发展方向

如果我们把大数据、云计算和人工智能看成是一个个零散的分支，那么区块链则是一个将这些零散的分支聚合在一起的存在。从这个角度来看，区块链所扮演的功能和角色，其实是和互联网所扮演的功能和角色存在某些相似之处的。如果仅仅是把区块链的应用聚焦在对于某个行业的深度与底层改造，却忽略了用区块链将这些改造完成的行业"链接"起来，那么区块链的功能必然无法得到最大程度的发挥。尽管将区块链的应用从数字货币拓展到了更多的行业当中，更加符合区块链的未来发展方向，但如果仅仅是将区块链的应用局限在单个行业当中，无法"组网"，形成规模，那么区块链的发展依然是不完整的，它的能量同样无法彻底得到释放。以区块链技术在数字货币之外场景应用为代表的全新发展，仅仅是代表了区块链走在了正确的发展道路上。真正考验玩家们未来发展的地方，依然在于用区块链的思想将被大数据、云计算、区块链和人工智能深度改变的行业串联起来，进而发挥出最大作用，并且真正实现人们所希望的数字生活的能力。由此看来，我们并不能够仅仅是站在技术的角度来看到区块链本身，而是需要将区块链技术和区块链思想区分开来看待。

区块链作为去中心化方式集体维护可信数据库技术，具有去中心化、防篡改、高度可扩展等特点，正式成为继大数据、云计算、人工智能、虚拟现实等技术后又一项对未来信息化发展产生重大影响的新兴技术，有望推动人类从信息互联网时代步入价值互联网时代。美国、日本和欧盟一些国家和地区纷纷将区块链发展上升为国家重要发展战略，大力推动区块链技术研发和应用推广。当前，我国区块链技术创新持续活跃，产业发展不断加速，区块链在金融、政务、能源、医疗、知识产权、司法、网络安全等行业领域的应用逐步展开，正成为驱动各行技术产品创新和产业变革的重要力量。就现有发展态势而言，区块链技术是我国在科技领域弯道超车的重要机会。

第四节　区块链+跨境电子商务的特征

一、去中心化可提升交易平台的安全性

去中心化的优势便是不受任一节点限制。以往的跨境电商在经营过程中，实际掌控电商发展的始终是一家公司，而此类型的跨境电商便是中心化。而融入了区块链技术的跨境电商，则区别于传统跨境电商，其不受任何单一公司的控制。若要实现去中心化的特点就需要公有链技术来进行搭建，从而形成点对点组网。点对点组网的优势在于，对交易双方的信息并非像传统交易过程中信息单独存储，而是将数据分散于整个区块链中的各个独立区块中。区块链各环节主体的地位是相同的，都具有查询各节点数据的权利，区块链内部数据各节点都会进行备份共享，在基于不可篡改的基础上各节点的经营又不会受到影响。上述建立在去中心化基础上的组网形式，能够对数据起到最大的保护作用，同时不会因单一甚至多个节点的故障影响整个平台运转，因此具有极大的安全性。

二、技术开源带来平台的开放性

从技术层面来看，公有链已经开源，这预示着后续将会有无数开发者参与其中。比如，现在所形成的智能合约，极大地促进了区块链生态发展，这让基于区块链技术的跨境电商有着更好的对外开放特征。在面对错综复杂的

国际市场挑战，区块链技术凭借其去中心化的优势，在开放之初便成为一个面向国际市场的平台。因为去中心化后不隶属于任何国家，所以在此基础上展开的交易将实现绝对的公正与透明。在社区治理层面，由于共识协议，基于区块链的跨境电商平台也必然是高度自治的，所以以上几点表现出平台具有高度的开放性。

三、不可篡改确保平台参与主体的信任性

区块链系统内部信息数据无法被篡改，具有较高的信任度。在区块链中，每一个区块都代表了独立的交易活动，如 A 和 B 进行交易，那么所有交易的内容就会记录在账，形成区块。同样，C 和 D 进行交易也会记录在账，并且区块链记录规则是按照交易的时间顺序来进行排序，区块链平台参与者可以查看所有交易数据，交易参与者也可以利用公钥查看详细的资金交易信息。在区块链去中心化的基础下，所有内部交易者都是资金信息管理者。假设 A 和 B 有还款合约，那么在区块交易记录满足事先规定的还款条件后，可以自动触发付款行为。

四、加密算法有效提升数据的安全性

区块链所独有的加密运算能够确保数据最大的安全性，同时其不可篡改的特性也保证了各节点数据的真实有效。区块链技术自提出至今，区块链技术的加密技术已发展为非对称和对称加密，但因为对称加密受碍于技术的不成熟性以及最终加密效果，目前使用最多的便是非对称加密，在进行数据加密与解密的过程中，都必须有公钥或私钥的参与，并且解密过程中必须具备相对应的公钥或私钥后才能顺利进行操作。但需要注意的是，只有公钥可以对外开放，而私钥则不能。到目前为止，区块链非对称加密主要是针对区块链当中的信息、各节点登录信息以及数字签名等信息进行加密。

五、时间戳实现了数据的可追溯性

时间戳技术是区块链重要组成部分，因为时间戳的存在，使每个数据都被标记上独一无二的时间戳，进而实现了数据的可追溯性。对于农产品跨境交易，在互联网跨境电商平台上，双方信任的基础建立在媒介平台上，农产品卖家在注册审核通过后将入驻平台，平台则会收取卖家一定的信用保证金，在后期交易开展中，买家在购买时将交易金支付给平台暂留，因此交易平台

便起到了第三方信用担保的作用，同时也降低了卖家的信任获取成本。而构成区块链信用体系的核心便是内部共识协议，其涵盖了区块链运行过程中的细节规定，如双方交易数据的传输、系统的更新、各环节共同治理等，它能让所有节点同步数据并让区块链系统形成自治生态。整个基于区块链技术的跨境交易流程，也因区块链的不可篡改、加密算法、时间戳，而不需要任何第三方机构介入，交易的参与主体获取信任的成本更低。

六、智能合约保障交易效率性

区块链的智能合约有效提升了其内部交易的安全性与效率。通过智能合约，能够生成一套系统内部规则。在去中心化的前提下，无论交易双方的交易意图如何，只要系统判定交易完成，则无法修改，所以有效提升了交易效率。区块链系统的智能合约作为约束内部机制有效运行的保障，在一定程度上象征着区块链内部的法律体系，其语言程序自生成运行后便实现自行管理，对于系统内的交易，即便是运营者也无法对其组织或修改。所以，基于以上特性，无论是智能合约在对内部交易规则的制定、运行或者交易验证等方面将有着更高的效率，同时降低了其运营成本。区块链系统中各事件处理都需根据固定的规则验证，并向各节点发送，通过共识机制记录。区块链系统由其中所有具有维护功能的节点共同维护，所有节点都可通过公开的接口查询区块链数据和开发相关应用。

第二篇 02

| 区块链+跨境电子商务相关理论探讨 |

第五章　跨境电子商务相关理论基础

第一节　物流成本理论

古典贸易理论主要是从生产成本的角度，研究国际贸易起因和影响的学说。它认为劳动生产率的差异是国际贸易的主要起因，而这个学说研究的前提是交易成本的不存在。然而，随着研究的深入，人们逐渐发现国际贸易的产生和发展的因素之一就是贸易成本的存在。萨缪尔森在20世纪50现代首次提出了"冰山运输成本"的概念，即在区域间进行产品的运输活动时，有一部分产品会像冰山一样"融化"，这部分产品的消耗就是运输成本。也正因为运输成本的存在，才使进口商品的价格高于本地商品。在"冰山运输成本"被提出之后，克鲁格曼（1980）在这个假定的基础上，用数理解析的方法进一步探讨了"本地市场效应"，结果发现运输成本的存在使各国倾向于出口那些在本国有大规模国内市场的产品。

随着开展国际贸易门槛的降低，物流成本的差异已逐渐成为各国之间贸易规模具有差距的主要原因。物流成本对外贸的制约作用使得不同商品进入国际市场进行交易的可能性不同，比如某些价值较低但体积庞大的产品，其物流运输成本较高导致参与国际贸易的成本太高，进入国际市场的可能性就较低。因此，降低低附加值产品的物流成本对扩大各国的对外贸易规模是至关重要的。

物流绩效指数（LPI）的六个分项指标也从各个方面影响物流成本，从而影响跨境电商贸易，主要作用机制如下：

1. 从清关效率的视角，清关作为跨境商品所要面临的第一个环节，也是国际物流所要接受的第一个考验,其重要性不言而喻,通关时间的快慢直接影响整个物流的运转效率及成本。跨境电商的产品大多数为低附加值产品,任何时间成本对于它们来说都会大幅降低其价值。在跨境商品的通关过程中,必然会出现相互等待的情况,车辆和人员等待跨境商品的通关、通关时间快的商品等待通关时间慢的商品。这些等待成本会转化成时间成本转移到跨境电商的价格中,导致商品的价格竞争力进一步减弱,面临着贸易机会减少的风险。

2. 从物流基础设施的视角,物流基础设施是国际物流顺利运转的前提,也是物流活动的物质基础,更是跨境电商贸易赖以生存的港湾。由于物流基础设施建设的不完善,各国物流人员在进行跨境电商的运输时可能会面临货物损坏或丢失的情况,从而使买卖双方均遭受损失,这些损失会转化为跨境商品的流通成本,从而制约跨境电商的发展。

3. 从国际运输便利性的视角,各国法律法规的差异、部门信息的不通畅、基础设施建设的不统一都会制约国际运输便利性。法律规定的差异可能会加大相关利益者之间的纠纷;部门信息的不通畅会使信息系统之间缺乏有效的衔接,降低了整个物流过程中的通用性与连贯性;基础设施建设的不统一会使各国基础设施无法高效对接,降低了商品在各国之间流通的效率。由此看出,国际运输便利性从硬性成本和软性成本两个角度影响着物流成本。

4. 从物流服务质量和能力的视角,物流服务质量是指货物在运输过程中,不同的运输公司在运输环节中提供的服务,关乎着货物在整个运输过程是否受到损害,货物在到达消费者手中时是否完好等重要问题。物流服务能力是指在跨境电商平台上的交易完成之后,企业能否立刻就这个贸易需求做出响应的能力。响应时间越短,货物在运输过程中所要花费的时间就越短,产生多余的贸易成本的可能性就越小;响应时间越长,则货物在运输过程起始环节所浪费的时间就越多,就越可能产生多余的贸易成本,这说明物流服务质量和能力与物流成本直接相关联。

5. 从货物可追溯性的视角,跨境商品需要经过远距离的运输才能到达消费者手中,其在运输过程中所进行的任何物流操作都增大跨境商品被损坏的风险。而为了降低这些风险成本,物流企业必然会在运输过程中采取一些措施以此来保护商品,那么这些措施所花费的成本就是物流成本。

6. 从货物运输及时性的视角,运输及时性是指迅速、准确并适时地满足货主提出的物资运送要求的程度。包括两个方面的内容:(1)货物从托运到交付给收货人，时间要求尽可能短，使货物能尽快实现其交换及使用价值，特别是在鲜活易腐品的运输更需要速度快、时间短。（2）提供运输劳务的时间，要符合货主的要求，适时地满足运输需要。货物运输及时性对应着物流供应链中的可靠性，从时间成本的角度直接影响物流成本。

第二节 空间溢出效应

在空间计量学中，空间溢出效应一般是基于空间距离因素的基础上所产生的效应，是指一个经济单位所从事的某类经济活动不仅会对该经济单位本身产生影响效果，而且会对单位之外的团体乃至社会产生影响。赫希曼的极化—涓滴学说较早地阐述了不同经济发展水平地区间的交互作用和相互影响（洪文倩，2020）。Richard-son（2007）以赫希曼的研究成果为基础，进一步为地区间的空间溢出效应做出了定义。运用经典统计学研究两个变量之间关系的前提是假定这两个变量相互独立、互不影响。但后来随着研究的深入，空间计量经济学开始进入大众的视野，由此人们开始重视变量之间的空间相关性。Groenewold（2007）等人研究了中国各经济区域间的空间溢出效应，并利用VAR模型得出了实证结果。张光南（2014）等人从成本函数的角度，研究了不同行业中基础设施建设所存在的空间溢出效应。Brun（2002）等人以地区是否沿海为标准划分了中国各区域，并在此基础上研究了不同地区之间的溢出效应。

第三节 空间权重矩阵

空间权重矩阵的选择对空间效应的分析至关重要。空间权重矩阵的设计都是基于空间截面数据，在面板数据中需要进行对截面数据的空间权重矩阵进行扩展。在截面数据下空间权重矩阵的基本表现形式如下：

$$W_{ij} = \begin{bmatrix} 0 & w_{12} & \cdots & w_{1n} \\ w_{21} & 0 & \cdots & w_{2n} \\ \vdots & \vdots & & \vdots \\ w_{n1} & w_{n2} & \cdots & 0 \end{bmatrix}$$

w_{ij}是指区域 i 与区域 j 之间的距离，在收集 n 个区域的空间数据后，由此形成

空间权重矩阵 W_{ij}。常见的空间权重矩阵主要有 3 种：0-1 邻接矩阵、基于地理距离的空间权重矩阵和基于经济距离的空间权重矩阵。在 0-1 邻接矩阵中，区域之间有无共同边界是用 0、1 来表示，当区域 i 与区域 j 存在共同边界时，$w_{ij}=1$；当区域 i 与区域 j 无共同边界或 i=j 时，$w_{ij}=0$；在基于地理距离的空间矩阵中，w_{ij} 一般是两国的首都之间的直线距离，或者是两国人口密度最大的两个城市间的直线距离。在基于经济距离的空间矩阵中，w_{ij} 一般用地区间人均GDP 的差额作为测度地区间"经济距离"的指标。随着空间权重矩阵研究的完善，研究者可以根据研究的具体情况来设定空间权重矩阵（洪文倩，2020）。

第四节 技术创新理论

技术创新理论是在 1990 年被首次提出的，提出该理论的美国著名经济学家熊彼特认为，建立一种新的生产体系就是创新。许多学者在熊彼特提出之后，针对这个理论进行了非常多的规范性研究和实证研究，最后归纳出企业创新包含技术创新和管理创新这两大方面。之后，在熊彼特的创新理论的基础上，又有许多学者进行了研究并提出了相关观点，使该创新理论得到进一步的发展。Mansfield 有关技术创新的研究主要集中在模仿与维持的关系，也就是研究在不同企业的同一部门内影响新技术推广的经济性因素。他采用了技术推广模式来证明：当一个公司第一次推广一项新技术时，在之后较长时间里可以拥有该技术的垄断优势而不会被其他公司模仿从而竞争。林恩（G. Lynn）则更重视探讨技术创新的过程，他提出技术创新是从感知和洞察市场潜在需求和价值开始的，当运用技术转化而成的商业化成果能够满足市场需求和实现市场价值，技术创新的整个行为过程也宣告结束。国内学者傅家骥也提出，技术创新是一个综合过程，包括筹资投资活动、研发活动、管理活动、市场营销活动等一系列组织行为。

第五节 4P 理论

由密歇根大学教授杰罗姆·麦卡锡在 1960 年提出的 4P 理论在传统的商务活动中得到了非常广泛的认可和传播。4P 理论，即产品（Product）、价格

（Price）、促销（Promotion）、渠道（Place）。虽然后来 4P 理论发展成为 12P 理论，但 4P 理论作为最基础、广泛的营销理论工具，仍然在商务活动中起着关键作用。在本文中，主要探讨在跨境电商活动中 4P 理论的欠缺之处。

一、产品

产品作为商务活动的核心地位稳定。但是在电子商务的视角来看，产品分为有形产品和无形产品两部分。服务也不仅仅存在面对面的服务，也包含着远程的服务体系。在传统贸易中，服务不能被存储，只能在服务活动的当时产生。但是在电子商务的维度上，也会产生跨时间空间的服务。因此，产品的内涵和外延都产生了改变。随之改变的是过去的营销理论中的产品定义。

二、价格

传统的定价方法是基于企业的主观评价和以企业为主导的方法。在制定价格的时候，企业都处在信息的不对称条件之下。但是随着电子商务的发展，价格变得更加透明。即使是对企业生产一无所知的商务合作伙伴，也可以通过比较价格来判断价格的高低。而产品的附加价值空间也因为信息传递和方便快捷的物流体系而降低。因此，过去企业主观制定价格的方法显然已经不再适合使用。

三、促销

当前电子商务发展的趋势让传统的促销方式慢慢不再适应。虽然运用网络媒体作为宣传媒介已经成为各个企业进行产品的推广的方式，并且产品的宣传通过技术的发展变得更加专业，但是信息量爆炸增长也使各个企业自身的网页宣传不一定能够得到大范围的覆盖。而传统的价格优势促销也慢慢转变为边缘产品附加促销的方式。媒体的作用或者说无意识的商务促销活动正在愈加激烈的影响促销的成果。

四、渠道

渠道是指产品从生产到消费者终端这个过程中所经历的环节。当下，B2B、B2C 的电商流通正在给贸易的模式带来巨大的改变。直销模式使商品的流通环节缩减，销售渠道越来越被中间的利润让利给消费终端的方法影响着。尽可能地缩短中间环节，把握住买进产品原料、卖出产品的渠道才有可能为自己的产品争夺出利润的空间。过去的分离式运营生产和销售逐渐转变为集约化、系统化的运作。

第六节 4C 理论

随着消费者选择范围越来越大，传递信息的速度与广度的快速提升，加上产品生产力水平的迅速提高，4C 理论逐渐取代了作为营销的基础理论运用了近半个多世纪的 4P 理论。4P 理论已经越来越不能适应目前电子商务发展的需要。4C 理论最核心的部分在于顾客战略。4C 理论包括以下四个方面：顾客需求（Consumer's needs）、愿意支付的成本（Cost）、双向的沟通和交流（Communication）、购买的便利性（Convenience）。

一、顾客需求

顾客需求可分为显性需求和隐形需求。显性需求是满足目前市场的需求，隐形需求是对市场加以引导。由于各个国家消费群体的不同偏好，企业需要进行广泛深入的调研来满足现有的市场需求或是引导消费终端的消费行为。跨境电商满足顾客需求的优势在于可以运用电商平台的技术优势开拓同类产品的细分市场。"一带一路"沿线国家的客户需求和我们当下面临的国际市场环境有着很大的不同。顾客的需求也与当前我们所了解的顾客需求有很大的不同。在这方面企业应该有更深刻的认识。

二、顾客成本

顾客成本指的是顾客购买和使用产品时所需要付出的所有代价总和的货币体现。通过利用跨境电商平台的技术，不仅使顾客节约大量咨询、付款、物流、通关等方面的直接费用，还可以让顾客节约熟练掌握产品时所发生的学习成本、时间成本以及机会成本等间接费用的总和。因此，在跨境电商环境中，对产品的定价应该衡量顾客成本，对成本进行综合考虑，更加有利于满足客户的真实要求。"一带一路"倡议的构想基于共同发展的目标理念，考虑真实的顾客成本至关重要。

三、沟通和交流

沟通和交流指的是以顾客的需求为导向是企业的推广策略，而不是传统的企业需求为导向。在跨境电商环境中了解客户的需求,更容易与客户产生良好的互动。与客户积极联系以及信息传递和情感交流便捷,可以提升客户的忠诚度。保证产品创新升级的最好方式是积极地对产品使用过程中的产品体验予以回应。由于"一带一路"沿线国家的文化、社会传统与我们所熟知的情况有所不同,跨境电商企业需要深入地了解和真诚地沟通,这样才会赢得更广阔的市场空间。

四、渠道

在商务活动中,如果掌握了渠道就相当于拥有了市场的主动权。如果能够让客户更加接近于企业,那么就能够给客户让出更多的利润。在跨境电商的平台上更是如此,我国东南沿海地区有着发展成熟的物流、仓储体系,而西部、西南部、西北部地区相对来说还有很大的发展空间,并且"一带一路"沿线的省份以及"一带一路"沿线国家大部分还处于相对经济较为落后的地区,因此,跨境电商企业还有广阔的发展空间需要开拓。

第七节 贸易便利化理论

二战结束后,许多欧洲国家对世界贸易发展受到各种复杂的贸易规则和通关程序感到不满。因此,20世纪50年代一些北欧国家提出了贸易便利化的议题。贸易便利化的内容十分丰富,涉及范围非常广泛。孔庆峰等人(2015)通过考察我国同"一带一路"国家的贸易时发现,贸易便利化的提高将大大提高贸易潜力。跨境电子商务的发展从以下三个方面对我国贸易便利化产生了影响:(1)通关效率。为了配合跨境电子商务的高速发展,国家出台了许多新政策来改善海关通关环境,实施"清单核放"的通关方式,进一步规范跨境电子商务的流程,缩减通关手续,增加边境管理的透明度与通关效率。从某种程度上说,跨境电子商务的高速发展在倒逼有关部门出台相应的行业规范,改善了跨境电子商务的通关环境(舒伟彬,2016),加快了商品通关进程,降低了通关成本。(2)支付效率。在2015年6月10日的国务院常务会议上,李克强总理提出,为促进跨境电子商务的全面发展,要鼓励开展跨境支付,推进跨境外汇支付试点,支持境内银行卡清算机构拓展境外业务。在政府部门的强力支持下,许多商业银行和支付机构纷纷开展了跨境电子商务网络支付业务。因此，跨境电子商务的发展推进了网上支付的改革，提高了跨境支付的效率，促进了贸易便利化。（3）信息效率。跨境电子商务的发展在很大的程度上使传统贸易的信息不对称的影响降到最低。例如，B2B 或 B2C 的出口模式，将产品信息直接发送给买家，使中间商的环节减少，国外消费者能够更加容易了解到产品信息，能够更加精准地找到所需产品，提高了贸易便利化（舒伟彬，2016）。

第八节 贸易风险理论

国际贸易风险指的是在国际贸易的过程中，突然发生某些始料未及的变化，导致贸易主体的实际收益或实际成本与预期的相差较大，从而导致贸易主体蒙受损失。国际贸易风险的特征和一般性风险的特征差不多，都具有不确定性、客观性和复杂性等（黄荣文，2002；吴建功，2008）。贸易风险的提高在某种程度上就是意味着贸易成本的上升，不利于贸易的发展。跨境电子商务对贸易风险的影响主要来自以下三个方面：（1）信用风险。与有形市场不同，通过跨境电子商务交易的产品有虚拟性和不确定性特点，即商品本身的质量、性能等风险问题。如跨境电子商务平台上的广告和图片常常存在过度美化产品的问题；或者更有甚者，在买家付款后会出现不发货的情况（倪程，2016；王小珍，2015）。（2）法律风险。首先，跨境电子商务是一种新型贸易模式，传统的国际贸易领域的法律法规不能完全适用于这种新的贸易模式，而新的法律法规的制定又存在一定的时滞性，这就导致了一些通过跨境电子商务达成的交易缺少相关法律的保护。其次，跨境电子商务兴起的时间较短，各国没有在相关的法律领域形成共识，未曾形成一个国际统一的法律标准，这使得跨境电子商务中常常出现摩擦和纠纷（杨颖，2016）。（3）技术风险。跨境电子商务活动是在网络电子平台上进行的，所有的商业信息都是通过互联网进行交换和传达，而互联网是一个带有安全隐患的开放系统，导致许多涉密的商业信息很可能会被黑客截获，并对交易双方进行勒索或诈骗。

第九节　交易成本理论

将交易引入严格的经济学分析的是制度经济学家康芒斯，交易是制度经济学的最小单位。并将交易分为买卖的交易、管理的交易和限额的交易三种类型（康芒斯，1981；沈满洪等人，2013）。但在旧制度经济学中，交易是不计费用的，即没有交易成本，但这与现实经济相差甚远。交易成本的概念由 Coase（1937）在其论文"论企业的性质"中首次提出。他指出，企业的存在是由于利用市场价格机制配置资源是有代价的，而通过组织能够适当地降低这种代价。正式使用"交易成本"这一名词的是 Arrow，他将交易成本定义为市场机制运行的费用（Arrow，1969）。之后，又有许多的经济学家对"交易成本"做出补充与修正，如张五常（1999）给出了更加宽泛的定义，他认为信息成本、谈判成本、界定和控制产权的成本、监督成本和制度结构变化带来的一系列制度成本都属于交易成本。萨缪尔森（1954）首先将交易成本引入到国际贸易领域，并构建了"冰山成本模型"。萨缪尔森将交易成本视为在贸易过程中的产品损耗，由于在均衡状态时，国内销售和国外销售的利润是相等的，所以国外价格会高于国内，从而降低产品竞争力，减少贸易量。Anderson 等人（1979）利用引力模型研究了交易成本对贸易的影响，两国的贸易量以两国 GDP 成正比，与交易成本成反比。Melitz（2003）在论文中提到，正是由于出口市场的固定成本的门槛太高，导致了生产率较低的企业选择境内销售，而生产率较高的企业则选择出口，这里的固定成本指的就是市场上的交易成本。由此可见，交易成本会明显影响国际贸易量。跨境电子商务的兴起，极大地改变了传统的贸易模式的供应链，对贸易的交易费用产生了深刻的影响。

第六章　区块链+跨境电子商务体系的构建

第一节　跨境电子商务的区块链+生态系统构建

一、区块链+生态系统构建

1. 区块链+生态系统构建的意义

随着区块链火花在全球蔓延和时间的推移，科技日益复杂。生态系统的概念来源于生物术语，用于描述生物群落的相互影响以及和他们所处环境之间的关系。现如今，这个类比已经扩展到区块链世界，其中生态系统涉及不同参与者们，包括参与者之间的相互作用、与区块链去中心化应用以及与外部现实世界之间的关系。区块链+生态系统市场格局图谱，一共可以分为七大类，即货币、开发者工具、金融科技、主权、价值转换、共享数据、真实可靠性。交易是区块链网络的核心。没有交易，区块链网络将变得过时。

2. 区块链+生态系统方案图解

链上交易和链下交易。想要理解区块链生态系统的功能比较困难，但是从链上交易和链下交易这个方向入门是个不错的选择。链上交易记录在区块链公共账簿上，其区块链网络上的所有参与者都可看到。链上交易有可信任、去中心化、完全透明的特点。链下交易是行为者之间协议，不会反映在区块链上。链下交易往往更便宜、更快捷、更私密。为了让大家更深入地了解区块链生态系统的工作原理，我们先来学习下 Apla 的案例。

3. 区块链+生态系统构建要点

在区块链生态系统中，自治至关重要。生态系统包含大量应用程序和用户（创建或使用这些应用程序的参与者），包括管理用户角色的系统和管理应用及其用户的访问权限的系统有可以自运行的自给自足系统；也可以连接或集成其他生态系统，可以由任何 APL 钱包所有者创建，生态系统的创造者被称作生态系统创始人。一般情况下，生态系统创始人掌控了生态系统控制的所有权限，包括创建或编辑应用程序、用户角色、权限以及修改生态系统参数等。当然，对这些权限的控制也可以转移给生态系统的其他成员，由其创始人定义接受新成员加入整个生态系统的程序。为了确保生态系统的自主性，生态系统的创始人及其成员创建了一套规则来控制系统内的操作。

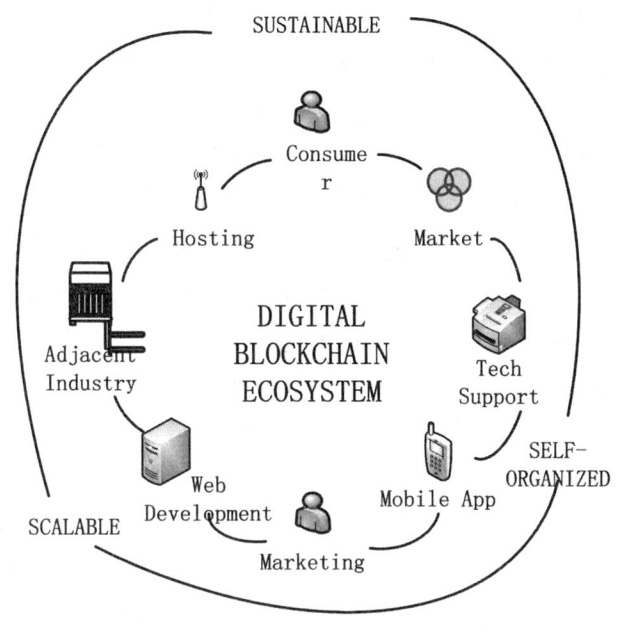

图 6-1　区块链+生态系统示意图

资料来源：发现报告官网

（1）货币。这类项目创建的目的大多是搭建适用于各种用例的货币，要么代表一种储值方式，要么是一种记账单位。适用于多种复杂场景，能够实现价值存储、交易媒介、货币单位。尽管比特币是这个类目中首个也是最重要的项目，但是很多其他项目的目标是改善比特币协议的某个方面或者根据特定用例进行定制。对于愿意不公开购买行为或者不想暴露商业交易机密的用户，隐藏交易使用匿名、不可追踪加密电子货币（特别 Monero 和 Zcash）是非常重要的。隐私性子分类可能要么属于支付或者底层协议分类，但是我决定按照匿名性和不可追踪性对用户的重要性进行细分（尤其是门罗币和零币);用户可能由于什么原因而不想公开某笔交易,或者企业不想公开交易秘密。这个分类的项目主要是开发员用来搭建去中心化应用的区块。为了让用户通过应用界面直接与协议互动(金融用例之外的用例),这里的很多已有设计还需要大规模证明。扩容和可互操作性的协议设计是活跃的研究领域,也是 Web3 开发堆栈的重要部分。

(2)开发者工具。这些项目主要用于开发者构建基于区块链技术的去中心化应用。为了允许用户通过应用界面直接与协议交互(非金融场景使用),许多设计需要被规模化验证。开发者正在积极探索涉及扩展和通用性等相关协议设计,这也将作为 Web 3 开发栈的重要组成部分。从对知识的好奇心以及投资角度来说,这是一个比较有趣的领域。为了实现我们基于区块链共享信任的使用场景,如完全去中心化自治组织(DAOs)或者 Facebook 用户管理自己的数据等,这些可扩展的基础框架需要不断发展壮大。例如,建立一个去中心化的数据市场需要一系列的开发者工具,不同的区块链开发工具有不同的优势,比如需要用到实现智能合约的 Ethereum,快速计算的 Truebit,代理重加密 NuCypher,实现安全的 ZeppelinOS,Mattereum 确保合约执行保证发布。这些协议之间能够相互通信,这种互通性能够在一个独立应用程序中实现多个协议数据和功能共享。

(3)金融科技。很多项目发行自己的原生加密货币,导致许多新的经济体出现了。在任何多种货币的经济体中,都需要一个工具用于货币间的兑换、促进贷款、接受投资等。因为这些是协议,而不是中心化数据孤岛,他们可以互相交流,这种可互操作性通过数据共享和单一应用的多个协议功能创建新用例。去中心化交易 DEX 作为开发者工具,许多项目集成了 0x protocol,在一个潜在的代币数量过多的世界中,只有使用多个代币并且使用复杂性被分离出来的应用程序,才能被广泛采用——这是去中心化交易 DEX 提供的一个好处。Preethi Kasireddy 很好地解释了这种动态。这种分类相当直接,当你与不同分协议和应用交互,很多人也许会使用自己的原生加密货币,因此会出现大量新经济。在货币种类很多的经济中,需要各种货币互相交换的工具,如支持借贷、投资用途。去中心化交易所(DEX)子分类可能属于开发者工具类目。

很多项目已经开始采用 0x 协议,笔者预测这种趋势可能短期内持续。在过量代币存在的领域,使用数个代币的应用程序的普及必须以简化为前提,这正是去中心化交易所可以提供的好处。贷款和保险子分类都从风险累加方面受益于规模经济。开放这种市场，让人们在更大的生态中或者根据个体差异进行定价，可以减少成本，因此理论上讲消费者将是赢家。

（4）主权。在过去，我们见证了桌面应用向云应用的转变，从桌面应用程序到在远程服务器上基于云存储用户信息的应用程序，这些中心化服务是黑客的首要目标。区块链强调状态，而且不可篡改，过去的交易存储在链上，所以用户可以相信构成个人历史的数据没有被篡改，而主权是另个一目前看来有趣的领域。尽管区块链还是存在扩容和性能问题，但其去信任架构在处理敏感数据上的价值可以替代性能问题，而目前数据的安全还是依赖于第三方。基于主权区块链构建和发行的主权数字货币既具备了私人数字货币的"数字化"优势，也具备了传统货币的"中心化"优势。通过加密经济，用户不信任个人或者机构，而是一个理论，即正确激励下的人类可以做出理性行为。这个分类下的项目提供的功能是新世界所需要的，用户不用被迫信任个人或者机构，而是信任加密货币和经济带来的激励机制。

（5）价值转换。这个子类目的项目可以细分为可替代和不可替代两大类。让用户进行商品和服务交换的市场是可替代的，存储、计算、网络、宽带、能源等可以商品化。销售这些产品的公司进行经济规模竞争，只可以被更大规模的经济替代。比特币协议的关键设计是可以在各方间实现信任，尽管区块链之外的他们彼此没有关系或者信任。交易以不可变的方式创建数据并且在多方之间共享，而且不可篡改。随着区块链和加密经济学应用，开发的信任时间和复杂性被独立出来，这使得很多人能够在没有传统公司层次结构的情况下协作并分享合作。

广受认可的事实是，当市场进行生产协调的成本高于单个公司，人们会开始创建公司。但是如果人们可以组成一个不需要互相信任的"公司"呢？区块链和加密货币可以让信任的形成更加简单，让大量人互相合作，共享合作的好处，没有传统公司的等级制度。现在中间商和出租人是维持秩序、维护安全和执行P2P市场规则不可或缺但很讨厌的参与者。但是在很多领域，这些加密经济体系可以替代信任，削减去除中间商和费用，让用户以更低成本进行服务和产品交换。让更多人进入网络，开放潜在供应，这个任务不再困难，于是再一次让利润接近于零。不可替代的市场没有同样的好处，可是他们还是让供应商从服务和商品的价值中获利，而不是中间商抽成之前以为的价值。

（6）共享数据。通常最吸引数据集成商的市场是直接竞争门槛很高的领域，但是这里的技术进步创造的催化剂让中间商整合知名参与者、相关元数据和消费者喜好（就像GDS）。通过区块链项目提供的资金激励，我们看到最重要的技术催化剂，可以开启大量市场，只是价值不再累积到集成商手里，而是提供数据的个人或者公司。关于"共享数据层模型"可以参考航空行业"全球分销系统"（GDS，Global Distribution Systems）。所有的航线将它们的存储数据发送到数据仓库，为了最佳协调供应商信息，包括航线和价格。这让该领域的Kayak等数据集成商通过搭建这类系统的前端，让用户互相交易，可以替代传统旅行社。这样，Kayak和其他聚合商允许用户通过线上系统交易代替了传统的旅行社代理商。

（7）真实可靠性。例如，公证通（Factom）利用比特币的区块链技术来革新商业社会和政府部门的数据管理和数据记录方式。利用区块链技术帮助各种各样应用程序的开发，包括审计系统、医疗信息记录、供应链管理、投票系统、财产契据、法律应用、金融系统等。最终，加密货币只是特定区块链的数字资产，这类项目利用数字资产替代真实世界的商品或数据。公有链的不可篡改性让网络参与者相信获得的数据没有篡改，可以长期使用和访问。因此，原来充满欺诈的传统商品市场或敏感数据，有利于利用区块链保证数据真实性。

总之，尽管这些类别的创新有很多，这些项目只是刚开始，我最关注的是用不同用例需要的功能来实现web3开发堆栈，让用户控制数据来保证主权，进行可替代的价值交换。既然除了金融投机，我们还没有看到主流的加密货币用例，所以给用户带来更多隐私性、安全性、成本效益的复杂领域以及基础设施开发是可以捕捉巨大价值的方向。最终，基于整个区块链项目生态系统，新技术将会扩展到目前所有应用范围，我们这一代人将很可能会幸运地经历人类历史上最让人吃惊的时期，地球上的所有人和所有机器通过区块链技术以前所未有的互信展开了空前的大规模协作。

4. 智能法则的总体构成整个生态系统的法律体系

智能法则系统建立了修改访问权限及其他规则。区块链行业快速增长。预计全球区块链技术市场从2016年到2022年以约51%的年复合增长率增长，到2022年将超过20亿美元的市值。

智能法则与共识算法。任何活动组织的必要元素是规则、规范和限制，通过它们，建立起执行某些行为的权利。在一个生态系统中，一套规范和限制依靠智能法则实现形式化。与智能合约不同，智能法则是在活动开始之前形成的，必要时可以通过生态系统成员的共识进行修改。达成共识的规则会在相应的智能法则中明确规定。在区块链中达成共识的方式决定了参与者如何决策、如何行动。共识总是涉及组织的决策。因此，区块链网络使用的共识协议往往可以说明其安全、去中心化和透明度。

验证节点。共识协议的参与者被称为验证节点。这些节点运行当前版本的区块链，并且有权限验证交易并添加区块到区块链上。网络中验证节点的数量越多，网络就越安全。但与此同时，网络中存在的验证节点越多，整个过程也越耗时。因此，必须采用专用参数来限制验证节点的数量。在指定时间段内，签署新区块的权利从一个验证节点转移到另一个验证节点。如果某个节点无法在指定时间段内创建并签署新区块，对新区块的签名权限会被分配给验证节点列表中的后续节点。该网络结构为在数字生态系统中运行应用程序提供最大化的性能。

共识协议。有多种共识协议可供工程师们选择。即使现有协议不适合自己的生态系统，也可以重新定制新协议。一些常见的协议有工作量证明（PoW）、权益证明（PoS）、权威证明（PoA）等。这些协议各有千秋。对 PoA 来说，要进入验证节点名单的不是考虑工作量（如 PoW 那样），也不考虑已有"权益"（如 PoS 那样）。相反，验证节点的权威管理共识协议。

二、区块链+生态系统建设规划与保障

在区块链中，设计生态系统模型的最终目的是增强自治和性能。随着行业的发展和技术的成熟，新的解决方案会冒出以解决现有问题。可以探索和实践更多场景用例，多思考生态系统模型以解决现实世界问题，如国际汇款和法律合规性。首个被中国平安提及的案例，来自其与中国香港金管局的合作。在中国香港金管局牵头下，由平安金融壹账通提供技术支持，在中国香港建成了全球首个由监管部门主导的区块链贸易融资平台"贸易联动"。在这次合作中，平安金融壹账通的区块链团队，为中国香港金管局提供了所有贸易网络的设计、开发及部署。第二个成功案例是区块链技术应用到天津口岸。中国平安应用区块链独有的全加密框架，保证在加密授权访问之下，实现海关通关的各个信息被各方交叉验证。该案例最关键的是，中国平安利用区块链技术，自动生成了通关中间的所有重要单据，降低了通关的许多成本。

从目前发展状况来看，要进一步推动完善区块链产业生态系统，必须从技术创新、人才培养、风险防控、生态协调、产业监管五个方面着手，寻找解决之道。（1）全面整合技术创新资源，主要是集聚产学研用多方资源，密切关注国际技术前沿，打造区块链基础研究平台，降低区块链技术应用落地的难度。与此同时，积极鼓励发展开源式区块链项目，高效整合基础技术资源，提高协同创新能力。（2）积极构建人才支撑体系，主要是加快构建产学研用一体化的人才培养模式，以高校、科研院所为主体，以企业需求为导向，以科技园区、实训基地为平台，加快培育区块链领域专业人才。（3）加快建立产业风险防控体系。首先，要提高对区块链安全风险防控的认识，以技术突破化解技术风险；其次，要明确区块链产业生态系统面临的主要安全问题，建立各领域的安全防控标准；最后，要加快法律制度建设，有效约束各类主体的行为，防范化解潜在风险。（4）全面统筹产业发展布局，要从国家层面做好区块链发展的顶层设计和总体规划，明确提出推动区块链发展的总体方案、路线图和时间表；建立各地区、各部门间的区块链产业发展协调机制；加强对各地区块链产业发展的引导，避免"一哄而上"的盲目发展。（5）推动建立更好适应区块链产业发展的监管体系。要加快相关政策法规的制定，为区块链产业生态系统发展提供法制化环境；推动单向监管和被动监管与区块链产业的自我监管相结合，积极应对新技术变革的潜在风险；鼓励行业机构开展认证服务，为区块链产业监管提供第三方评价，保障区块链产业规范发展。

第二节　区块链+商业模式

一、区块链+商业模式类型

基于区块链的商业模式如何获利呢？一种方法是使用令牌获利。任何帮助区块链达成共识的人都将获得有价值的代币。但是，价值取决于市场状况。例如，比特币为矿工提供了通过为网络做出贡献来获利的机会。公司或组织通过持有一些令牌来获利。最初，令牌的数量被设为预定值，并通过ICO出售给感兴趣的投资者。但是，令牌在投放市场后的价值取决于许多因素，包括市场条件、业务估值以及当前市场情况下的业务状况。

代币经济——实用代币商业模式。实用代币商业模式在该行业中很普遍。当前，有大量实用程序的区块链初创公司。企业持有一些实用程序令牌，并释放其余的用于网络功能。当令牌的价值上升时，它们就会获利。这一模式被称为"代币经济"。令牌应具有三个要素：适当的角色、功能和目的。

区块链即服务（BaaS）。区块链即服务是目前最受欢迎的商业模式之一，它是指为其他公司提供生态系统来管理其区块链系统。在这种生态系统中，公司可以进行实验、测试和研究。目前，Microsoft（Azure）、Amazon（AWS）、IBM（BlueMix）等提供 BaaS 服务。公司用户不必担心区块链如何工作，BaaS 还消除了对硬件的需求，从而使公司或组织可以专注于其开发周期。当前大多数的区块链解决方案，包括比特币和以太坊，都可以作为服务。例如 EBaas，以太坊区块链即服务（EBaaS），该服务由 Microsoft 与 ConsenSys 合作管理和提供。

开发平台。如今，公司专注于开发可形成区块链基础设施的应用程序。这些使用区块链和云服务的应用程序可以为终端用户提供快速开发的机会。Hyperledger 是为区块链开发提供工具、框架和指南的一个例子，其他示例包括 Tendermint 和 EthCore。BlockApps 提供了一个开发企业级区块链应用程序的平台。

基于区块链的软件产品。很多区块链公司购买区块链解决方案并将其集成到他们的系统中，然后将其出售给大公司，并在实施后提供支持。MediaChain 区块链出售给 Spotify 就是这种区块链商业模式的完美示例。该交易旨在解决音乐行业内的音乐使用费问题。它将为系统带来透明度，并通过已有平台来奖励音乐创作者。

网络费。另一种商业模式是收取与区块链相关的网络费用。这种模式适用于以太坊或 dApp 之类的区块链解决方案，这些解决方案向用户收取少量的操作费用。例如，以太坊网络向开发者收取费用，以使其 dApp 生效。在 NEO 平台发布 dApp 同样需要付费。以太坊用户必须以 GAS 形式支付网络费用。

区块链专业服务。区块链专业服务由领先的开发公司提供给初创公司或其他企业。例如，一家企业希望建立自己的区块链项目，他们可以聘请德勤、IBM 或其他公司来为他们完成项目。这里的关键是不要在硬件、软件或团队建设上进行投资，而应直接接受区块链开发公司的服务。区块链专业服务还有其他形式。例如，许多区块链公司提供与区块链相关的咨询、法律或审计服务。

P2P 区块链商业模式。P2P 商业模式提供点对点的业务。P2P 区块链使终端用户可以直接彼此交易。P2P 模式可以通过多种方式货币化，包括令牌、

95

BaaS 或交易费用。Filecoin 提供点对点的数据存储和共享平台，为其他用户存储文件的人都会获得 Filecoin 奖励的代币。此外，还有一个挖矿软件，可以让用户共享存储空间。

二、区块链商业模式类型分析

区块链商业模式类型如下：

（1）将区块链整合为平台服务是主流。仅华为未提出"区块链平台（Blockchain as a Service）"概念，其他均"借鉴"了这一云计算中的表达方式。（2）仅支持自有云服务。华为区块链服务为华为云旗下服务，其他机构的区块链服务也与本集团或兄弟公司的云服务有密切关系，几乎都仅支持自身体系的云服务。（3）应用场景相似，存证、供应链金融、溯源等领域受捧。（4）"上链"竞争白热化，已经进入免费时代。

第三节 区块链+支付系统

一、稳定币技术在支付场景的应用

"OCC 的这一举措，有助于促进稳定币支付成为主流，发展空间很大。"万向区块链首席经济学家邹传伟表示："美国的稳定币监管框架非常清晰，也明确了商业银行在其中扮演的角色。OCC 在解释信中，明确了商业银行可以作为运行节点参与独立节点验证的网络，即商业银行可以参与共识记账。"

此前，欧盟委员会发布的关于加密资产市场法规的提案中，稳定币相关的内容与美国的非常接近。所以从监管大框架来看，稳定币会被定义为商品、证券还是衍生品，取决于其具体的设计类型。众所周知，商品受到的监管较为宽松，稳定币想要被认定为商品，不仅需满足监管条件，还需 1∶1 足额储备金发行，且将法定储备的资产托管在受监管的美国银行，并向用户承诺可 1∶1 双向兑换，同时也不能向用户支付利息，这种不会干预当地货币秩序的稳定币具有很大的发展空间。"虽然政策并未完全排除在公有链上发行，但从'谁发行谁负责'的规定来看，金融产品的发行应该是在联盟链上而非公有链。"美国力研咨询公司创始人谷燕西表示："美国总统金融市场工作组和OCC 的声明，均表明美国不计划在近期开发自己的美元 CBDC，而是交由市场来提供基于美元的数字稳定币。这意味着在合规的前提下，像 Diem（原名 Libra）等机构以及商业银行可根据自身的情况发行稳定币，独立或形成联盟发行均可，而且技术上也没有明确规定，只要是分布式独立合适的网络即可。"

"这个政策不仅会推动稳定币的发展，还会带动美国甚至全球金融市场的发展。众所周知，美元是由中心化的清算系统支持的，稳定币则是由区块链或者说是分布式记账技术来执行，即稳定币的发行需要基于底层区块链技术的基础设施。未来的加密数字金融基础设施不仅只支持稳定币这样最基本和最简单的金融产品，而且会支持证券、不动产所有权等多种金融产品的流通，推动所有金融产品的流通、交易。"

二、账户范式与 Token 范式的兼容与互补

2018 年，中国人民银行发布的《区块链能做什么、不能做什么？》（徐忠、邹传伟）一文中，从技术层面提出了 Token 范式。"关于有账户和无账户的区别，国际清算银行（BIS）早在提出'货币之花'模型时，就提到央行数字货币可以基于有账户或者 Token 范式。其实在区块链边界里还有小边界，即我们常说的共识边界：Token、智能合约、共识算法三位一体的关系。在区块链内部和外部存在两类交互，一是将区块链外的信息读到区块链内，对应着预言机；二是区块链里的 Token 代表现实世界里的资产，这是从经济层面提炼的区块链两大核心技术特征。"邹传伟进一步指出："Token 的本质可以理解为是分布式账本或某种集中化账本中的一种数学符号，具有类似现金（点对点交易）又超越现金（可以分为更小的单位，交易天然跨境，清算智能化）的特征。Token 范式本身是匿名的，可以关联一些用户身份，无须中介机构便可实现点对点交易，共享的账本，且不可篡改。Token 范式具有开放性好、匿名保护性好、点对点等优势，与账户范式之间可以相互兼容、交融，基于联盟链运用到不同的场景。"

无账户式的支付和交易有两个特点：（1）无账户式交易进行支付，其实去除了信用层级；（2）从传统支付系统迁移到 Token 范式后，无须中介机构。之所以信任稳定币范式的支付，有以下两个原因：一是认可区块链技术，以共识机制的方式达成信任；二是认可稳定币背后发行方的信用。"OCC 允许银行可以用稳定币技术做支付，一是因为银行发行稳定币，信用体系不会崩塌；二是稳定币和稳定币技术是不同的，利用稳定币技术可实现 100% 的备付，如数字人民币 100% 备付到央行。聚焦支付领域，Token 范式虽是去信用级别的，

但信用级别仍有锚定，即 Token 发行方，所以还会带来一系列监管的挑战。比如，正面临被 SEC 起诉的 XRP，之所以会被认定为证券代币，是因为 XRP 兼具多重金融属性：一是作为跨境汇款的中介，是基于区块链系统的支付工具；第二，销售 XRP 被美国法律定义为投资合同，这属于证券概念，所以 SEC 把它定义成了证券代币。"

"账户范式与 Token 范式，并不是本质，银行资产与区块链 Token 资产真正的区别在于记账体系背后的信用来源不同。"万商天勤律师事务所张烽认为："作为金融基础设施，目前二者之间不可相互替代，但可以完美兼容、互补。当下，还是以传统金融体系的为主，如果未来更多的资产依附于区块链承载更多的金融活动，那么 Token 范式就会成为主流。银行基于区块链发行稳定币或者其他资产，表明银行已经成为区块链生态的一部分，银行发行稳定币是受控的，受到备付金、监管的约束。OCC 允许银行采用公有区块链，有助于促进跨境支付更方便、更便宜、更高效。另外，区块链资产也可以通过银行扩展流通、触及更多用户，提升公众对区块链的认知。"

Token 范式可以解决跨境支付和数字资产交易的问题，谷燕西非常赞同 Token 范式会成为主流的观点。他表示，目前基于区块链的新支付结算体系不会直接取代原有体系，是对现有系统的补充，即在 ACH、SWIFT 运行的同时，增加了一个数字货币流通的体系，未来会出现多种形式并存的局面。不过随着更多的美元稳定币以及基于其他法币的稳定币在新的网络上的流通，ACH、SWIFT 上的流通量会越来越小。

三、数字人民币（DCEP）对跨境支付的影响

"数字人民币（DCEP）出现后，第三方支付会面临较大的挑战。从技术层面讲，数字人民币更安全、成本更低、速度更快，所以市场存在倾向使用数字人民币（DCEP）进行结算的可能性。"京东科技集团研究院高级研究员张彧通表示："其实，对于跨境支付而言，只是方式不一样，数字人民币（DCEP）的本质还是人民币，背后仍是中央银行和国家信用的背书，顶层设计与商业化的区块链代币、稳定币跨境支付不同。另外，机制设计也不同，数字人民币（DCEP）采用的技术系统不同于其他地区、国家的技术系统。数字人民币的底层可能是分布式，但并不是区块链系统，而像泰国、中国香港金管局都在尝试用区块链网络直接来创建数字货币，技术上是否耦合、连接是否顺畅都将成为技术上的挑战。以中国香港金管局为例，其正在搭建'自

已的区块链跨境支付体系'，并且正在和'泰国央行合作央行层级的区块链网络，以实现央行与央行系统之间的跨境支付转移'。这两种尝试仍是在传统的跨境支付的架构下，运用区块链的方式和网络作为结算的方法。只能算作是不断改进传统跨境支付系统，而不是颠覆。"

王梦蝶认为，数字人民币（DCEP）作为支付媒介，会对国际支付产生以下影响：首先，从数字人民币（DCEP）设计原理来看，它具备较高的开放性和点对点支付的天然跨境结算优势，可有效补充现有的货币体系，提高金融效率。其次，数字人民币（DCEP）有助于人民币的国际化。目前全球货币结算体系仍是美元为主导，数字人民币（DCEP）能加快人民币国际化的进程，或实现弯道超车获得更多话语权。再次，数字人民币潜在的挑战。数字人民币（DCEP）在实现跨境结算的过程中，会与其他国家的主权货币有交互的过程。比如要完成 KYC，就需要解决境外的居民和机构下载和开设钱包的问题。最后，中国人民银行需基于与境外国家的央行合作，并尊重对方的主权货币的基础上进行交涉。

四、OCC 放宽央行数字货币的意义

现有的金融体系主要以美元为主导，这导致全球金融体系都受到美元流动性的牵制，各国已达成了改革国际货币体系的共识。尤其是 2019 年 Facebook 宣布推出 Libra 后，各国都加快了研发 CBDC 的进程。王梦蝶表示："比特币作为一种新的货币形式，实现了点对点支付，为后续数字货币研究提供了基础。2020 年，受新冠疫情影响，全球主要央行都在放水，传统货币体系的压力与日俱增。为了应对疫情，美国出台了历史上最大的经济刺激法案，却面临着精准投放和救助效率低下两大难题。在以往的救助中，出现过小企业的资金从银行流向一些大型优质企业的现象，而且美国对居民的救助资金主要通过纸质支票来完成，需要较长时间才能送到被救济人手中，数字美元可有效解决这两大难题，成为美联储直升机式撒钱的工具。所以，美国采取发挥私人部门在数字货币领域的优势，等到成熟之后再采取公私合作的方式来通过私人部门或双层运营的方式，来避免金融脱媒的潜在风险。"

"数字货币是从 USDT 开始的，然后才出现了 USDC、PAX 等，分布式方式产生私营货币，Libra 的出现带动了一波小高潮，刺激了各国 CBDC 的发展。"谷燕西也赞同 Libra 是各国 CBDC 催化剂的说法。他补充到："此前是两种发展，一种是中心化的 CBDC，另一种是分布式市场产生的。美国的政策发生了显著改变，鼓励市场发展基于区块链的数字美元稳定币，这个政策与主流方式不同，欧盟明确反对私营货币的发行。为了争取欧盟的支持，Libra 甚至改名为 Diem。而近期美国总统金融市场办公小组以及 OCC 意见都表明，美国目前鼓励市场采用分布式方式来做创新。现在谈及的主要是零售市场稳定币，未来可能也会出现 CBDC，同市场中的稳定币服务不同的领域。"

"OCC 新政针对的是稳定币，而非央行数字货币，发行机构是商业机构而非美联储，商业机构发行稳定币时，资产托管还是在商业银行而非美联储的资产负债表上。"邹传伟表示："央行数字货币有不同的选择方式，一种是央行面向公众发行的零售型，一种是只面对商业机构的批发型。"

央行直接发行的 CBDC 被称为直接型的 CBDC，即央行直接面向用户，这对人口大国的央行来说将面临巨大的技术挑战，也会对商业银行体系产生很大的影响。数字人民币（eCNY）并不属于央行数字货币，人民银行是从支付系统现代化的角度推进此项工作的。六大行在数字人民币项目中具有准发钞银行地位，它们持有数字人民币所有权。数字人民币并不是先由人民银行批发给商业银行，再由商业银行零售给用户。

这是因为商业银行直接面向用户处理零售需求，批发型事务、数据备份在中国人民银行，有助于缓解系统的压力，也减轻对商业银行的影响。另外，人们讨论的央行数字货币或者合法合规的稳定币，其实讨论的是其作为支付工具而非货币工具，因为所有机构的发行都基于足额的准备金，由用户需求驱动，而不是发行机构为了扩充自己的资产负债表而对外发行央行数字货币或者稳定币。

五、区块链+对跨境贸易融资的影响

贸易融资一般指商品交易中银行运用结构性短期融资工具，基于商品交易中的存货、预付款、应收账款等资产的融资。贸易融资注重贸易背景的真实性和贸易的连续性，通过对企业信用记录、交易对手、客户违约成本、金融工具的组合应用、银行的贷后管理和操作手续等情况的审查，确定企业在真实贸易背景下产生的还款来源。WTO 于 2019 年 10 月宣布，因全球贸易紧张局势升级等因素，将此前对全球贸易在 2019 年的 2.6% 增长预期下调至 1.2%。而今年 1 月，我国海关总署公布 2019 年我国外贸进出口总值 31.54 万亿元人民币，同比增长 3.4%。在全球经济放缓的背景下，全年进出口、出口、进口均创历史新高。贸易融资在此发挥着重要的作用，针对进出口企业

提供有效的金融服务支持将有助于我国贸易总额的稳步增长。

贸易融资相比传统流动资金贷款，具有高流动性、短期性和重复性的特点，强调操作控制，淡化财务分析和准入控制，有利于形成银行与企业之间长期、稳定的合作关系，降低中小企业的融资门槛。然而，在市场信任机制、票据真实性审核、多方数据共享和风险管控多方制约因素的作用下，中小企业的融资缺口仍然存在。跨境贸易金融面临以下难题：（1）企业难自证贸易业务。当前贸易融资业务涉及提单、原产地证、货物运输保险单、品质和重量证明等多种纸质单据，参与方覆盖多个国家的多家企业和权威机构，单一企业并不能轻易获取和提供所有相关证明，苦于无法高效地自证贸易真实性。（2）银行风险控制成本高。由于跨境贸易涉及多个国家、多个行业、较长的交易链条以及多样的结算方式，有些企业借此伪造贸易背景与交易，非法获取资金与收入。在一些诸如转口贸易的场景下，银行进行审查和风险控制的成本较高。（3）多部门之间难以高效协作。由于传统贸易融资业务涉及企业、银行、物流、海关、税务、仓储都诸多部门，不同部门之间的业务相对独立、协调难度较大；同时，不同部门均已建设了服务于各自业务的系统，而系统建设的标准不统一、数据格式和接口不统一，进一步导致不同部门之间的信息共享难度大。

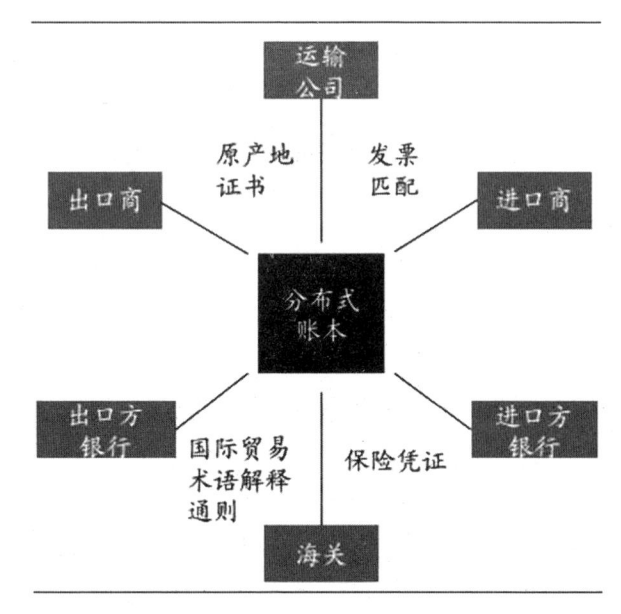

图6-2 区块链对跨境贸易融资的影响

资料来源：发现报告官网

区块链解决方案的价值主要体现在：（1）建立贸易业务的可信数据库。建立区块链分布式系统，覆盖贸易参与各方。借助区块链技术的数据不可篡改特性，结合数字签名技术的可追溯性，各相关参与节点对上链数据进行验证与增信，最终区块链上的数据都具有较高的可信度，降低了企业提交证明与银行风控的难度。（2）提升各部门协作效率。区块链的分布式系统中每个节点的地位对等，节点数据实时同步，由所有参与者共同拥有、共同管理、共同监督。多中心方式结合智能合约等技术解决多方信任协作问题，一定程度上解决了跨境贸易金融领域里多国、多行业企业主体、政府机构之间的协作难题。2019年以来，国内出现多个区块链贸易金融平台应用。例如，中国人民银行贸易金融区块链平台，由央行联合中国银行、建设银行、招商银行、平安银行及在港股上市的渣打银行等多家中外金融机构于2018年9月共同打造的，在多家银行金融机构的强力支持下，中小微企业率先受益贸金平台，融资成本明显下降。另国家外汇管理局推出跨境金融区块链服务平台，自2019年3月22日启动试点以来，截至12月15日，跨境区块链平台已扩展到17个省（自治区、直辖市），自愿自主加入的法人银行达170多家，超过全部办理外汇业务银行的三分之一，覆盖银行网点达到5600多个；平台累计完成应收账款融资放款金额折合101.69亿美元，服务企业共计1859家，中小外贸企业占比70%以上。

第四节　区块链+网络营销

与其他新兴的科技行业一样，区块链是一个高度技术化的领域，面临着金融、政治和监管等方面的重大挑战，但同时也有着极大的诱惑力和爆炸性增长潜力。尽管你可能觉得区块链营销手段有些过时，但目标客户和竞争对手却不这么认为。下面我们来聊聊2020年区块链的六大营销趋势：

一、Twitter取代其他交流平台

2019年，Twitter取代Reddit、Telegram和BitcoinTalk，成为美国区块链行业的主要交流平台。原因有以下两点：

第一，随着区块链公司的成熟和制度化，它们之间的交流变得越来越少。各大品牌都选择像Reddit、Telegram和BitcoinTalk这样的社区驱动平台，加密

战争、恶意攻击和 FUD（恐惧、不确定性、怀疑）行销变得越来越普遍。尤其是 Telegram，它的目的是提供一种使用户问题得到快速解答的方式，从而促成代币销售。但是，随着代币销售的急剧下降，以及严重的功能缺陷（如无法向用户提供验证码），作为社区增长渠道的 Telegram 正在变得过时。第二，加密行业使用推特的趋势日益流行的另一个催化剂是 Jack Dorsey。作为比特币的长期倡导者，Jack Dorsey 支持闪电研究院（Lightning Labs），并成立了 Square 的加密货币部门，该部门目前正在为比特币核心开发提供资金，而且还将 Square 的现金应用程序（Cash App）发展成为美国领先的零售网站之一。几天前，Jack 宣布，推特将资助一个由最多 5 名开源架构师、工程师和设计师组成的小型独立团队，为社交媒体开发一个开放和去中心化的标准，这让他的社区（推特）得到了充分的支持（https://www.20on.com/90220.html）。

二、Ghost 取代 Medium

2020 年，将有越来越多的区块链品牌将他们的博客从 Medium 转移在到自己的网站，并建立本地博客或使用 Ghost（更加具有"对加密友好"价值的开源发布平台）。原因如下：

当你将内容发布到 Medium 时，你就失去了对你内容的控制。Medium 现在拥有你的内容，并为自己的服务带来流量。你可以链接你的网站，但很少有人在阅读了你的文章后点击你的网站。Medium 是一个聚合器。在一天结束的时候，你仍然需要通过你的营销渠道推广你的内容来吸引眼球。你不是把读者送到你自己的网站，让他们更多地了解你的工作，而是把他们送到另一个网站，进入另一家公司的客户获取渠道。与 Ghost 或原生博客不同 Medium 不允许你为博客文章设置自定义域，从而降低了内容的自然可见度和搜索引擎优化（SEO）值。Medium 对加密货币的审查日益严格（并可能冻结账户的威胁），引起了区块链社区的一些担忧和反对。无论是出于审查原因，还是为了更好的 SEO 优化和流量转化，预计 2020 年区块链将继续退出 Medium。

三、除了品牌外，护城河几乎不复存在

区块链领域的护城河正在慢慢消失。竞争类项目相互抄袭。仅仅依靠炫酷的技术生存，或继续发展 ICO，提高运营效率是远远不够的。虽然现在有些东西可能仍然在为你带来盈利，但它不会永远持续下去。对于 2020 年区块链组织而言，品牌是强大的护城河。如果你的品牌在用户、客户以及潜在市场

的心目中没有占据明确的位置，那么其他人会比你更好地表达自己的价值，并占据你想要的位置。你是不是第一个上线产品的人可能并不重要，重要的是你需要首先在目标市场中占据特定位置。以下是成功完成此任务的区块链项目的一些案例：

比特币→数字黄金

以太坊→可编程区块链

Coinbase→简单的加密货币交易

MakerDAO→为去中心化金融提供动力

Tether→稳定币

Cosmos & Polkadot→区块链互操作性

区块链项目的增长指标将更加完善

99%的区块链组织像传统企业一样运作。这些公司需要支付薪水的员工，因此需要有使用他们的协议，能够为这些公司带来收益的客户。正如日活跃用户（DAU）是 Facebook 的关键增长指标，或订房数是 AirBnb 的关键增长指标一样，区块链项目也将在 2020 年更精细化它的增长指标，不再只看价格和市值。但是，与传统的数字平台不同，区块链中的代币持有者使用协议的方式并不相同。有些矿工以被动收入模式的形式在运行区块链节点，有些矿工事基于基础层协议构建基础设施或应用程序，也有一些是投机者，还有一些是利用区块链实现其预期功能的普通用户。识别每个细分用户、了解他们的需求和行为、维系这些用户，对于从实体过渡到健康的商业模式而言是必要的。借助 Flipside Crypto 等区块链商业智能服务提供商，区块链组织可以标记用户（持有者、交易者、投机者），运营者（节点、矿工、验证者）和企业（dapps、交易所），并跟踪特定于每个细分用户的增长指标。了解这些指标将有助于指导 2020 年的业务和营销决策。

四、客户获取渠道仍然行之有效

尽管区块链领域的许多营销渠道、策略和工具都是独特的，但核心数字营销原则是相同的。2020 年亦是如此。从访问者到付费客户，每家企业都有一套独特的渠道来获取用户。通过将分析工具收集的数据映射到用户使用过程，可以看出用户流失的瓶颈，并采取措施来提高渠道各个阶段的转化率。

第五节　区块链+物流体系

一、区块链+物流概述

基于区块链、分布式数字身份、可信计算、隐私保护和金融级风控等技术，解决物流运输及资金真实性证明问题，实现数据交叉核验。帮助运输产业上下游参与者更好地获得金融、监管机构和客户的信任。适用于公路货运、航运、多式联运等多重物流及供应链服务场景。（1）多维度数据可信。身份数据经过企业认证、个人认证；运输和资金数据经过交叉验证；联网设备数据从源头保证可信。（2）多种方式快速接入。能服务于集团型企业、互联网客户及一般客户多种类型客户，通过API和网页控制台均可快速接入。（3）多元链上产品及服务。向物流运输业提供多种产品，提供面向托运人、物流平台、承运人不同参与方的多种链上服务。（4）多样化轻松部署。支持联盟链节点、私有化部署方式，跨链架构扩展，合作伙伴可灵活投入硬件与计算资源。

二、区块链+物流管理

区块链+物流管理，具有明显的优势，主要表现在以下几个方面：（1）引领产业实践。在网络货运、TMS、城配、内河、海运、多式联运多个物流场景中实践，已签约50多家网络货运平台。（2）领先核验技术。通过多种方式对上链数据进行交叉比对，在加密环境秒级快速计算，保证数据安全、真实和可信。（3）授权数据服务。经过数据所有者授权，相关利益方可实时获取数据，从而帮助物流产业的上下游企业和个人参与者获取对应服务。（4）提高协作效率。基于区块链共享网络，从物流行业信息不对称、物流企业经营不可信到数字化业务运营过程，商业合作效率大为改善。

三、区块链+物流模式

"区块链+物流"新模式，这是一个物流生态新方向。近年来，世界各国政府、国际和地区组织对区块链技术给予高度重视度，并建立起以区块链技术性能为支撑的区块链+模式，使得各种行业应用以及场景应用进入迅速发展时期，特别是区块链技术正逐步与溯源防伪和物流供应链等现代物流业务相融合，形成新的业态。

对于区块链+物流模式，很多电商物流平台早有尝试。例如，为了打消费者在全球购方面的假货疑虑，2018年3月10日，京东打通全链路跨境物流系统和区块链防伪平台，结合跨境物流生态系统与区块链技术，搭建了一个跨境商品精准追溯生态体系，实现了跨境物流供应链环节的全程可视，有效提升了跨境物流服务水平。如果想解决当前区块链技术对物流主体隐私保护不足的问题，可以从技术上进行综合创新，在区块链技术中融入多种加密技术，从而提升区块链对物流主体的隐私保护能力。具体来说，可以采用同态加密、环签名、混币和零知识证明等技术，与区块链技术相融合，对算法进行处理，从而加大区块链技术应用的隐私保护性能。同时，使用数据交叉核验，保障运输过程物流、资金流真实性；匹配价值服务，服务供给来源丰富，服务消费便捷；跨链数据共享，物流产业数据协同，改善生产关系。

此外，现代物流区块链技术应用联盟应充分发挥联盟内企业的雄厚资金，姚尚坤预测，目前已有不少资本等待进入，共同优化区块链技术性能，如信息加解密、交易验证与共识机制等，提高交易频次，推进其在现代物流中的应用。保护用户隐私和信息安全是每一个企业必须做到的事情，因为客户和用户信任企业，企业才能走得更远。汇森速运一直坚持以客为本，效率为根的使命，在服务客户这条道路上坚守高时效、高品质、高安全性的服务。

第六节　区块链+供应链金融

区块链技术正在经历多元化领域应用的探索。当前，很多人把区块链比作信用机器，但以供应链金融的例子来看，区块链的作用并不只是在创造信用。目前，区块链技术在供应链金融方面的应用较为火热。在技术层面，建立成体系的物联网是区块链技术与供应链结合的前提，对于涉及多方主体协作、对数据共享、数据可溯性、数据真实性、信息传输效率有较高要求的场景，最为适宜区块链技术的落地。

供应链金融本身是金融属性，具有较强的数字化特征，相对于传统供应链业务更容易上链。珈木科技作为区块链技术驱动者，相信不远的未来区块链技术将重塑供应链金融。供应链金融与区块链技术天然契合，结合区块链技术，将可以把核心企业的良好信用穿透到产业链的上下多层，能将核心企业信用沿着供应链上下游传导到末端，实现债权持有期间流转、贴现和到期兑付，极大地提升了小微企业融资效率，降低了融资成本。

数字化是供应链金融的核心。珈木科技认为，供应链转型不只是技术升级，供应链的数字化是解决问题的关键。区块链的分布式账本技术决定了信息的不可篡改性，从而保证了区块链上的上下游企业之间的交易及票据信息都汇聚在链上，而且如果将企业的历史交易信息进行收集和大数据分析，并利用一定的数据建模，就能快速准确地获取企业的信用评级以及企业的历史融资情况。一方面，可以解决在供应链行业一直存在的中小企业融资难的问题；另一方面，也能轻松引入银行、理财机构等相关投资加盟，达到核心企业、供货企业、投资企业的多方共赢，进而推动供应链行业的良性发展。同时，利用区块链分布式记账和中合约的技术优势，款项的支付和收取成了不可篡改的永久性账本，而且自动执行计算，大大提高了整条供应链的运行效率，应收账款上链，并转化为可以拆分、流转的数字债权凭证，从而解决了核心企业对于各企业的应收账款等数据的统计和维护上的成本耗费大等问题。各级供应商可选择持有至到期、转让给金融机构获得融资、继续拆分流转给下一级供应商。并且，企业在供应链上的历史交易信息都由区块链技术保证其可信性，由此可帮助金融机构快速对企业进行信用评估，降低企业融资难度、充分体现企业价值。"区块链+供应链金融"模式的主旨是构建生态，在区块链模式下，让生态越来越好。作为区块链技术驱动者，珈木科技相信在可预见的未来几年，区块链必将在供应链金融领域发挥更多的价值。

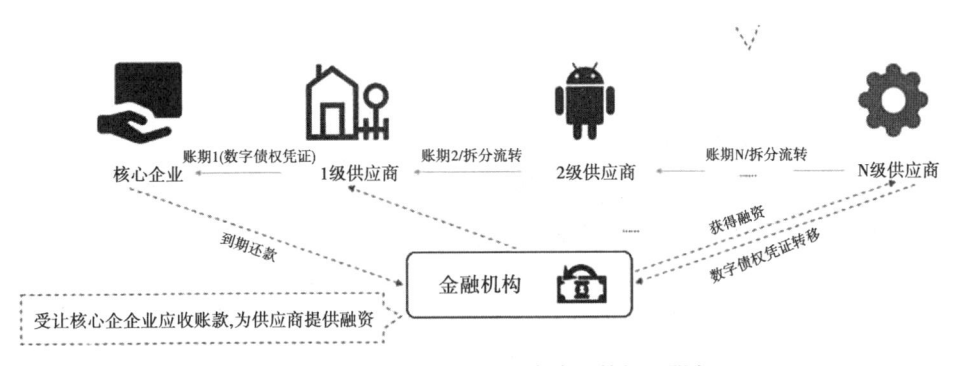

图 6-3 基于区块链技术的应收账款保理服务

资料来源：赤道链

综上，随着透明、可追溯、不可篡改等更多特性的显现，一方面，区块链将帮助供应链打破应收账款融资一头独大的局面，提升库存融资、订单融资和战略关系融资业务的比例；另一方面，区块链将成为更多非银行玩家加入供应链金融的跳板，帮助他们发挥库存评估与分销、风险把控等方面的能力优势，加深与银行间合作，实现三方共赢。

第七节 区块链+环境下的监管制度

一、通关类型与通关流程

德国自动化制造商 ASA automation 计划通过 Energy Web Zero 区块链应用来实现其国际供应链的脱碳。该项目将利用 EW Zero 帮助 ASA 为其在德国和智利的生产设施提供可再生能源。ASA 是全球领先的自动化和机器人技术制造商，为沃尔玛和大众等大型跨国公司提供产品。这种公司实施强大的可持续性政策，他们越来越需要供应商在整个供应链中使用低碳能源。EW Zero 将助力 ASA 提供经过验证的证据，以证明其设施在生产过程中使用了低碳能源。

ASA 自动化公司首席执行官马里奥（Mario）表示："我们很荣幸成为能源网的一员，并成为这一创新项目的先行者，这让我们向可再生能源采购迈出了第一步。"马里奥还表示："我们很高兴成为自动化领域区块链创新的领先者。"ASA 是第一家在公开发布后使用 EW Zero 的公司。开源应用程序是 ASA 与数字支付提供商 Ripple 开发的一款程序，目的是让 XRP Ledger 区块链脱碳，目前该程序正在实现商业化。

二、海关监管

近来，《基于区块链的电子商务价值行为认定规范》（以下简称《认定规范》）和《基于区块链的电子商务价值行为数据存证规范》（以下简称《存证规范》）两项地方标准已经正式获准并实施。《认定规范》包括范围、规范性引用文件、术语和定义、价值行为分类、认定流程、认定方式六大类二十四小类。《认定规范》从术语层面划定了基于区块链的电子商务价值行为，并对价值行为的分类、认定流程和认定方式做了详细说明。《认定规范》进一步细化了价值行为数据的认定流程、认定方式进行了规范和完善，同时对其中涉及的相关术语进行了进一步的扩展解释。

《存证规范》包括范围、规范性引用文件、属于和定义、技术要求和业务流程五大类二十六小类。《存证规范》针对认定价值行为所涉及的范围进行了划分，并对其中所涉及的术语和定义做了进一步的解释。同时，《存证规范》针对在价值行为发生时所涉及的技术需求进行了说明，并在价值行为使用时所涉及的数据存证的认定和使用等方面进行了详细规定。所谓"价值行为"，即活动参与者发生的对活动主体有收益的，且能够有效量化为数据的主动和被动行为。对于电子商务行业而言，电子商务参与者发生的可以帮助相关经营主体业务增长、能力增强，且能够有效量化为数据的主动和被动行为，就是"电子商务价值行为"，如登录程序、支付订单、页面浏览等。价值互联网时代，无数用户每天的行为产生着无数的价值，而这些价值却并没有把握在自己手中，无法为自己所用。

区块链成为了解决数据价值的关键。得益于区块链不可篡改、可追溯的特点，企业、商户通过上线上链，打造去中心化平台，保障价值行为参与者的数据资产，同时帮助企业、商家甚至个体打破数据孤岛，让数据价值回归个体，真正做到价值数据为"我"所用。业内人士认为，作为重庆第一部和第二部评审通过并顺利发布的地方区块链标准，《认定规范》和《通用规范》的发布与实施不仅推动了地区区块链产业发展速度，为行业发展营造了公平、规范、有序的环境，也从技术水平、行为认定等多个方面为价值行为数据带来了行之有效的指导。

重庆是中国区块链产业发展较早的地区之一，于2017年在渝中区设立重庆区块链产业创新基地，现已升级为重庆市区块链数字经济产业园。渝中区委区政府高度重视区块链技术创新和产业布局，积极推动区块链产业发展、建立秩序、公平的区块链产业发展环境。当前，区块链产业发展依旧处于初期阶段，此次即将实施的《认定规范》和《通用规范》，也将加速区块链产业发展与应用，进一步推动新兴产业发展。

三、金融监管

区块链及数字货币监管是一直以来的热门话题。最近，中国社会科学院金融研究所法与金融研究室副主任，兼任中国社会科学院金融法律与金融监管研究基地秘书长尹振涛对巴比特资讯分享了他对区块链监管的看法。数字货币和区块链自诞生以来面临的就是全球市场。尹振涛提到，区块链和数字货币面临的是互联网、金融网、资本网三网全球流动的市场，对于监管来说是极大的挑战。因此，监管层能做的只能是在监管权限内做到有效监管。

但尹振涛认为，对于数字货币交易的专项整治过后，可能会有某种形式的虚拟货币交易场所出现，但不一定是交易所，因为目前数字货币交易所的存在依然跟国家的监管不匹配。尹振涛随后谈到了我国的金融监管思路，"从金融监管的角度来讲，我们能够忍受风险，因为金融就是风险管理。如果不要风险的话，金融就没有逻辑了，因此要允许风险，但是不能允许系统性的风险"。什么是系统性风险？尹振涛介绍，"一个是规模很大，这点数字货币的规模来看是不具备的。另一点是涉及所有的老百姓。尽管目前数字货币还没有涉及所有老百姓，但已经有向大家广泛传播的风险。那这就是一个系统重要性的市场"。

监管的理念是什么？不是不允许融资，而是不要让老百姓承受大的风险，所以要进行金融消费者保护。"因此准入门槛要定清楚，宣传的方式方法要注意。我们对私募产品的管理就是很好的例子，比如有 50 万 100 万的准入门槛，有针对流程和宣传广告的管理。"尹振涛认为，从风险管理的角度，越大的机构从事区块链行业，对行业的作用是优胜劣汰。"我指的是 BAT 这样的大企业。当然如果风险投资机构关注这个行业，我想他们的方向和目标并不是行业而是退出。把这些项目放到他们的产业链条和业务体系中，实现一步步地融资和退出。""当然，大量的资本的注入对行业的快速发展也必然有好处。"但尹振涛提醒，"所有区块链的投资，不仅限于 ICO，目前阶段都还处在风险期"。

"货币有三种价值：交换价值，现在有一些人也用比特币来交换东西；定价职能，财富用比特币来定价；储备的价值，就像黄金。现在大家觉得好像比特币这三种职能都有，就认为它在挑战货币。很多人认为这三种职能，需要央行发行，有央行信用，其实这都是表面的，就像美国的央行都是私人机构，并不是说什么机构发行才是货币。从经济学的角度来讲，稳定的才能称为货币。比如津巴布韦的法币，它的货币币值太不稳定了，比特币可能也是如此，很少有人用它来买东西，因为币值调整得太快了；定价职能也不具备，忽涨忽跌；储藏的职能来讲，很多人现在是在储藏它，但是它今后价值是多少大家都不知道，它不是个硬通货。"

第八节 区块链+安全体系

一、安全问题

区块链技术融合了分布式架构、P2P 网络协议、加密算法、数据验证、共识算法、身份认证、智能合约等技术，利用基于时间顺序的区块形成链进行数据存储，利用共识机制实现各节点之间数据的一致性，利用密码学体制保证数据的存储和传输安全，利用自动化的脚本建立智能合约而实现交易的自动判断和处理，解决了中心化模式存在的安全性低、可靠性差、成本高等问题。值得注意的是，除了上述优点以外，区块链技术本身还具有优越的安全特性。

区块链解决了在不可靠的网络上可靠地传输信息的难题，由于不依赖于中心节点的认证和管理，因此防止了中心节点被攻击造成的数据泄露和认证失败的风险。区块链基于其数学算法和数据结构，相比传统网络安全防护具有三大特点。

1. 共识机制代替中心认证机制

传统网络的用户认证采用中央认证中心（CA）方式，整个系统的安全性完全依赖于集中部署的 CA 认证中心和相应的内部管理人员身上。如果 CA 被攻击，则所有用户的数据可能被窃取或者修改。而在区块链节点共识机制下，无须第三方信任平台，写入的数据需要网络大部分节点的认可才可以被记录。因此，攻击者需要至少控制全网络 51% 的节点才能够伪造或者篡改数据，这将大大增加攻击的成本和难度。

2. 数据篡改"一发动全身"

区块链采用了带有时间戳的链式区块结构存储数据，为数据的记录增加了时间维度，具有可验证性和可追溯性。当改变其中一个区块中的任何一个信息，都会导致从该区块往后所有区块数据的内容修改，从而极大增加数据篡改的难度。

3. 抵抗分布式拒绝服务（DDoS）

区块链的节点分散，每个节点都具备完整的区块链信息，而且可以对其他节点的数据有效性进行验证。因此，针对区块链的 DDoS 攻击将会更难展开。即便攻击者攻破某个节点，剩余节点也可以正常维持整个区块链系统。虽然区块链凭借其天然的技术特点而具有用户认证、数据保护、防 DDoS 攻击等安全优势，但在实际应用时仍然存在诸多安全风险。

区块链在保证安全方面具有明显的优势：第一，能够管理和保护用户认证数据。美国麻省理工学院推出的虚拟货币 CertCoin 最先采用了基于区块链的公钥基础设施，摒弃传统中心认证方式，采用公共密钥实现分布式节点之间的互相认证，从而防止网络单点故障。乌克兰公司 Ukroboronprom 与网络安全公司 REMME 合作，通过在区块链上管理用户认证相关数据，几乎完全阻断了黑客使用虚假认证消息获取用户身份的可能。第二，能够提高网络数据安全性。全球最大规模的区块链公司 Guardtime 通过分布节点之间协商来提供区块链上数据的机密性和完整性，实现了爱沙尼亚 100 万份用户医疗数据的安全性保证。美国国防部高级研究计划局 DARPA 也开始采用该方式为军方敏感性数据提供安全保护。第三，能够有效阻止 DDoS 攻击。区块链初创公司 Nebulis 基于区块链的分布式互联网域名系统，只允许授权用户来管理域名，其他公司诸如 Blockstack 和 MaidSafe 也开始使用分布式 Web 技术，替代原有第三方管理 Web 服务器和数据库的模式，从而阻止网络 DDoS 攻击。第四，增强了物联网安全。通过智能合约模式，一方面，区块链可以利用 P2P 网络中的网络设备节点对待接入设备进行鉴权；另一方面，区块链可以有效抵挡物联网 DDoS 攻击。在 2016 年爆发的 Mirai 僵尸网络 DDoS 攻击事件中，大规模的物联网设备被入侵，致使大半美国网络瘫痪。在区块链系统中，当某个节点被入侵时，其他设备会检测到该设备异常，并且将其列为异常和不信任节点，从而将其排除。

从安全技术分析的角度，区块链面临着算法安全性、协议安全性、使用安全性、实现安全性和系统安全性的挑战。第一，在算法方面，目前区块链的算法是相对安全的。但是，随着数学、密码学和计算技术的发展，据估计，以目前"天河二号"的算力来说，产生比特币 SHA256 哈希算法的一个哈希碰撞大约需要 248 年。而随着量子计算机等新计算技术的发展，未来非对称加密算法具有一定的破解可能性，这也是区块链技术面临的潜在安全威胁。第二，在协议方面，基于 PoW 共识过程的区块链主要面临的是 51% 攻击问题，即节点通过掌握全网超过 51% 的算力就有能力成功篡改和伪造区块链数据。最开始创建比特币系统时，51% 算力是考虑到电子货币中攻击者用更大代价的货币来换取较小价值的比特币是不划算的。但区块链应用前景广阔，不排除攻击者为了某种目的而不惜成本地攻击，且理论上技术手段可实现。第三，在使用安全性方面，主要是私钥的安全性，区块链技术一大特点就是不可逆、不可伪造，但前提是私钥是安全的。私钥是用户生成并保管的，没有第三方参与。私钥一旦丢失，便无法对账户的资产做任何操作。第四，在实现方面，由于区块链大量应用了各种密码学技术，属于算法高度密集工程，在实现上比较容易出现问题。历史上有过此类先例，比如 NSA 对 RSA 算法实现埋入缺陷，使其能够轻松破解别人的加密信息。一旦爆发这种级别的漏洞，可以说区块链整个大厦的基础将轰然倒塌，不会有一个幸存者。

系统安全性即为黑客通过利用上述安全漏洞，达成攻击目标的威胁。目前，黑客攻击已经对区块链系统安全性造成很大影响。面对区块链系统的各种安全性挑战，应考虑综合运用密码学、拟态防御等网络安全技术，从算法、协议、使用、实现和系统等方面提高区块链的安全性，应对现存的安全性挑战。比如，尽早设计适合区块链系统的抗量子攻击算法、拒绝算力超过 40%（或更低）的节点加入整个网络、使用可有效防御黑客网络攻击的拟态防御技术到区块链系统，来应对区块链系统所面临的系统安全性挑战等。

二、安全技术概述

1. 金融新战场—数字货币交易所

从功能上其实并不复杂，功能与功能之间的业务关联性也是显而易见：放在兜里的记账本—移动数字货币钱包。钱包从早期的 PC 端全节点钱包（体积大又不能携带）到现在到小而轻的移动钱包（APP），将个人数字资产的管理做到更快捷和方便。移动钱包可以用于资产的查看、转账、地址管理等不需要全节点参与的功能。私钥生成与存储的安全助记词生成与存储的安全 Keystore 生成与存储的安全和钱包口令生成与存储的安全。针对四个方面，可以总结出多个渗透维度：第一，密钥保存维度，即私钥是否明文存储本地，Keystore 是否明文存储本地、助记词是否明文存储本地。第二，钱包备份维度，即私钥导出过程安全（检查私钥导出过程是否阻止屏幕劫持，是否保存在日志当中或临时文件当中）。第三，Keystore 导出过程安全维度，即检查 Keystore 导出过程是否阻止屏幕劫持，是否保存在日志当中或临时文件当中。第四，转账过程维度，即转账数据的机密性和完整性。

2. 区块链应用新宠-DAPP

DAPP——分布式应用：基于不同的底层区块链开发平台和共识机制。现在绝大多数都是在以太坊（Ethereum），比如各种加密游戏、分布式宠物、百度的莱茨狗、网易的网易星球、360 的区块猫、小米的区块链游戏加密兔等。这个 DAPP 与传统的 Web 或者页游最大的区别就是其去中心化的结构，除了浏览器和服务器外，所有的交换操作都写入了以太坊中的多个智能合约当中，对操作过程和结果进行安全的记录。对这类 DAPP 进行渗透的时候需要考虑到整个 DAPP 的身份认证机制是基于密码学中的公钥认证机制（私钥签名，公钥验签），那么后端服务器是否能够正确的安全的验证签名后的信息就是很关键的点，比如图 6-4 中的请求（这是一个 DAPP 和以太坊地址绑定的过程），sign 是对以太坊地址的签名，服务器处理请求时如果未对请求中的 sign 进行安全校验，那么 MITM 手段可以伪造以太坊地址进行恶意绑定，同时如果未对溢出进行防御，比如 AAAA * 10000…也会发生拒绝服务的问题。

```
Raw  Params  Headers  Hex
POST /sign HTTP/1.1
Host: 
Connection: close
Content-Length: 198
Accept: application/json, text/plain, */*
Origin: 
User-Agent: Mozilla/5.0 (Macintosh; Intel Mac OS X 10_13_4) AppleWebKit/537.36 (KHTML, like
Gecko) Chrome/66.0.3359.139 Safari/537.36
Content-Type: application/json;charset=UTF-8
Referer: 
Accept-Encoding: gzip, deflate
Accept-Language: 

{"sign":"0x26bd3439c455964b9292629e0899cbf4b5938b56b967324f5ea57f81e8e0aee47f9a3bc46048a38259e
15731049a4c9fc76815768e34a9aa3217c98cc8ea20021b","address":"0x06337fbb670f4dfbbfcbf9fb7144ma3f
221dc615"}
```

图 6-4　一个 DAPP 和以太坊地址绑定的过程

资料来源：区块链网站

3. 以太坊 modifiers（修改器）特性导致的特权函数的恶意调用

在以太坊应用中 modifiers 会被用作定义某些只能被特定地址（特权地址）调用的函数。在调用函数之前需要对请求的私钥进行验签，此处就会存在一个风险，服务器如果能保证这些私钥不丢失，一旦特定地址的私钥丢失，那么特权函数就会被恶意调用造成无法估计的后果。

4. 区块链中坚力量——智能合约

智能合约（Smart Contract）：以信息化方式传播、验证或执行合同的计算机协议。在没有第三方的情况下进行可信交易，这些交易可追踪且不可逆转。

三、安全机制

一些智能合约审计过程常关注的问题，如重入问题——关键函数被恶意多次调用等。当使用 call.value()() 处理转币时，会将剩余的 Gas 全部给予外部调用（fallback 函数）智能合约的 fallback 函数内递归 withdrawBalance（）便可以转走更多的币。攻击者可以部署一个包含恶意递归调用的合约将公共钱包合约的 Ether 全部提出。访问控制—初始化函数可被任何人调用。

风险：合约 A 以 call 方式调用外部合约 B 的 func（）函数，在外部合约 B 上下文执行完 func（）后继续返回 A 合约上下文继续执行；A 以 delegatecall 方式调用时，相当于将外部合约 B 的 func（）代码复制过来（其函数中涉及的变量或函数都需要存在）在 A 上下文空间中执行。当合约币中存在恶意代码，直接对合约 A 的运行逻辑造成危害。

修复：每一个外部调用都会有潜在的安全威胁，尽可能地从你的智能合约内移除外部调用。如果你没法完全移除外部调用，另一个简单的方法来阻止这个攻击是确保你在完成你所有内部工作之前不要进行外部调。不安全的函数返回值—函数返回值未进行检查和判断。

风险：使用 send（）函数进行转账时，因为没有验证 send（）返回值，如果 msg.sender 为调用失败，则 send（）返回 false。未验证 false 并进行回滚，最终导致账户余额减少了，钱却没有拿到。跨函数竞争—在余额清零前调用转币。使用 withrawBalance 函数时调用 transfer（），此时，withdrawBalance 没有执行到 userBalances［msg.sender］=0；（余额清零）那么余额就没有被清零，能够继续调 transfer（）重复转走代币。攻击者利用该漏洞进行恶意提币和转账。

四、认证技术

当区块链，即所谓的去中心化分布式账本技术，获得了金融行业极大兴趣时，在非金融公司也掀起了一阵潮流。由于 IBM、微软等公司的推动，区块链布局并扎根在各个行业，从全球航运业，到医疗用品销售都有区块链的应用。沃尔玛和 IBM 之间的合作算得上是区块链最大的实际应用，这个项目使用区块链跟踪零售商品供应链上的几十亿种产品。可想而知，这绝对是个很大的轰动。要知道这个项目包含了世界上两大巨头公司，同时也是对区块链发展潜力的认可。IBM 设想了一个区块链体系，在其中每个寄货人都可以获得邮寄信息并追踪邮件。在这个区块链系统中，用户可以自由地进入到货物跟踪系统，也可以监控实时数据，而且也不用担心被第三方盗窃信息。这个方案在物品运输和销售网络是很有前景的，但是当区块链有这么多的潜在应用等着去开发的时候，却缺少了能够识别诈骗行为的关键因素，即用户认证系统。

认证过程是经常通过使用多重身份认证系统来完成的，被验证的人需要提供两个或者更多的信息（如密码数字）、他们在使用的东西（如电脑和智能电话）、他们身体部位（如指纹等）来完成认证。把两种或者更多的认证属性结合起来，就可以得出多元化的认证方案。这就使得在没有经过认证的情况下，进入系统的风险大大降低。如果区块链没有这种保护措施，那么区块链上的数据就会很不安全。如此一来，区块链就会成为欺诈者的目标，他们通过假扮其他人入侵其区块链系统，盗取他们的资金。

在多重身份验证中，经常容易被忽略的因素是用来进入区块链系统的设备，如手机、笔记本电脑、平板电脑等。对这些设备进行验证，可以增强重要数据的安全性，同时也可以增加这种应用的使用性。

第九节 区块链+场景下的法律问题

一、相关法律问题的提出

1. SEC 是否会定义"充分去中心化"？

SEC（美国证券交易委员会）通过会议、采访和个人声明，传达了 2018 年最重要的一些监管指引。美国证交会代表在每份声明中都表示，他们的观点并不一定反映美国证交会的观点。回顾一下，从"我看到的每次 ICO（首次代币发行）都是一种证券"到"如果代币或硬币的运行的网络是充分去中心化的……资产可能无法代表投资合约"以及"当前以太币的发行和销售并非证券交易"，证交会并未官方确认任何声明，且表明员工观点并不具约束力也无法创建可执行的法律权利。尽管美国证交会并不制定法律，但它可能会针对这些领域发布的官方指导意见，为区块链网络实现"充分去中心化"高效设定目标。即使某些层级的去中心化会让代币销售超出美国证交会的监管范围，但证交会委员 William Hinman 关于以太坊网络是充分去中心化的说法是正确的吗？代币的发行和销售在什么阶段会从证券转为非证券呢？（https://blog.csdn.net/weixin_44672123/article/details/103724812）

2. 加密 ETF 会获批吗？

最后一个幸存的基于数字货币的 ETF（交易型开放式指数基金）应用程

序 VanEck/SolidX Bitcoin ETF 可能会在 2019 年 2 月 27 日得到结果。一些关键问题如下：

（1）"关键市场（Significant Markets）"一词的范围。引用 VanEck SolidX Bitcoin Trust（信托公司）的表述："作为发行人，我们担心美国证交会的员工在他们使用'关键（Significant）'一词时创建了一个不断变化的目标。员工们从未提供关于'关键'是何含义的指导，这让他们可以无限转移目标。"

（2）关于 1934 年《证券交易法》第 6 节（b）（5）要求"交易所"的规章设计需防止欺诈和操纵行为的正确解释。"交易所"是否指的是可以交易 ETF 的国家证券交易所，又或是比特币现货市场？

（3）底层比特币（或数字货币）现货市场是否确实能够抵御欺诈和操控（以及美国司法部对泰达币的调查会如何影响这次分析）？

3. 区块链系统能够合规隐私监管吗？

法国数据保护局（DPA）、欧盟议会及欧盟区块链观察站与论坛的成员很少有公开承认区块链与 GDPR（通用数据保护条例）之间紧张关系的政府人员，特别是关于后者中擦除、改正的权利以及数据最小化原则的规则。一些公司只是简单地阻止欧洲居民访问其网站或服务，但在 2020 年加利福尼亚州自己的隐私法案（《加利福尼亚州消费者隐私法》）生效以及最近美国联邦隐私法的推动下，这种解决方案可能不再可行。目前存在大量合规的 GDPR 解决方案提议，例如零知识证明和销毁私有密钥，但尚不清楚它们是否构成擦除或匿名化的方法。法国 DPA 在提出销毁私有密钥等解决方案建树最多，这些解决方案将使数据主体更能够有效地行使其擦除权。欧盟数据保护委员会会按照公民权利、司法及民政事务委员会提议的那样，发行"确保区块链技术与欧盟法律合规"的指导和建议吗？

4. 国际监管者会合作吗？

随着区块链项目在地理上变得更加去中心化、抵制匿名或审查，国内监管者必须通过促进全球协作，或者协调其证券、大宗商品、货币转移和税法，来应对违法行为。2018 年，IOSCO（国际证监会组织）、CPMI、G20 和 FSB（金融稳定委员会）、OECD（经合组织）以及由欧盟委员会发起的欧盟区块链合作组织开始从这方面入手。不过由于世界各地监管机构和政府的方式和态度不同，我们可能需要很久才能看到实际进展。如何才能协调来自不同国家的这些国际组织的广泛监管需求？加密投资者和区块链公司是否真的"成群结队地涌向区块链岛屿马耳他"呢,如果是这样的话,这些新的加密友好框架如何与美国证券法框架及历史久远的判例法这类更成熟但限制性更强的框架较量呢?

5. 隐私币会(能够)被禁止吗?

尽管现金和法定货币的交易可以通过银行、金融机构和海关代理人进行控制和监控,但由于零知识证明和环签名等加密技术,zcash 和 monero 等隐私币交易可能更难追踪。监管可能以明令禁止或施加监管压力的形式出现(例如日本金融证券机构今年早些时候推动加密交易所停牌 zcash、monero 和其他代币的报道)。然而,隐私币仍可在外国加密交易所、P2P、场外交易市场、去中心化交易平台或 localmonero 等网站上交易,这些网站可能逃过监管机构的观察。或许如今监管隐私币最实际的方式是允许它们在受监管的加密交易所交易,这可能会鼓励在监管机构监督下的交易,并创建一个初步的可查找踪迹。由此可以发现初始交易的踪迹,如果在场外进行交易的话就不存在了。世界各地的监管机构是否会效仿美国的做法,批准在受监管的交易所上市隐私币,或者效仿日本的做法,鼓励将隐私币停牌?

6. 我们能监管去中心化交易所吗?

在 2018 年之前,很多人相信去中心化交易所(DEXs)势不可挡,很少有去中心化交易所应用了解你的客户(KYC)流程。如果做到了这一点,社区就不会认为它是一家"真正的"去中心化交易所——充其量是一家由中央控制访问的非托管交易所。2018 年,美国证交所公布了对线上平台数字化资产交易的指导,ShapeShift 不情愿地以强制会员的形式引入了 KYC,美国证交所还对 EtherDelta 的创始人处以罚款,原因是他导致软件违反了在证券交易所注册的法律。

(1)开发者是否要为违法行为负责?在公司法中,"公司面纱"允许公司被视为单独的法律实体,使公司所有者在大多数情况下可免于承担公司违法行为的个人责任。与之类似的,"技术面纱"帮助代码开发者逃避来自州和联邦监管的责任,以及错误(Bugs)或第三方恶意使用其代码导致的民事诉讼。这种"技术面纱"是在法院意愿支持下对开源软件执照的广泛免责声明,由条理化的证据支持用户(非开发者)最终追溯并对违法犯罪行为负责。

(2)加密货币服务和区块链技术。2009 年,第一个去中心化的数字货币比特币问世。目前市场上有 2074 种不同的加密货币。由于加密货币的分散化结构,它在 9 年内实现了大规模增长。对加密货币的研究从一开始就试图确定可以对加密货币实施哪些规则。第一步是选择规则,加密货币服务提供者必须遵守这些规则。西方国家监管方面的共同点是 KYC(了解客户)和 AML(反洗钱)法案。由于加密货币的交换性质,加密货币服务提供商必须遵守适用于银行和其他金融机构的相同规则。由于加密货币的性质,西方国家将加密货币定义为一种资产,而不是货币。然而,加密货币并不符合制度化金融部门的规则。Bryans 和 Anema 的研究显示了美国反洗钱法案以及如何将其用于加密货币的详细方案。他们的研究显示了联邦和州法律方面的问题。这只是洗钱行为如何影响加密货币生态系统的一个小例子。Lindquist 的研究结合当前的法规对加密货币为何不能遵守现行法规进行了详细的解释。他的研究提醒人们注意反洗钱和了解你客户扮演的 Glaser 角色。因此,通过与更成熟的货币形式进行比较,开始进行专有分析似乎是明智的。他们试图填补私法如何处理加密货币所有权的空白。他们一致认为,正如我们上面提到的,加密货币形式的明确性和私法性质将有助于监管机构确定它们能够或应该如何进行最佳监管。

(3)税收监管问题。当前区块链面临的一个重要问题是如何对加密货币进行税收监管。Lindquist 以德国税收法规为例,提到了加密货币的征税。他指出,将加密货币分类为货币、私人货币、应税凭证或任何一种金融工具,政府都可以将加密货币纳入现行税法。Lindquist 从资本利得与所得税、销售税的角度进行了狭义的解释。然而,对加密货币征税并不那么容易。Ainsworth 和 Shact 的研究表明,利用区块链技术解决税务欺诈的可能性很大。在他们的研究中,他们讨论了区块链数据库是否可以被用来跟踪商业交易,并通过不可信的性质来处理税务欺诈。

(4)利用加密货币进行转移,进行犯罪活动的问题。加密货币的匿名性为现有的支付方式提供了更好的条件,这使得利用加密货币进行洗钱、恐怖融资或逃税等活动更具吸引力。将洗钱问题与 Ainsworth 和 Shact 的研究进行比较是一个很好的资料来源。Ante 研究的不同之处在于,他还将注意力放在了 ICO(即基于区块链的众筹)上。令人惊讶的是,区块链的这个区域被忽略了。Ante,2018 年的研究主要集中在确定哪种监管方式最适合应对洗钱和恐怖融资。此外,还举例说明了瑞士、德国、美国、新加坡等不同国家的监管机构及其对 ICO 的做法。Salami 的研究探讨了利用 RegTech(监管技术)在全球范围内打击恐怖主义融资的问题。

(5)区块链技术的数据隐私。由于区块链的性质,存储在区块链上的数据是非常安全的,几乎不可能被黑和被更改。然而,在数据隐私方面,有几个权利的数据所有者让他们自由地控制他们的数据。但是,任何添加到区块链上的数据都将受到整个系统一致的控制。在这方面,区块链的性质与数据保护法规相冲突。在本研究的这一部分,我们回顾了一些关于区块链技术的数据隐私的研究。

许多研究集中在欧盟新出台的《一般数据保护条例》(GDPR)上。该法律于 2016 年 5 月生效,自 2018 年 5 月起成为适用法律。关于执行这项新的详细规定,目前正在进行许多讨论。然而,这项新法律带来了许多关于区块链将如何受到影响的问题。Kulhari 试图找到区块链解决方案如何适用于 GDPR 的答案。在本研究中,他将 GDPR 条款与区块链特征进行了比较。新的 GDPR 规定包括:第 5 条的问责制和数据最小化、第 14 至 21 条的数据主体控制、第 17 条的被遗忘权、第 20 条的数据可移植权、设计的数据保护。GDPR 要求控制器负责确保遵守 GDPR 的所有隐私原则,如合法性、公平性和透明度、目的限制、数据最小化、准确性、存储限制、完整性和机密性。此外,GDPR 要求每个组织都能证明自己遵守了所有的原则。

Kulhari 指出,被许可的区块链可以遵守 GDPR 的责任,而在公共区块链上,由于无许可节点数量的增加,联合控制器将无法满足 GDPR 第 26 条的要求。GDPR 第五条规定了数据最小化。Kulhari 的研究表明,由于区块链的性质,区块链上的数据最小化可能会失败。区块链技术结构使用每个节点复制数据,这意味着即使不进一步处理这些数据,也会存储这些数据。然而,区块链可以通过零知识证明的方法找到具有数据匿名性的解决方案。在区块链上提供的数码身份管理解决方案,以归还用户个人资料的控制权为条件,透过数据,达致既定的 GDPR 控制目标。删除权也是区块链技术的另一个挑战。当任何存储想要删除时,Gabison 会关注区块链复杂系统。他展示了数据删除可能会给区块链技术带来的问题,但在本研究中并没有找到解决这个问题的方法。Kulhari 建议,对不可变区块链上的数据进行不确定锁定实际上应该被认为符合 GDPR 中的其他数据保护原则,而不是试图根据删除的权利来警告它。在数据可移植性方面,Kulhari 划分了私有区块链和公共区块链。对于公共区块链,没有人可以访问个人数据的离线存储,只有指向数据的指针存储在区块链上。这意味着在公共区块链上,没有服务器控制器作为 GDPR 数据可移植性的手段。在区块链被许可的情况下,用户可以使用自己的数字私钥下载数据,并从区块链上的一个数字身份管理平台转移到另一个。

二、知识产权保护

1. 版权法和区块链技术。

区块链不可避免地具有价值，尽管软件和业务流程的可专利性受到限制，但其中的 IP 所有权可能会成为一个重要的考虑因素。Vogel 的研究表明，当互联网去中心化的时候，版权所有者将没有任何一方可以起诉来阻止侵权。在本研究中，他讨论了软件开发商和互联网服务提供商在侵犯版权的情况下的责任。他建议，为分散式应用程序的软件开发者提供负担得起的许可证，版权所有者这样做可能会对分散式文化产生有利于他们的影响。Gabison 注意，从一个管辖范围内的公共区块链中删除内容不会影响另一个管辖范围内的链。他展示了四个实体，当版权所有者的版权材料在区块链上发布时，他们将转换其中之一。有版权材料的原始海报、中介服务提供商（ISP）、公共区块链的创建者或随后的下载者。在美国和欧洲，ISP 对用户上传的互联网内容负有有限责任。在他的研究过程中，探讨了哪些实体可能是更好地保护版权材料的选择问题。

2. 区块链可能会找到一个解决版权问题的办法，即集体权利管理。

个人版权所有者使用集体管理组织（CMOs）跟踪和保护他们的权利。然而，CMOs 多年来一直被批评缺乏透明度、支付特许权使用费/授权的时间滞后、滥用垄断地位和效率低下。在这种情况下，区块链具有为版权管理创造无代理保护的潜力。Treise、Goldenfein 和 Hunter 的研究表明，区块链平台可能会让版权所有者自己成为中介，或者以其他方式去中介版权所有者和用户之间的关系。他们提请注意，区块链议定书是跨司法管辖区实施的，消除了国家集体许可制度的地域复杂性和荒谬性以及相互关系。

三、争议解决机制

随着区块链技术的日益普及，分布式账簿正在各种服务领域中成为颠覆者。许多人试图将法律和争端解决服务纳入区块链，以充分利用其巨大的利益。这种区块链系统可以提供分散和及时的决策、低程序成本、透明度和公平判断的高概率。Mattereum 提供了一个法律技术接口，将区块链上的数字资产与现实世界的商品和服务连接起来，据称是首个可合法执行的智能合约"互联网协议"（Internet of agreement，IoA）项目。Agrello 允许用户轻松创建和管理基于智能合约的法律协议，方法是聘请自动化的人工智能（AI）顾问。

在线陪审团还使用智能合约提供一个独立的、经过认证的仲裁小组来创建一个更好的争端解决系统。

JUR 在其本地代币的支持下，建立了一个专注于共识算法和区块链的平台，旨在提供法律和纠纷解决服务，以改进传统的合同纠纷解决方式。除了提供创建智能法律协议（Sla）的设施外，JUR 还提供其他服务。用户可以进行与 Sla 相关联的安全托管存款，一旦满足设置的条件，这些存款将自动转移给受益人。JUR 还支持直接结算付款和轻松提款。它可以用于保证合同和交易的支付，从而消除交易间的风险。然而，JUR 突出的主要特征是其争端解决机制。JUR 声称在 24 小时内可以解决合同纠纷。基于博弈论和反偏见的概念，该平台的纠纷解决系统得到了一个由授权网络参与者组成的法律社区的支持，这些参与者使用一种代币化的、基于共识的投票系统来做出决定。

从本质上说，任何用户都可以用 JUR 代币押注自己成为陪审员（在 JUR 系统中称为"oracle"）。如果他们有效和及时的决定违背了多数人的投票，他们就会失去被压住的标记，而这些标记是对那些投票赞成多数人决定的 oracle 奖励。这种以利害关系和投票为基础的争议解决制度确保了 oracle（陪审员）在做出决定时以负责任的态度和适当的问责性来公平地行事，因为他们可能会因为错误的决定而损失资金。所有相关实体都受益于及时的判决、与程序相关的低成本、过程透明、公平和公正的决策以及对公正陪审员的奖励。JUR 还计划开放其 api 供第三方使用，其他现实世界的实体，如 Freelancer 或 PayPal，可以外包他们的纠纷解决工作，以此来节省成本，同时不影响纠纷解决过程的质量。虽然 Augur 和 Gnosis 等其他预测平台也支持这种基于投票的决策，并可能被用于解决争端，但 JUR 将自己定位为专注于解决争端和法律服务的专门"陪审员"平台。它采取更细致的方法，支持对任何级别的案例进行深入评估。从大公司到中小型企业再到自由职业者，任何人都可以使用这项服务。除了用于投票系统操作的少量"人工"费用，该决议几乎为零成本。

第十节　区块链+平台操作与应用

一、订单实现

2020 年 10 月，中国工商银行成功直联国家外汇管理局跨境金融区块链服务平台。下一步，工商银行还将深入运用出口报关、融资申请、放款还款、企业资信等平台直联反传信息，提高贸易融资业务办理效率，进一步提升跨境贸易便利化水平，促进稳外贸、稳外资。区块链正成为全球贸易的天然"助推器"。如何利用区块链技术，让国际贸易伙伴更好地消除壁垒、建立信任，成为讨论的一个热点。同时，利用区块链的不可篡改性特点也可以解决不同国家间机构、企业的信任问题，降低由于信任问题造成的沟通成本和摩擦，促进贸易蓬勃发展。

区块链能解决很多的贸易"痛点"，例如，在假货防伪溯源方面，区块链技术能降低跨国打假的难度；在贸易金融方面，区块链技术加持的供应链金融能建立更良好的风险控制模型，创新保理业务、小额贷款业务等，使得服务和交易更加便捷顺畅。以国家外汇管理局推出的跨境金融区块链服务平台为例，其正是利用区块链技术不可篡改和唯一性的特点，整合物流、信息流、资金流，有效解决传统贸易融资业务流程中贸易背景真实性审核、信息不对称、信息可获得性较差等问题，提升了审核效率，为企业提供了贸易投融资便利化服务。服务贸易在全球跨境支付方面面临较大挑战，交易往往较为零散，区块链技术打造的低成本全球化跨境支付系统能够充分发挥作用。

据《2020上半年全球企业区块链发明专利排行榜》显示，排名前10的企业中，有7家中国公司；排名前100的企业中，接近一半是中国企业，占比达46%，而美国企业则占比25%。庞大的市场是培育中国区块链企业快速成长的沃土。而中国区块链技术和应用在庞大的中国市场上"小步快跑"、不断试错，中国区块链应用不仅在金融领域取得了成就，在政务治理、版权保护、农业溯源、医保核实等方面也都成熟落地。

二、通关模式

2020年4月17日，天津口岸区块链验证试点项目正式上线试运行，作为海关总署首个试点项目，天津海关将区块链技术与国际贸易各业务环节应用系统有机结合，通过技术创新，实现进出口企业和监管部门提高效率，提升效益的目标。既要严守国门，又要提高通关效率，一直以来是海关监管工作的两难之选。此次天津海关上线试运行的"区块链+通关"科技应用项目有望将这个矛盾的"两难"变成简单的"两全"。

随着"区块链+通关"系统验证成熟后实现全链条部署，将串联起了海外企业、贸易企业、物流企业、金融机构、货代企业、口岸部门、进出口国家监管机关等环节，充分发挥区块链技术的信息数据可追溯、不可篡改、公开透明的特性，实现链上单位的数据共享和互相验证，从而自动形成所需信息的抓取和比对，最终简化通关申报，降低监管部门的查核成本，提高企业资信地位，从而获得较高的通关效率，甚至便利企业在金融机构的融资和担保。目前的试点项目作为海关总署重点科技项目之一，其目的是验证区块链技术应用于国际贸易及金融科技新业态，融合形成监管新模式，并在海港口岸和空港口岸尝试运用。

据悉，试点项目将选取空运和海运两种业务场景，空运场景选择普货和B类快件，海运场景选择平行进口汽车。通过区块链技术，构建可信的业务链条，组建国际贸易区块链联盟，对贸易、物流、监管、金融等关键节点实现业务闭环，减少业务及信息孤岛，未来将进一步扩展链条到海外仓等节点。通过业务链条采集到链条数据，与现有数据进行交叉比对、验证，实现优化通关流程、提高通关效率、提升监管效能的目标。全国首个应用于跨境贸易领域的区块链验证项目，正式上线试运行，这也意味着，包括平行进口汽车、普通货物及B类个人物品快件在内的三大领域通关效率将再次提升。区块链技术的最大特点就是链上信息数据可追溯、不可篡改、公开透明。企业愿意把真实的数据拿出来上链，授权给其他参与方。企业申报由"自证"变成了"他证"，海关可以获得整个链条上所有环节的信息，企业自己造假简单，但想让链条上所有节点都提供虚假信息则非常困难。随着"区块链+通关"系统验证的完善，实现链上单位的数据共享和互相验证，最终实现链上各方的互信。

天津机场海关审单的关员，每天要核验近万件个人物品的报关单，其中最耗时间的就是甄别收货人的个人信息，现在有了区块链验证，核查的工作大部分由系统自动完成。"区块链+通关"系统，不仅实现了快速通关，还可以把整个交易涉及的所有独立信息联通起来，买卖双方的信息、谁负责转运、谁来报关，一目了然。

第七章　区块链+跨境电子商务的实践
——以一带一路沿线国家为例

第一节　关于物流绩效的研究

一、物流绩效的影响因素

洪文倩（2020）、黄楚灵（2020）等人在其论文中系统地分析了我国及"一带一路"沿线国家物流绩效与跨境电子商务的关系。鄢飞和王译（2016）对比分析了我国和中亚五国的物流绩效与构成要素之间的关系之后发现，物流绩效构成要素中的海关效率和物流基础设施质量是物流发展中的薄弱环节，且丝绸之路经济带沿线国家的物流行业还有充分的发展空间。王昕天（2015）从理论上分析了影响国际物流绩效的影响因素，并在实证部分借鉴结构方程模型分析了其影响因素对国际物流绩效影响程度的大小，而且通过实证结果发现，影响因素中的信息技术基础影响国际物流绩效的途径是先对物流基础设施产生积极影响从而间接影响国际物流绩效。刘小军和张滨（2016）运用聚类分析法，从多维度分析"一带一路"沿线国家和地区的物流绩效水平，发现存在着物流基础设施薄弱、物流绩效水平普遍偏低，且短期内难以得到明显改善，很难与中国物流有效对接等问题，并对此提出了解决方法。Korinek（2011）研究发现，物流绩效设施建设和物流服务质量作为LPI的分项指标对中等收入国家的影响显著，所以应加大对它们的资金投入。

二、物流绩效对国际贸易的影响

王东方、董千里和于立新（2018）将物流绩效水平作为核心变量，研究其对我国对外贸易潜力的影响。结果发现，物流绩效水平及分项指标对我国与其他国家的双边贸易有着正向的促进作用。刘洋和殷宝庆（2017）利用赫克曼模型对100个国家和地区国际物流绩效的贸易效应做了实证计量，结果表明，出口国国际物流绩效对双边贸易流量的提升比进口国更明显。梁烨和崔杰（2019）运用理论分析、描述分析、实证分析相结合的方法，分析了物流绩效对国际贸易的引致效应，同时，将物流绩效指数和贸易潜力纳入同一模型中进行实证分析，并将物流绩效指数均值提升与原值所产生的效果对比分析，结果发现，物流绩效对我国贸易潜力具有正向作用。Herel 和 Mirza（2009）在研究关于全球农产品和工业制造品贸易的过程中，首次将物流绩效指数引入了引力模型，并进行了实证分析。Vide、Tominc 和 Logozar（2013）在分析物流绩效对进出口贸易的影响时，将研究对象定为欧盟原先的22个国家以及后来加入的8个国家，并分别对其做实证分析，得到原先的22个国家受物流绩效影响较大的研究结果。Jesus 和 Utsav（2010）在研究中亚国家时，将 LPI 作为贸易便利化的替代变量以此分析其对进出口贸易额的关系，结果证明，中亚国家贸易额显著增加的最重要因素就是物流绩效的改善。Warren、Haul 和 Uma（2013）在介绍了物流绩效的定义后，研究分析了物流绩效的细分指标与双边贸易之间的关系。Puerta、Marti 和 Garcia（2014）将物流绩效指数（LPI）作为贸易便利化的替代变量，使用 Heckman 模型对欧盟国家进行实证分析，结果发现，物流绩效对出口国比对进口国更为重要。

第二节　关于跨境电子商务的研究

一、跨境电子商务的影响因素

从跨境电子商务企业的角度出发，Li Peixin 和 Xie Wei（2012）制定了定量分析电子商务企业影响因素的构架，框架中共有十大因素，其中管理态度、企业战略、外部压力和企业技术优势这四个因素最为重要。王林，杨坚争（2014）利用结构方程模型研究了影响跨境电子商务交易的因素与立法需求之间的关系，结果发现，跨境物流和跨境关税政策会通过影响跨境营销能力从而间接影响跨境电子商务的发展。林楚和储雪俭（2018）从浙江省中小企业的微观视角出发，建立了有人才支持、外部支持、营销支持以及产品支持 4 个维度、11 个方面的中小企业跨境电子商务发展能力评估模型，判断浙江省中小企业发展跨境电子商务的优劣势，并提出针对性的建议，帮助浙江省中小企业实现跨境电子商务转型的目标。陈钰芬（2019）构建了包括风险识别、评估指标体系、风险度量、风险等级划分以及风险原因追溯五个部分的进口 B2C 跨境电子商务商品质量风险评估系统，并对杭州市进口 B2C 跨境电子商务企业进行实证分析，发现杭州市进口 B2C 跨境电子商务企业的风险点主要集中于四个方面，且不同规模企业的商品质量风险存在异质性。

从跨境支付的角度出发，褚学力（2016）对我国与"一带一路"沿线国家跨境电子商务发展过程中金融方面存在的问题进行了分析，并提出了相应的政策建议。王景河，罗文樊（2018）在梳理中国-东盟跨境电子商务支付发展现状后，通过归纳法总结了中国-东盟跨境电子商务支付过程中的主要问题，如支付手段不统一、结算汇率风险、支付系统不完善、信用机制不完备等，并提出构建中国-东盟跨境电子商务链来加快解决相关支付问题。

从跨境物流的角度出发，Jay（2008）等人研究了在电子商务环境下影响企业绩效的因素，通过实证发现，相同因素在不同行业中对企业绩效的影响不同。曹淑艳、李振欣（2013）分析了不同的跨境物流模式的特点，并针对中国跨境电子商务物流目前存在的问题提出了建议。任志新和李婉香（2014）认为，跨境电子商务交易活动相对于货物运输量大、货物总额大的传统对外贸易而言，更容易在通关时遇到问题。刘小军、张滨（2016）指出了在"一带一路"的背景下我国与沿线国家进行物流协作时会遇到的问题，并且针对性地提出了建议。

二、跨境电子商务的模式研究

金虹，林晓伟（2015）在研究跨境电子商务的产生原因时，基于系统论的方法发现了信息化将是跨境电子商务发展的关键，所以提出了一种新的跨境电子商务发展模型，即云物流发展模式。张夏恒（2017）总结了跨境电子商务的模式，按照交易主体属性、平台经营商品品类、商品流动方向三个标准划分了跨境电子商务类型，并剖析了不同模式的跨境电子商务的业务流程与运作模式，为中国跨境电子商务的发展提供了参考和借鉴。郭四维（2018）等人系统界定了跨境电子商务的概念与定义，并基于异质性企业理论，发现跨境电子商务降低了企业进入外贸行业的固定成本及边际交易成本，并改善了资源的分配。

三、跨境电子商务的效应研究

Benjamin 和 Wigand（1995）通过研究发现，提高交易效率的方法可以减少中间营销环节，而为了达到这种目的，要多加应用电子商务。Herrera（2014）等人发现，跨境电子商务因依托互联网而存活，所以与传统贸易相比会增加一些新的贸易成本，但跨境支付系统的完善对贸易规模的扩大有促进作用。曹红玉（2014）发现，中小企业可以借助跨境电子商务这波东风进入海外市场，加快企业的发展速度，完成企业的转型。程晓煜（2016）基于 VAR 模型，研究了电子商务与进出口贸易的关系，并从政府和企业两个层面提出了相关建议。马述忠，陈奥杰（2017）建立了一个描述生产企业利用贸易中介和跨境电子商务 B2C 渠道开展出口贸易的理论模型，从而对多种情况下生产企业和贸易中介对销售渠道的选择进行研究。马述忠，郭继文（2019）等人在理论的角度上分析跨境电子商务有助于降低交易前、中、后期的贸易成本的机理之后，还采用实证计量研究了它们之间的关系。

第三节 关于物流绩效与跨境电子商务关系的研究

目前，研究物流绩效与跨境电子商务之间关系的文献较少。Weina Ai（2016）等人运用双边市场理论，建立了综合电子商务物流绩效评价模型，并通过比较物流绩效因素发现跨境支付是制造业跨境电子商务发展的瓶颈，国家法律体系之间的协调会影响电子通关程序的实施。吴俊红（2019）利用物流绩效指数不同维度上的分项指标，研究了其对中国与沿线国家跨境电子商务贸易的影响。研究发现，物流绩效指数对中国与沿线国家跨境电子商务发展的促进作用在所有解释变量中仅小于经济总量，且六个分项指标对跨境电子商务的影响程度存在差异。钱莎莎（2014）为了实现跨境生鲜电子商务对物流供应链的高要求，通过文献综述和德尔菲法从生鲜农产品供应链的绩效评价因素中筛选出 9 个关键因素，并从效率、柔性、响应、质量四个方面探析了物流供应链绩效的影响因素，构建了解释结构模型，为跨境生鲜电子商务的发展提供科学的决策依据。

一、"一带一路"沿线国家的界定

"一带一路"是2013年习近平总书记先后访问时提出的建设"丝绸之路经济带"和"21世纪海上丝绸之路"合作倡议的简称。"一带一路"倡议的提出是为了积极发展与沿线国家的合作,加强区域间的对话,打造命运共同体,实现双赢的局面。共建"一带一路"的主体框架是"六廊六路多国多港",这为各国参与"一带一路"合作提供了清晰的导向。本文通过查阅相关文献资料,并鉴于后文所需数据的可得性,将本文的研究对象定为"一带一路"沿线的49个国家,包括东北亚2国、东南亚9国、南亚5国、西亚北非14国、中亚4国、中东欧15国,具体如表7-1所示。

表7-1 本文选定的"一带一路"沿线国家

区域	国家
东北亚（2）	蒙古国、俄罗斯
东南亚（9）	新加坡、马来西亚、泰国、菲律宾、越南、印度尼西亚、老挝、柬埔寨、缅甸
南亚（5）	印度、巴基斯坦、尼泊尔、马尔代夫、不丹
西亚北非（14）	阿联酋、科威特、土耳其、卡塔尔、阿曼、黎巴嫩、沙特阿拉伯、巴林、约旦、伊拉克、埃及、阿富汗、格鲁吉亚、亚美尼亚
中亚（4）	哈萨克斯坦、吉尔吉斯斯坦、塔吉克斯坦、乌兹别克斯坦
中东欧（15）	波兰、爱沙尼亚、立陶宛、斯洛文尼亚、保加利亚、捷克、匈牙利、马其顿、罗马尼亚、斯洛伐克、克罗地亚、拉脱维亚、波黑、乌克兰、摩尔多瓦

资料来源：中国一带一路网

二、跨境电子商务的内涵

跨境电子商务是国际贸易的一种新形式,它以互联网为依托,在电子商务平台上完成传统贸易中的展示、交易、支付等环节,然后通过跨境货物运输来完成商品的送达。此外,跨境电子商务因其自身特有的低门槛、碎片化、零散化等特征,所以不仅仅是传统贸易的电子化。一般来说,跨境电子商务按照货物进出口方向、商业模式、服务类型等标准划分,具体见表7-2。

表 7-2　跨境电子商务分类

划分标准	类型	基本含义	举例
货物流向	出口跨境电子商务	本国商品售往海外	敦煌网、兰亭集势、速卖通
	进口跨境电子商务	购买海外商品至国内	天猫国际、网易考拉、小红书
商业模式	B2B	企业与企业之间通过互联网进行产品、服务及信息的跨境交易	阿里巴巴、敦煌网、中国制造网
	B2C	企业与个人之间通过互联网进行产品、服务及信息的跨境交易	亚马逊、eBay、京东全球购
	C2C	个人与个人之间通过互联网进行产品、服务及信息的跨境交易	HIGO
服务类型	综合型跨境电子商务	经营的商品涉及多种行业，满足多种客户群体需求	亚马逊、网易考拉、京东商城
	垂直型跨境电子商务	只提供某种特定领域的商品，满足某类特定顾客群体	海蜜全球购、唯品会

资料来源：整理

三、国际物流绩效指数

国际物流绩效指数（Logistics Performance Index，LPI）是全球首个对各国物流发展水平进行综合评价的指标。2007年世界银行首次公布该指标的数据，2010年后每隔两年发布一次。LPI存在的意义是试图捕捉每个国家的物流可达性，或与全球物流实体互联网的连接程度，以此来帮助各国识别在贸易物流中面临的挑战和机遇，并帮助其改善提高。

物流绩效指数（LPI）是基于由世界银行联合学术机构、国际组织、私营企业以及国际物流从业人员共同完成的问卷调查而得出的数据指标。问卷调查的参与者就每个问题的答案选择1~5分的分值，对应很低、低、一般、高、很高五个等级。在收集完所有问卷后，将问卷调查里得到的关于6个核心指标的数据使用主成分分析（PCA）合并为一个综合指标，即物流绩效指数（LPI），也就是说物流绩效指数是这6个分项指标分数的加权平均值。这6个核心指标分别是清关效率（Customs）、物流基础设施（Infrastructure）、国际运输便利性（International shipments）、物流服务质量和能力（Logistics quality and competence)、货物可追溯性（Tracking and tracing）和货物运输及时性（Timeliness），指标具体说明及权重见表 7-3。

表 7-3 物流绩效指数构成要素说明及权重

指标	说明	权重
清关效率	海关和其他边境管理机构清关的效率	0.4072
物流基础设施	与贸易相关的物流基础设施的建设情况，如公路、铁路、港口等的建设情况	0.4130
国际运输便利性	安排有价格竞争力的货物运输的难易程度	0.3961
物流服务质量和能力	物流企业提供的服务的质量以及其竞争力如货运、转运、报关等	0.4166
货物可追溯性	跟踪查询货物的能力	0.4106
货物运输及时性	在预定时期内将货物交付给收货人的能力	0.4056

数据来源：世界银行发布的 2018 年《联结以竞争：全球经济中的贸易物流》报告

四、相关理论应用

从生产成本的角度，研究国际贸易起因和影响的学说，它认为劳动生产率的差异是国际贸易的主要起因，而这个学说研究的前提是交易成本的不存在。然而，随着研究的深入，人们逐渐发现国际贸易的产生和发展的因素之一就是贸易成本的存在。萨缪尔森在 20 世纪 50 年代首次提出了"冰山运输成本"的概念，即在区域间进行产品的运输活动时，有一部分产品会像冰山一样"融化"，这部分产品的消耗就是运输成本。也正因为运输成本的存在，才使进口商品的价格高于本地商品。在"冰山运输成本"被提出之后，克鲁格曼（1980）在这个假定的基础上，用数理解析的方法进一步探讨了"本地市场效应"，结果发现运输成本的存在使各国倾向于出口那些在本国有大规模国内市场的产品。

物流绩效指数（LPI）的 6 个分项指标也从各个方面影响物流成本，从而影响跨境电子商务贸易，主要作用机制如下：

（1）从清关效率的视角，清关作为跨境商品所要面临的第一个环节，也是国际物流所要接受的第一个考验，其重要性不言而喻，通关时间的快慢直接影响整个物流的运转效率及成本。（2）从物流基础设施的视角，物流基础设施是国际物流顺利运转的前提，也是物流活动的物质基础。由于国家物流基础设施建设的不完善，各国物流人员在进行跨境电子商务的运输时可能会面临货物损坏或丢失的情况，从而使买卖双方均遭受损失，这些损失会转化为跨境商品的流通成本,从而制约跨境电子商务的发展。(3)从国际运输便利性的视角,各国法律法规的差异、部门信息的不通畅、基础设施建设的不统一都会制约国际运输便利性。(4)从物流服务质量和能力的视角,物流服务质量是指货物在运输过程中,不同的运输公司在运输环节中提供的服务,关乎着货物在整个运输过程是否受到损害,货物在到达消费者手中时是否完好等重要问题。(5)从货物可追溯性的视角,跨境商品需要经过远距离的运输才能到达消费者手中,其在运输过程中所进行的任何物流操作都会增大跨境商品被损坏的风险。(6)从货物运输及时性的视角,运输及时性是指迅速、准确并适时地满足货主提出的物资运送要求的程度。

五、技术路线图

本研究的技术路线图如7-1所示。

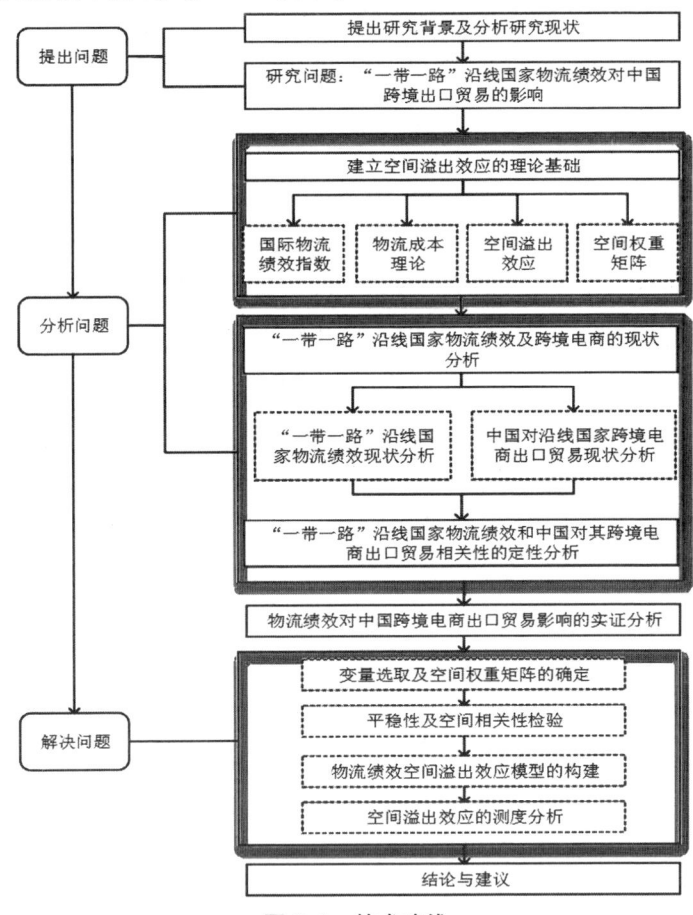

图7-1 技术路线

第四节　区块链+物流绩效现状分析
——以"一带一路"沿线国家为例

一、整体物流绩效指数分析

为帮助世界各国提高和改善物流发展水平,世界银行于2007年首次推出了物流绩效指数（LPI）,2010年之后每隔两年发布一次物流绩效指数报告。迄今为止,世界银行已发布了2007年、2010年、2012年、2014年、2016年和2018年的物流绩效指数数据。根据所得数据,计算出"一带一路"沿线6个区域物流绩效得分的均值并进行对比分析,计算结果见表7-4。

表7-4 "一带一路"物流绩效得分均值

区域	2010年	2012年	2014年	2016年	2018年
东北亚	2.4295 (-0.4325)	2.4176 (-0.4406)	2.5250 (-0.4205)	2.5385 (-0.3859)	2.5651 (-0.3337)
东南亚	2.9835 (0.1215)	3.0223 (0.1641)	3.0718 (0.1263)	2.9965 (0.0721)	3.0592 (0.1604)
南亚	2.5265 (-0.3355)	2.6005 (-0.2577)	2.7062 (-0.2393)	2.7109 (-0.2135)	2.5886 (-0.3102)
西亚北非	2.9068 (0.0448)	2.8906 (0.0324)	2.9219 (-0.0236)	2.9664 (0.042)	2.8561 (-0.0427)
中亚	2.6475 (-0.2145)	2.4491 (-0.4091)	2.4577 (-0.4878)	2.3438 (-0.5806)	2.5682 (-0.3306)
中东欧	2.9740 (0.112)	2.9832 (0.125)	3.1576 (0.2121)	3.1195 (0.1951)	3.0784 (0.1796)
"一带一路"	2.8620	2.8582	2.9455	2.9244	2.8988

（注：括号内为"一带一路"整体与各区域物流绩效均值的差值）

数据来源：根据世界银行物流绩效指数计算整理得出

从"一带一路"整体来看,物流绩效指数从2010年的2.862提升至2016年的2.9244,呈上升趋势,但在2018年略微下降至2.8988。从划分的区域来看，中东欧地区的物流绩效指数水平较高，且一直高于"一带一路"整体水平，稳定发展。相较之下，亚洲物流绩效表现最好和最差的两个区域的物流绩效得分差距较大，发展极不平衡。东南亚地区是亚洲所有地区中物流绩效得分最高的地区，并且其得分逐年升高，物流发展呈逐年改善的积极态势；西亚北非地区的物流绩效均值近年来维持在2.9左右，与"一带一路"整体相比，差值正负交错；而俄蒙、南亚、中亚地区的物流绩效水平落后，且中亚、南亚地区近两年物流发展速度有回落趋势，但值得欣慰的是，俄蒙两国的物流绩效与"一带一路"整体的差值正在逐渐缩小。

总之，观察各区域物流绩效指数的得分可以发现，"一带一路"沿线各区域的物流发展极不平衡，差距较大。

中东欧地区的大部分国家地处平原，临进港湾，海陆交通发达，因其特有的成本和区位优势已逐渐成为物流行业竞逐的热土，所以中东欧地区国家的物流绩效指数得分在"一带一路"沿线国家和世界范围内排名都较为靠前（中东欧各国物流绩效具体得分及排名见附录4）。此外，与亚洲有明显差异的欧洲特有的制度环境及欧盟的贸易政策都为欧洲物流业的发展带来了显著的促进作用。更重要的是，跨境电子商务企业在欧洲市场的扩张使中东欧地区的电子商务市场迅速增长，促使物流行业的目光日益聚焦于此，中东欧国家的物流绩效水平也在关注中不断提升。

与欧洲国家相比，亚洲大多数国家的制度环境较为严格、经济及科技发展水平偏低、专业物流人才较少，所以亚洲的物流绩效水平整体低于欧洲国家（亚洲各国的物流绩效具体得分及排名见附录5）。不过，亚洲地区中还是有部分国家，如新加坡基于其良好的地理位置，抓住了物流发展的机遇，积极提升国家物流发展水平，如今已拥有较为完善的物流管理技术和物流网络系统。从物流绩效得分来看，新加坡的物流绩效指数在"一带一路"区域范围内排名第一，在世界范围内排名维持在前十，已当之无愧地成为亚洲区域内的领头羊。同时，阿联酋也利用其较强的经济实力，积极推动物流行业的发展，其物流绩效得分在世界范围内的排名已由2010年的第24名上升至2018年的第11名，提升速度较快，成为"一带一路"范围内物流绩效指数排名仅次于新加坡的国家。在观察亚洲地区内物流绩效排名较低的国家后，发现了几个共同点，这些国家或是国家所处的地理位置不利，或是国家的政局动荡不安。所以由此得出，国家政局稳定、经济水平较高、地理位置有利的国家更容易提升本国的物流发展水平（洪文倩，2020）。

二、物流绩效指数分项指标分析

为了更加清楚地了解"一带一路"沿线国家在物流发展时需要改善的环节，计算整理了"一带一路"沿线6个区域物流绩效指数分项指标的得分均值，结果见表7-5。

从分项指标的角度看，货物运输及时性在各个区域的得分都是最高的，在物流绩效的六个分项指标中表现最好，其次是货物可追溯性和国际运输便利性。相较之下，"一带一路"沿线国家应该多加关注清关效率和物流基础设施建设这两个方面，可以与"一带一路"倡议中五通建设的"政策沟通"和"设施联通"相结合，促进其快速发展，提升物流绩效整体水平。

表7-5 "一带一路"各地区物流绩效分项指标得分均值

区域	清关效率	物流基础设施	国际运输便利性	物流服务质量和能力	货物可追溯性	货物运输及时性
东北亚	2.14	2.32	2.51	2.44	2.49	3.04
东南亚	2.81	2.83	3.04	2.95	3.06	3.44
南亚	2.43	2.41	2.66	2.59	2.64	3.00
西亚北非	2.68	2.83	2.88	2.83	2.88	3.33
中亚	2.26	2.32	2.51	2.40	2.51	2.93
中东欧	2.83	2.86	3.06	2.98	3.09	3.54

数据来源：根据世界银行物流绩效指数计算整理得出

从区域的角度看，在亚洲区域中，东南亚地区的每个分项指标得分均值都最高，表现最好，稍微薄弱的环节是清关效率和物流基础设施。除此之外，其他亚洲地区虽然各有其优势指标和劣势指标，但各分项指标的得分都较低，所以亚洲地区的国家需要从物流的各个环节进行改善，先将优劣势指标之间的差距逐渐缩小，再整体提高。与亚洲区域相比，中东欧地区的物流发展水平较高、表现较好，但与亚洲区域相似，在分项指标中，清关效率和物流基础设施处于弱势地位。综合来看，提升"一带一路"整体物流绩效的关键点是提高清关效率和物流基础设施建设。

1. 清关效率

图7-2所示为"一带一路"沿线区域清关效率指标得分，6个区域平均分为2.53分，有3个区域超过平均分数，其中中东欧和东南亚五年来每年都

达到平均分数，表现较好。清关效率指标中最高得分为 2.94 分，最低得分为 1.98 分，差距较大，但最高得分未超过 3 分，仍需作为改善物流水平的重点。东北亚虽得分较低，但在逐年提高，已从 2010 年的 1.98 增加到 2018 年的 2.32 分，上升趋势明显，涨幅达到 17%。西亚北非得分较稳定，维持在 2.68 分左右。排名靠后的中亚和南亚地区在五年内的得分上下波动较大，南亚更是在 2014 年达到最高峰后出现了连续性的下降趋势。

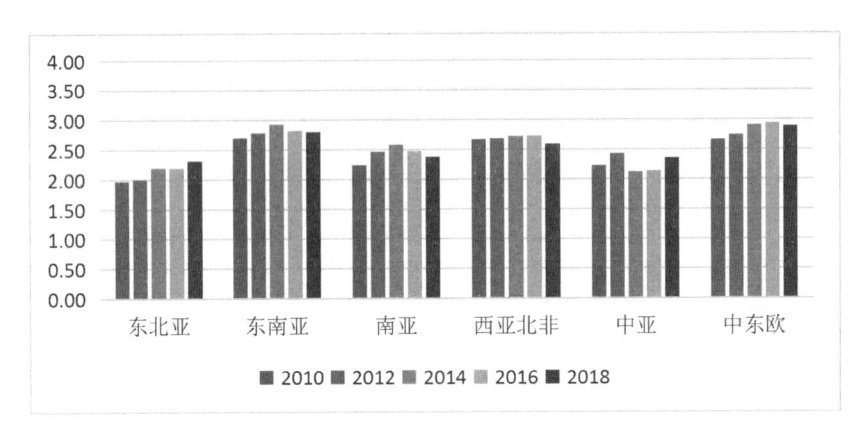

图 7-2　"一带一路"沿线区域 2010—2018 年清关效率指标的得分情况

数据来源：根据世界银行物流绩效指数计算整理得出

2. 物流基础设施

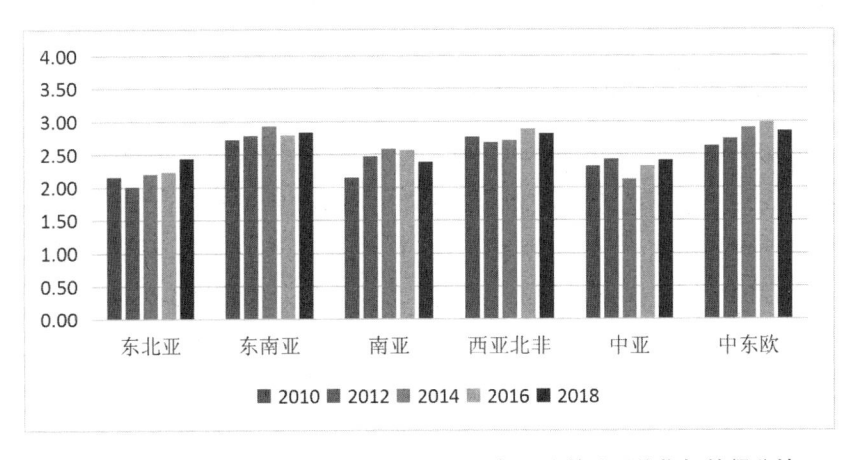

图 7-3　"一带一路"沿线区域 2010—2018 年物流基础设施指标的得分情况

数据来源：根据世界银行物流绩效指数计算整理得出

图 7-3 为 2010—2018 年期间"一带一路"沿线区域物流基础设施指标的得分情况，从图中可以看出，6 个区域在物流基础设施方面的平均分较低，为

2.60 分，东南亚、西亚北非、中东欧三个地区超过了平均水平。其中分数最高的是中东欧地区，平均分达到 2.86 分，2016 年达到 2.98 的最高分，同时也是整个沿线区域的最高分。分数最低的区域为东北亚，2012 年最低峰的得分为 2.01 分，但自 2012 年开始，分数逐年上升，成功将平均分提高到 2.32 分，与中亚区域的平均分持平。东南亚和西亚北非这两个区域的平均分均为 2.83 分，高于整体平均分，虽然有上下波动，但波动范围不超过 0.2，较为稳定。

3. 国际运输便利性

如图 7-4 所示，在国际运输便利性指标方面，"一带一路"区域整体平均分为 2.78 分，达到平均分的 3 个区域，分别为东南亚、西亚北非和中东欧。并且每个区域的平均值都高于 2.5 分，其表现好于清关效率和物流基础设施的表现，尤为突出的是东南亚地区和中东欧地区，平均分均超过 3 分，为 3.04 分和 3.06 分。中亚地区的分值波动较大，最高值与最低值之间差 0.59 分，其余地区得分均较为稳定，最大差值都在 0.3 以内。

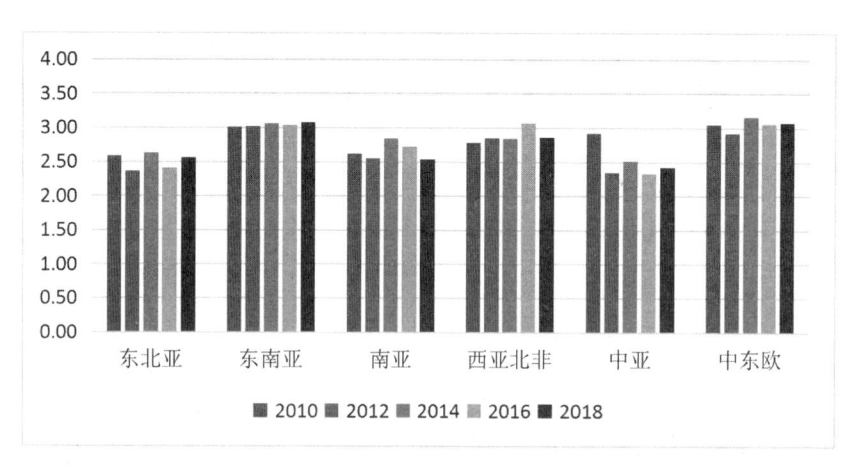

图 7-4 "一带一路"沿线区域 2010—2018 年国际运输便利性指标的得分情况

数据来源：根据世界银行物流绩效指数计算整理得出

4. 物流服务质量和能力

图 7-5 所示为"一带一路"沿线区域物流服务质量和能力得分，平均得分为 2.70 分，东南亚、西亚北非、中东欧 3 个区域的平均分超过了整体平均分。排名从高往低依次为中东欧、东南亚、西亚北非、南亚、东北亚、中亚，得分依次为 2.98 分、2.95 分、2.83 分、2.59 分、2.44 分、2.4 分。并且，各区域在五年中的波动也不大，较为稳定。

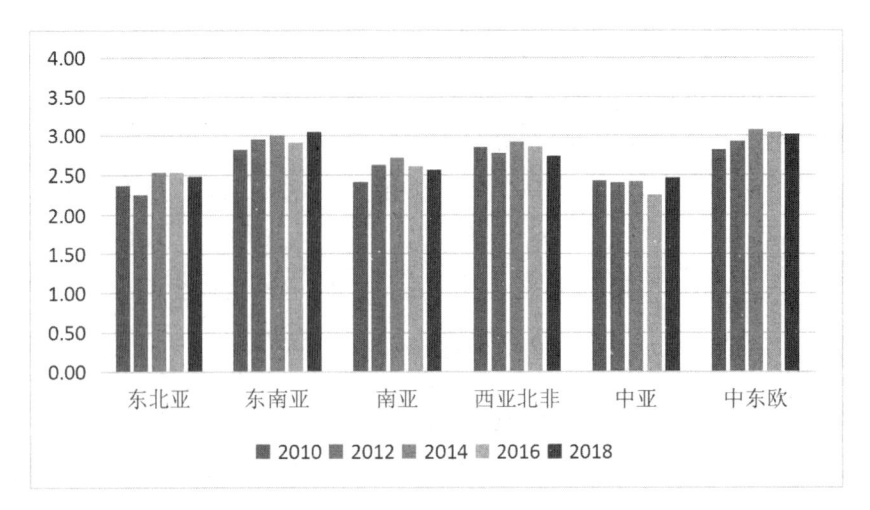

图 7-5　"一带一路"沿线区域 2010—2018 年物流服务质量和能力指标的得分情况
数据来源：根据世界银行物流绩效指数计算整理得出

5. 货物可追溯性

如图 7-6 所示，货物可追溯性方面，"一带一路"沿线 6 个区域的平均成绩为 2.78 分，到达平均成绩的区域有 3 个。排名靠前的东南亚和中东欧地区的得分都较为稳定，且平均成绩超过 3 分。排名略微靠后的东北亚、南亚和中亚这三个区域之间差距不大，东北亚 2.49 分，南亚 2.64 分，中亚 2.51 分，都有较大的提升空间。

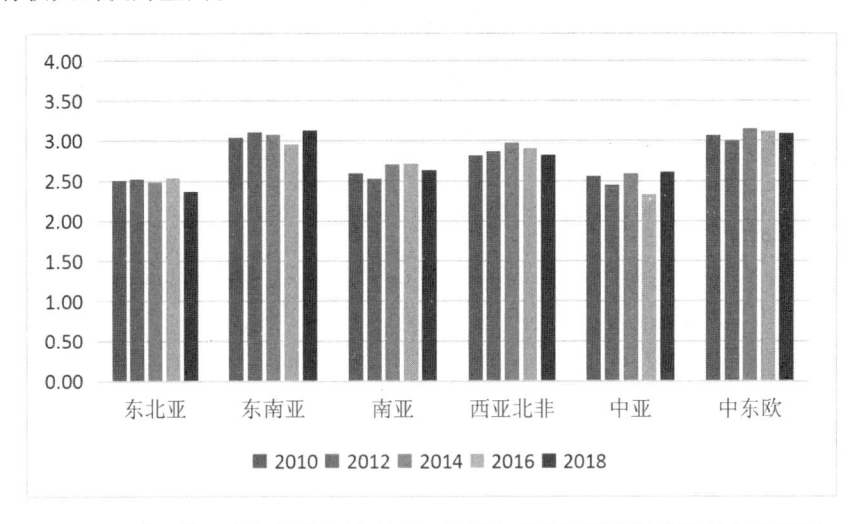

图 7-6　"一带一路"沿线区域 2010—2018 年货物可追溯性指标的得分情况
数据来源：根据世界银行物流绩效指数计算整理得出

6. 货物运输及时性

图 7-7 所示是货物运输及时性的得分情况，"一带一路"整体平均分为 3.21 分，在物流绩效的六个指标中，货物运输及时性指标表现最好。而且各区域的成绩普遍较高，除中亚区域外，其他区域的平均分均超过 3 分。中亚地区的成绩未超过 3 分的原因主要是波动太大，最高值与最低值之间相差 0.65 分。

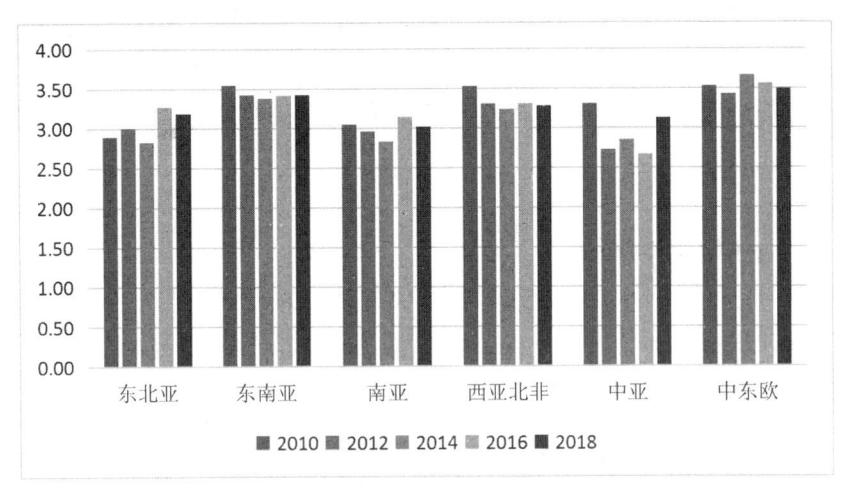

图 7-7　"一带一路"沿线区域 2010—2018 年货物运输及时性指标的得分情况
数据来源：根据世界银行物流绩效指数计算整理得出

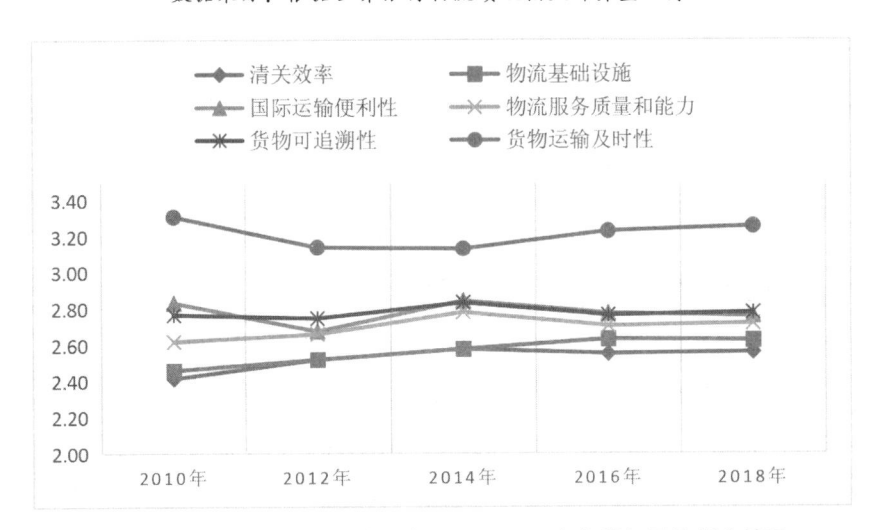

图 7-8　"一带一路"沿线国家 2010—2018 年各指标平均得分情况
数据来源：根据世界银行物流绩效指数计算整理得出

在分析比较 2010—2018 年期间，"一带一路"沿线区域在清关效率、基础设施建设、国际运输便利性、物流服务质量和能力、货物可追溯性和货物运输及时性这6个指标上的表现之后,接下来观察"一带一路"整体沿线国家在各指标上的表现。图7-8为"一带一路"沿线国家在2010—2018年各指标的平均得分情况。从图中可发现,"一带一路"沿线国家的六个指标9年内整体上呈现上升趋势,且每年大概保持货物运输及时性、货物可追溯性、国际运输便利性、物流服务质量和能力、物流基础设施、清关效率这样的排序。货物运输及时性在六个指标中的得分远远高于其他指标,表现最好;物流基础设施、清关效率两个指标保持稳定上升的态势;货物可追溯性、国际运输便利性、物流服务质量和能力在2014年取得了较快的发展,而后又回落,逐渐平稳。

三、物流绩效差异分析

前文基于"一带一路"沿线各区域物流绩效的得分均值对各区域的物流绩效现状作了概括性的比较分析,接下来将计算各分项指标的变异系数,以此来观察物流绩效的差异程度,具体结果如表7-6所示。

表7-6 "一带一路"沿线国家LPI及分项指标变异系数对比

年份	LPI	清关效率	物流基础设施	国际运输便利性	物流服务质量和能力	货物可追溯性	货物运输及时性
2010	0.1498	0.1884	0.2154	0.1352	0.1763	0.1687	0.1346
2012	0.1501	0.1654	0.1777	0.1479	0.1612	0.1677	0.1433
2014	0.1503	0.1713	0.1816	0.1436	0.1532	0.1661	0.1609
2016	0.1762	0.2021	0.2083	0.1749	0.1870	0.1925	0.1459
2018	0.1544	0.1685	0.1845	0.1599	0.1695	0.1729	0.1316

数据来源:根据世界银行物流绩效指数计算整理得出

单独观察LPI的变异系数,发现2010—2016年间变异系数从0.1498增加到0.1762,说明"一带一路"沿线国家物流绩效差异在加大。但2018年的变异系数是0.1544,较之前几年有所下降,说明近两年"一带一路"沿线国家的物流绩效差异在逐步缩小。

进一步分析比较物流绩效各分项指标的变异系数,从分项指标的角度看,各国之间物流基础设施、清关效率、物流服务质量和能力这三个指标的变异系数较大,表明它们之间的差异较大。从年份来看,2010—2014年,除国家运输便利性和货物运输及时性外，大部分指标的变异系数都是逐渐缩小。而经过几年的发展后，在2016—2018年，物流绩效的6个分项指标的变异系数均有不同程度的减小。

物流是一个整体的系统，单个国家的高效发展并不能带动"一带一路"整体物流绩效的提升，所以关注"一带一路"沿线各个国家的物流发展水平是至关重要的。也因为物流的整体性，所以我们才需要着重关注物流中较为薄弱的环节，由此来推动我国与沿线国家之间的跨境电子商务贸易。

第五节　中国对"一带一路"沿线国家的跨境电子商务出口贸易现状

本部分参照iResearch的测算方法，测算出了中国分国别的跨境电子商务出口数据，并在此基础上分析了我国对"一带一路"沿线49个国家跨境电子商务出口额的变化趋势，具体见图7-9。从图中看出，我国对49个"一带一路"沿线国家的外贸出口总额从2010年的3345.26亿美元已增加到2018年的6507.26亿美元，呈上升态势。但在2015年和2016年这两年，我国对"一带一路"沿线国家的贸易出口额出现大幅下降，分别同比下降3.1%和5.3%。一方面，我国出口贸易的新兴市场国家在此期间的经济明显减速，直接导致

图7-9　中国对主要"一带一路"国家贸易出口与跨境电子商务出口额

数据来源：国家统计局、中国电子商务研究中心

需求低迷；另一方面，可能是我国出口贸易之前一直是通过低成本的竞争优势来扩大贸易额，但近年来我国出口贸易依赖的人口优势和劳动力低廉的优势在逐渐消失，导致了出口贸易的竞争力在减弱，但随着2017年的到来，我国的出口贸易又展现了新的活力，总额为5823.96亿美元，环比增长9.4%。

与我国出口贸易总额的波动不同，我国对"一带一路"沿线国家的跨境电子商务出口贸易的总体规模呈现持续快速增长趋势。2018年，我国对"一带一路"沿线国家的跨境电子商务出口总额已达到2808.69亿美元，年增长率远高于同期外贸出口总额增速。从2010年到2018年，我国对"一带一路"沿线国家的跨境电子商务出口贸易交易规模增长已超过700%，不仅显示出了我国跨境出口贸易的强大活力，还表明我国与"一带一路"沿线国家的合作日益紧密。

1. 我国对"一带一路"沿线亚洲国家的跨境电子商务出口贸易

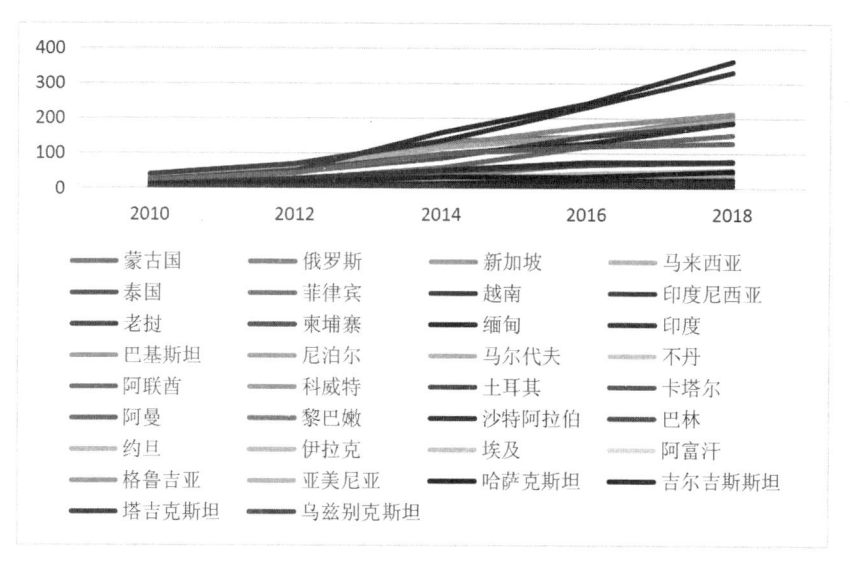

图7-10 2010—2018年我国对沿线亚洲国家的跨境电子商务出口额（单位：亿美元）

数据来源：国家统计局、中国电子商务研究中心

图7-10显示的是近9年来我国对"一带一路"沿线亚洲国家的跨境电子商务出口额情况。由图可看出，总体上所有国家的贸易额都呈上升趋势。从亚洲的各个区域来看，东南亚地区凭借其独特的地理优势和文化优势，成为我国其跨境电子商务出口总额最多的地区。而且，我国与越南之间跨境电子商务贸易额的增长速度更是一骑绝尘。中亚地区的国家与中国之间跨境电子商务贸易额较低，这可能是因为中亚地区的整体物流绩效水平较低，无法支

撑跨境电子商务贸易所需要的物流活动。从单个国家来看，我国与越南、印度、新加坡之间的跨境电子商务贸易额增长速度排前三，与2010年的贸易额相比，2018年分别增长了15倍、7倍、5倍。

2. 我国对"一带一路"沿线中东欧国家的跨境电子商务出口贸易

图7-11显示的是近九年来我国对"一带一路"沿线中东欧国家的跨境电子商务出口额情况，与亚洲区域的情况相似，总体上与所有国家的贸易额都呈上升趋势。波兰的增长幅度最为明显，从2010年的9亿美元快速增长到2018年的90亿美元，其次增速较为明显的是捷克、匈牙利、乌克兰等国家。而摩尔多瓦、拉脱维亚、保加利亚、克罗地亚、立陶宛等国家可能因为国土面积相对较小，经济发展水平较低，所以与中国之间的跨境电子商务贸易增速缓慢。

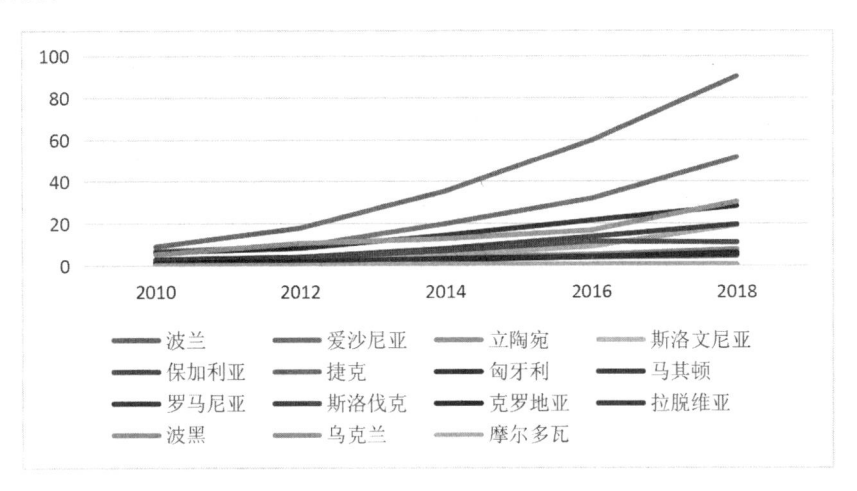

图7-11　2010—2018年我国对沿线中东欧国家的跨境电子商务出口额（单位：亿美元）
数据来源：国家统计局、中国电子商务研究中心

3. 我国对"一带一路"国家跨境电子商务出口前10位国家

由于"一带一路"沿线各国的发展水平相差较大，所以其进行跨境电子商务贸易的能力差距也较大。从图7-12中可以看出，在本文的研究对象"一带一路"沿线49个与我国进行跨境电子商务贸易的国家中，东南亚国家拔得头筹，在中国跨境电子商务出口前10位的国家里，东南亚国家占据6席。此外，还可以发现我国与"一带一路"沿线国家进行跨境电子商务贸易时，与不同国家的交易总额差距较大，排名第一、第二的国家的贸易总额占前十名整体贸易总额的33.9%，同时排名第一的越南与排名第十的波兰的贸易总额相差271.92亿美元，由此看出，各国之间的贸易发展水平差距较大。

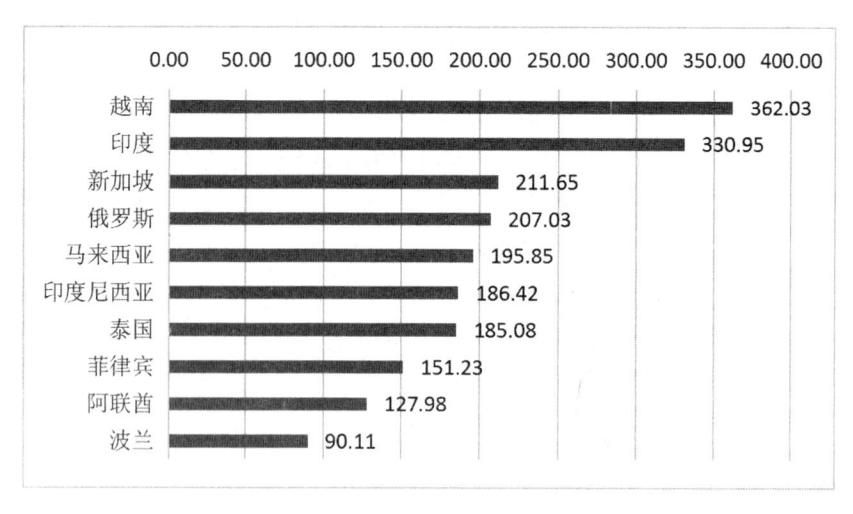

国家	数值
越南	362.03
印度	330.95
新加坡	211.65
俄罗斯	207.03
马来西亚	195.85
印度尼西亚	186.42
泰国	185.08
菲律宾	151.23
阿联酋	127.98
波兰	90.11

图 7-12 中国对"一带一路"国家跨境电子商务出口前 10 位国家（单位：亿美元）

数据来源：中国电子商务研究中心

第六节 中国对"一带一路"沿线国家跨境电子商务出口额与物流绩效的相关性分析

在前文的分析中，我们已经深入了解了我国对"一带一路"沿线国家的跨境电子商务出口现状及沿线国家的物流绩效水平，接下来会运用定性分析的方法初步判断这二者之间的关系，为后面的回归分析提供依据。

从趋势的角度，图 7-13 和 7-14 分别是"一带一路"沿线亚洲国家和中东欧国家 2010-2018 年物流绩效得分的折线图，将其与图 7-9、7-10 和 7-11（我国对"一带一路"沿线亚洲国家和中东欧国家的跨境电子商务出口额）进行对比，发现两者的增长趋势有相似之处，但并不能完全吻合，这可能是因为图 7-9 中横坐标的年份选取是一年，图 7-10 至 7-14 中横坐标的年份选取是两年，物流绩效指数缺失了 5 年的数据。从我国对沿线国家的跨境电子商务出口额来看，在 49 个国家中，我国向其出口的跨境电子商务贸易额处在前五的国家是越南、印度、新加坡、俄罗斯和马来西亚，从物流绩效的得分情况来看，49 个国家中物流绩效排名前五的国家是新加坡、阿联酋、捷克、波兰和马来西亚。其中有两个国家重合，可见二者之间存在着一定的联系。从区域上看，东南亚地区是中国向其出口的跨境电子商务贸易额最多的区域，

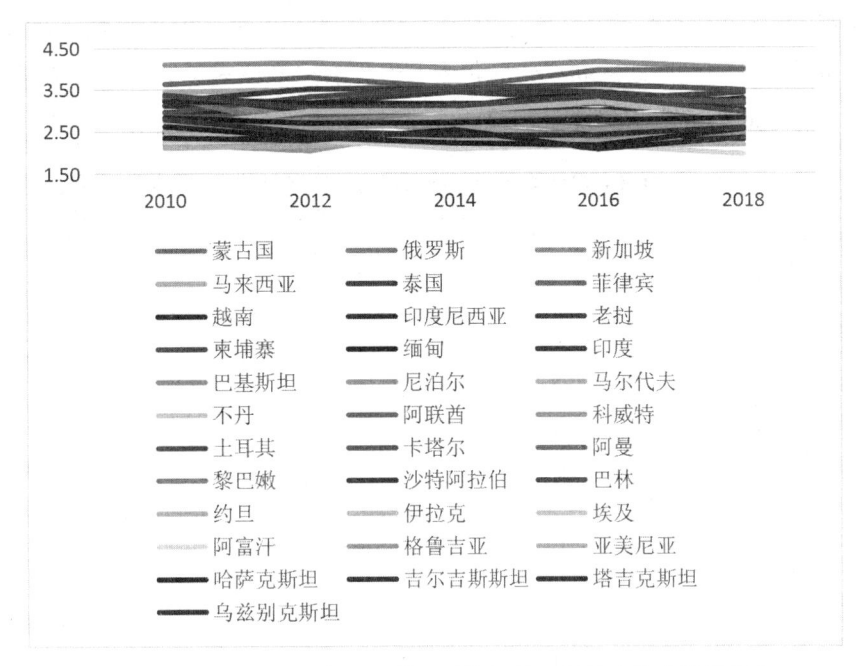

同时也是"一带一路"范围内物流绩效表现最好的区域。

图 7-13　2010—2018 年"一带一路"沿线亚洲国家物流绩效得分
数据来源：世界银行

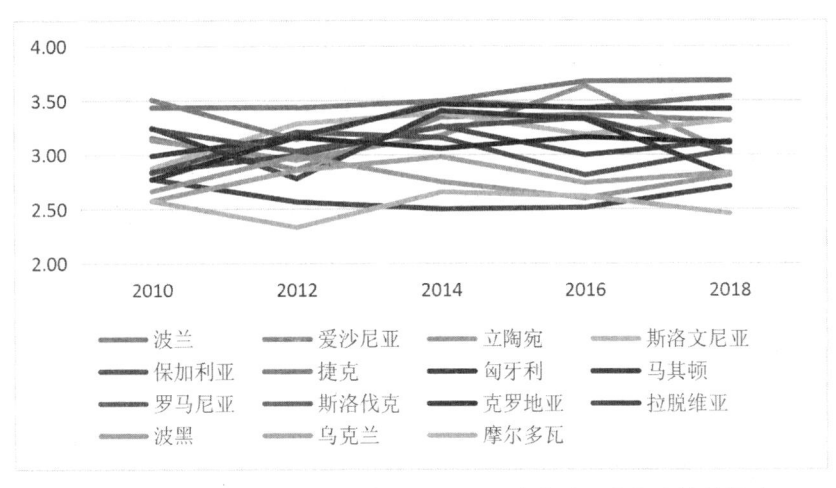

图 7-14　2010—2018 年"一带一路"沿线中东欧国家物流绩效得分
数据来源：世界银行

从 Pearson 相关系数的角度，首先以国家为标准，计算了 2010 年到 2018 年间"一带一路"沿线 49 个国家的物流绩效和中国对其国家出口的跨境电子商务贸易额之间的相关系数，具体结果见表 7-7。从表 7-7 可以看出，63%的国家的物流绩效与中国对其出口的跨境电子商务贸易额呈现正相关的关系，甚至有 11 个国家的相关系数大于 0.7，表明中国对这些国家的跨境电子商务出口贸易与其物流绩效的联系较为紧密。但也有少数国家的相关系数为负数，表明二者之间呈现负相关性。

表 7-7　2010-2018 年跨境电子商务出口额与物流绩效的 Pearson 相关系数

国家	相关系数	国家	相关系数
蒙古国	0.3768	伊拉克	0.2659
俄罗斯	0.9865	埃及	0.4178
新加坡	0.9912	阿富汗	-0.8435
马来西亚	0.9951	格鲁吉亚	-0.7064
泰国	0.9901	亚美尼亚	0.0465
菲律宾	-0.9024	哈萨克斯坦	0.0753
越南	0.7479	吉尔吉斯斯坦	-0.2971
印度尼西亚	0.8658	塔吉克斯坦	-0.1414
老挝	0.1452	乌兹别克斯坦	-0.1882
柬埔寨	0.4048	波兰	0.7070
缅甸	-0.0090	爱沙尼亚	0.6113
印度	0.5291	立陶宛	0.1646
巴基斯坦	-0.0672	斯洛文尼亚	0.4059
尼泊尔	0.7803	保加利亚	-0.0311
马尔代夫	0.2616	捷克	0.7165
不丹	-0.6576	匈牙利	0.7840
阿联酋	0.5694	马其顿	-0.1412
科威特	-0.2839	罗马尼亚	0.4140
土耳其	-0.2014	斯洛伐克	0.1316
卡塔尔	0.6926	克罗地亚	0.5204
阿曼	0.9342	拉脱维亚	-0.1063
黎巴嫩	-0.5332	波黑	-0.0883
沙特阿拉伯	-0.7518	乌克兰	0.3401
巴林	-0.6631	摩尔多瓦	0.0135
约旦	0.4456		

再以年为标准，计算相同年份内中国对"一带一路"沿线49个国家的跨境电子商务出口额与物流绩效之间的相关系数，具体结果见表7-8。观察表7-8，可以发现相同年份内，中国对"一带一路"沿线国家的跨境电子商务出口额与其物流绩效的相关系数都是正的，由于是以年为标准，所以并不存在时间上的波动性，只考虑各国的具体情况，相关系数为正可以表明物流绩效对于中国对其沿线国家的跨境电子商务出口额有着积极的正向影响作用。

表7-8 各年度跨境电子商务出口额与物流绩效的Pearson相关系数

年份	相关系数
2010	0.4571
2012	0.4829
2014	0.3941
2016	0.3849
2018	0.4325

最后，从总体上进行分析，将2010到2018年间我国对"一带一路"沿线49个国家的跨境电子商务出口贸易额和沿线49个国家的物流绩效分别作为一个整体来计算二者之间的相关系数，得出Pearson相关系数为0.35，二者为正相关。

以上从趋势性和相关性两个角度得出了"一带一路"沿线国家的物流绩效和中国对其出口的跨境电子商务贸易额之间总体上具有正向的相关关系。但是这是对"一带一路"沿线国家物流绩效和中国对其出口跨境电子商务贸易额之间关系的初步定性判断，"一带一路"沿线49个国家的物流绩效水平对我国与其之间的跨境电子商务出口贸易究竟有着什么样的影响、影响程度有多大，还需要在接下来的章节中进行具体的回归分析。

本节首先基于数据的可得性选取了本章所要研究的49个"一带一路"沿线国家，接着基于物流绩效指数的得分分析了"一带一路"沿线国家的物流绩效现状，并从物流绩效分项指标的角度分析了沿线国家物流绩效发展不平衡的原因。结果发现，提升"一带一路"整体物流发展水平的关键是提高清关效率和完善物流基础设施。另外，本章还对我国与"一带一路"沿线国家的跨境电子商务出口贸易现状做出了详细的分析。最后，本章从趋势，相关系数等角度对"一带一路"沿线国家的物流绩效与中国对其出口跨境电子商务贸易之间的相关性作出了初步的定性判断，结果显示，物流绩效的改善对于跨境电子商务贸易的确有促进作用。

第七节 物流绩效对中国跨境电子商务出口贸易影响的实证分析

在初步判断"一带一路"沿线国家的物流绩效和中国对其跨境电子商务出口贸易之间具有正向的相关关系之后。接下来将基于空间计量模型，更深入地研究物流绩效对跨境电子商务贸易的空间溢出效应。

一、模型变量选取及数据来源

1. 模型设定及变量说明

引力模型的思想和概念源自物理学中牛顿提出的万有引力定律，最早将引力模型用于研究国际贸易的是 Tinbergen（1962）和 Poyhonen（1963），他们分别独立使用引力模型研究分析了双边贸易流量，并得出两国双边贸易规模与它们的经济总量成正比，与两国之间的地理距离成反比的结果。贸易引力模型的基本形式如下所示：

$$EXP_{ij} = \alpha \times Y_i \times Y_j / D_{ij} \tag{7-1}$$

后来随着研究的深入，基本形式变为：

$$\ln EXP_{ij} = \alpha_0 + \alpha_1 \ln Y_i + \alpha_2 \ln Y_j + \alpha_3 \ln D_{ij} + \varepsilon_{ij} \tag{7-2}$$

其中，EXP_{ij} 表示 i 国和 j 国之间的贸易总额；Y_i 和 Y_j 分别表示 i 国和 j 国的经济规模；D_{ij} 表示 i 国与 j 国之间的地理距离；α_i 为系数项，ε_{ij} 为误差项。

随着人们对国际贸易的研究越来越深入，引力模型中也开始逐渐加入其他能够影响国际贸易的变量，以分析其对贸易的不同影响。自此，扩展的贸易引力模型开始成为国际贸易研究中的主流模型。本文也基于贸易引力模型设定了本文实证分析中所用的模型。由于本文想要研究的是"一带一路"国家物流绩效与中国对其跨境电子商务出口额之间的关系，所以在设定的模型中除了将经济总量、地理距离及物流绩效指数（LPI）作为自变量外，还根据实际情况加入了新的变量，即人口和国土面积。本文设定的具体方程如下：

$$\ln TRA_{it} = \alpha 0 + \alpha 1 \ln GDP_{it} + \alpha 2 \ln CGDP_t + \alpha 3 \ln DIS_{it} + \alpha 4 \ln POP_{it} + \alpha_5 \ln AREA_{it} + \alpha_6 \ln LPI_{it} + \varepsilon it \tag{7-3}$$

其中，TRA_{it}代表 t 年中国对 i 国的跨境电子商务出口贸易额；GDP_{it}代表 t 年 i 国的国民生产总值；$CGDP_t$代表 t 年中国的国内生产总值；DIS_{it}为 t 年 i 国与中国的地理距离；POP_{it}代表 t 年 i 国的人口规模；$AREA_{it}$代表 t 年 i 国的国土面积；LPI_{it}代表 t 年 i 国的物流绩效；α_0为常数项，α_i为各解释变量的系数（$i \neq 0$），ε_{it}为误差项。

同时，因为需要进一步研究物流绩效指数中的各个分项指标对跨境电子商务贸易的影响程度，所以也设定了以物流绩效的六个分项指标为核心解释变量的模型，如式（7-4）至（7-9）。

$$\ln TRA_{it} = \alpha 0 + \alpha 1 \ln GDP_{it} + \alpha 2 \ln CGDP_t + \alpha 3 \ln DIS_{it} + \alpha 4 \ln POP_{it} \\ + \alpha_5 \ln AREA_{it} + \alpha_6 \ln CUS_{it} + \varepsilon it \quad (7\text{-}4)$$

$$\ln TRA_{it} = \alpha 0 + \alpha 1 \ln GDP_{it} + \alpha 2 \ln CGDP_t + \alpha 3 \ln DIS_{it} + \alpha 4 \ln POP_{it} \\ + \alpha_5 \ln AREA_{it} + \alpha_6 \ln IHF_{it} + \varepsilon it \quad (7\text{-}5)$$

$$\ln TRA_{it} = \alpha 0 + \alpha 1 \ln GDP_{it} + \alpha 2 \ln CGDP_t + \alpha 3 \ln DIS_{it} + \alpha 4 \ln POP_{it} \\ + \alpha_5 \ln AREA_{it} + \alpha_6 \ln SHI_{it} + \varepsilon it \quad (7\text{-}6)$$

$$\ln TRA_{it} = \alpha 0 + \alpha 1 \ln GDP_{it} + \alpha 2 \ln CGDP_t + \alpha 3 \ln DIS_{it} + \alpha 4 \ln POP_{it} \\ + \alpha_5 \ln AREA_{it} + \alpha_6 \ln QLS_{it} + \varepsilon it \quad (7\text{-}7)$$

$$\ln TRA_{it} = \alpha 0 + \alpha 1 \ln GDP_{it} + \alpha 2 \ln CGDP_t + \alpha 3 \ln DIS_{it} + \alpha 4 \ln POP_{it} \\ + \alpha_5 \ln AREA_{it} + \alpha_6 \ln TIC_{it} + \varepsilon it \quad (7\text{-}8)$$

$$\ln TRA_{it} = \alpha 0 + \alpha 1 \ln GDP_{it} + \alpha 2 \ln CGDP_t + \alpha 3 \ln DIS_{it} + \alpha 4 \ln POP_{it} \\ + \alpha_5 \ln AREA_{it} + \alpha_6 \ln TIM_{it} + \varepsilon it \quad (7\text{-}9)$$

在设定好模型之后，对模型中所涉及的自变量和因变量做进一步的说明，说明如下：

2. 因变量

中国对"一带一路"沿线各国的出口跨境电子商务贸易额（TRA），由于目前跨境电子商务数据还存在一定的限制，所以在参考了部分文献和报告后，本文借鉴 iResearch 关于跨境电子商务数据的测算方法，计算出中国对 49 个"一带一路"沿线国家的跨境电子商务出口额，测算公式如下，计算之后的跨境电子商务数据见附录 3。

$$中国对 i 国的跨境电商出口额 = 中国跨境电商出口额 \times \frac{中国对 i 国的出口额}{中国出口总额}$$

3. 自变量

"一带一路"沿线国家的国内生产总值（GDP）。GDP 作为贸易引力模型中的原始变量，对双边贸易规模有着重要的影响。

中国的经济生产总值（CGDP）。中国作为出口国，其国内生产总值是影响中国跨境电子商务出口额的重要因素。国内生产总值越大在一定程度就表示其制造能力越强，出口能力越强。

中国与"一带一路"沿线国家的地理距离（DIS）。地理距离作为引力模型中的原始变量，衡量的是两国之间的距离成本，与双边贸易规模呈反比。本文用两国首都的直线距离代表两国的贸易距离。

"一带一路"沿线国家的人口总数（POP）。人口规模的增加可以带动国家整体的购买能力，扩大国内市场的同时增加了该国的贸易需求，从而影响该国的对外贸易规模。Linnemann（1966）也通过研究证实国家的人口规模与该国的贸易需求正相关。因此，本文以 Linnemann 的研究成果为基础加入人口变量。

"一带一路"沿线国家的国土面积（AREA）。国土面积和地理距离一样，同属于地理因素，因此，可以把国土面积作为距离因素在国内的延伸。两国地理距离越远，其运输成本则越高，贸易成本越大。另外，国土面积越大的国家，其地形和气候就可能越复杂，这些因素都会制约贸易的发展。林玲、王炎（2004）也通过实证计量发现国土面积对中国对外贸易有显著的影响作用。因此，本文以林玲和王炎的研究成果为基础加入国土面积变量。

"一带一路"沿线国家的物流绩效（LPI）。物流绩效作为本文的研究目标，是影响中国跨境电子商务出口额的重要因素。物流绩效指数（LPI）因其对物流活动各个环节的全面评价，自从被世界银行发布之后，就作为衡量国家物流发展水平的指标广泛应用。

二、数据来源及处理说明

在前期已选取了"一带一路"沿线 49 个国家作为研究对象，具体国家名单见表 7-1。又因为国际物流绩效指数（LPI）的数据是每隔两年发布一次，所以本文借鉴樊秀峰、余姗（2015）的处理方法将缺失年份的数据用相似年份的数据替代，即 2017 年数据用 2018 年数据替代，2015 年数据用 2016 年数据替代，以此类推，得到 2012—2018 年间的物流绩效数据。对模型中各个变量的进一步说明和数据来源如表 7-9 所示。

表 7-9 变量说明及数据来源

变量类型	变量名称	说明	预期符号	数据来源
因变量	TRA	中国对"一带一路"沿线49个国家的跨境电子商务出口额	/	国家统计局、艾瑞咨询、中国电子商务研究中心（单位：万美元）
自变量	GDP	"一带一路"沿线49个国家的国内生产总值	+	世界银行数据库（单位：现价美元）
自变量	CGDP	中国国内生产总值	+	世界银行数据库（单位：现价美元）
自变量	DIS	北京与"一带一路"沿线49个国家首都之间的直线距离	−	CEPII数据库（单位：千米）
自变量	POP	"一带一路"沿线49个国家的人口规模	+	世界银行数据库（单位：个）
自变量	LPI	"一带一路"沿线49个国家的物流绩效得分，取值范围1~5，分数越高代表绩效越好	+	世界银行数据库
自变量	AREA	"一带一路"沿线49个国家的国土面积	−	国家统计局（单位：平方千米）

第八节　物流绩效的空间相关性分析

一、空间权重矩阵的确立

由于本文的研究目标是研究"一带一路"沿线国家的物流绩效对中国与其跨境电子商务出口贸易的空间溢出效应，所以需要使用空间计量模型，而空间计量模型的使用又必须以空间权重矩阵的构建为前提，所以构建空间权重矩阵是本文进行实证计量的第一步。在第三章通过对"一带一路"沿线49个国家的物流绩效现状进行分析后，发现沿线国家的物流绩效得分主要呈区域性聚集状态,这种状态又是受到空间地理距离的影响,所以本文采用最常用的 0-1 邻接矩阵,0-1 邻接矩阵的表达式如下所示,它是用 0 和 1 来表示两者之间有无共同边界,本文依据 CEPII 数据库以国家之间的相邻关系建立了"一带一路"沿线 49 个国家的空间邻接权重矩阵。

$$Wij = \begin{cases} 1, & 当 i 和 j 存在共同边界 \\ 0, & 当 i 和 j 无共同边界或 i = j \end{cases}$$

二、全局空间相关性检验分析

在研究"一带一路"沿线国家的物流绩效的空间溢出效应之前,先对物流绩效指数的空间相关性进行检验,若物流绩效数据不存在空间相关性,则使用普通面板模型即可;若物流绩效数据存在空间相关性,则需要使用空间计量模型。当前对空间相关性检验的方法有莫兰指数 I(Moran's I)检验、吉尔里检验 C(Geary's C)检验、Getis-Ord 指数 G 检验。本文采用 Moran's I 检验。莫兰指数 I 的检验结果若大于 0,则表明数据之间存在正的空间自相关;检验结果若小于 0,则表明数据之间存在负的空间自相关;检验结果趋于 0,则表明不存在空间相关性。检验结果如下:

根据表 7-10 的检验结果可知,物流绩效指数(LPI)的莫兰指数均大于 0,且通过显著性水平检验,这表明"一带一路"沿线国家间的物流绩效存在正向的空间相关性。并且在 2012—2018 年间,空间相关性的程度先增大后减小。

表 7-10　2012-2018 年 LPI 全局 Moran's I 指数

年份	Moran's I 指数	Moran's I 标准差	Z 值	P 值
2012	0.330	0.127	2.769	0.006
2013	0.383	0.128	3.150	0.002
2014	0.383	0.128	3.150	0.002
2015	0.327	0.128	2.714	0.007
2016	0.327	0.128	2.714	0.007
2017	0.303	0.127	2.541	0.011
2018	0.303	0.127	2.541	0.011

数据来源:由 Stata16 的计算结果整理得到

从表 7-11 可以看出，物流绩效六个分项指标的 Moran's I 结果均为正数，虽然指标的部分年份显著性较弱，但均通过 10% 的显著性检验。说明物流绩效的六个细分指标都存在显著的空间相关性。

表 7-11　2012-2018 年 LPI 分项指标全局 Moran's I 指数

指标	年份	Moran's I 指数	P 值	指标	年份	Moran's I 指数	P 值
CUS	2012	0.319	0.007	IHF	2012	0.343	0.004
	2013	0.386	0.001		2013	0.408	0.001
	2014	0.386	0.001		2014	0.408	0.001
	2015	0.27	0.023		2015	0.309	0.01
	2016	0.27	0.023		2016	0.309	0.01
	2017	0.285	0.016		2017	0.29	0.014
	2018	0.285	0.016		2018	0.29	0.014
SHI	2012	0.271	0.021	QLS	2012	0.316	0.008
	2013	0.303	0.012		2013	0.329	0.006
	2014	0.303	0.012		2014	0.329	0.006
	2015	0.306	0.011		2015	0.303	0.012
	2016	0.306	0.011		2016	0.303	0.012
	2017	0.353	0.003		2017	0.304	0.011
	2018	0.353	0.003		2018	0.304	0.011
TIC	2012	0.248	0.035	TIM	2012	0.267	0.025
	2013	0.225	0.055		2013	0.309	0.01
	2014	0.225	0.055		2014	0.309	0.01
	2015	0.327	0.007		2015	0.331	0.006
	2016	0.327	0.007		2016	0.331	0.006
	2017	0.227	0.052		2017	0.19	0.099
	2018	0.227	0.052		2018	0.19	0.099

数据来源：由 Stata16 的计算结果整理得到

第九节 基于面板数据的物流绩效空间溢出效应的检验分析

一、描述性统计

由于变量之间的数量级不一致,所以对变量数据做取对数处理,消除异方差的存在对检验结果造成的影响。同时,为了观察数据中是否有极端异常值,我们对模型中的变量进行描述性统计,结果见表7-12。

表7-12 各个变量的描述性统计

变量		平均值	标准差	最小值	最大值	观测数
lnTRA	overall	11.41217	1.983527	5.254186	15.10208	N = 343
	between		1.940452	5.64924	14.34335	n = 49
	within		0.4848561	9.896063	12.6405	T = 7
lnGDP	overall	25.0472	1.621389	21.31013	28.63397	N = 343
	between		1.631685	21.47282	28.41462	n = 49
	within		0.1149555	24.71322	25.4132	T = 7
lnCGDP	overall	30.01176	0.1415352	29.77487	30.24169	N = 343
	between		0	30.01176	30.01176	n = 49
	within		0.1415352	29.77487	30.24169	T = 7
lnDIS	overall	8.539168	0.3984549	7.066507	8.951911	N = 343
	between		0.4019968	7.066507	8.951911	n = 49
	within		0	8.539168	8.539168	T = 7
lnPOP	overall	16.30382	1.651898	12.89229	21.02531	N = 343
	between		1.666104	13.0259	20.99285	n = 49
	within		0.0395661	16.12224	16.44478	T = 7
lnAREA	overall	11.80786	2.104801	5.703783	16.65449	N = 343
	between		2.12351	5.703783	16.65449	n = 49
	within		0.0013586	11.7909	11.81375	T = 7

续表

变量		平均值	标准差	最小值	最大值	观测数
lnLPI	overall	1.056797	0.1597798	0.6670932	1.421573	N=343
	between		0.153648	0.7347718	1.400838	n=49
	within		0.0483326	0.8836685	1.179066	T=7

从表 7-12 可以看出，所有变量的标准差均小于均值，所以数据中不存在极端异常值。

二、平稳性检验

由于本章使用实证模型为 N=49，T=9 的面板数据，所以在进行回归前，需要先对数据进行单位根检验，以保证数据的平稳。选取 LLC 单位根和 ADF 单位根两种检验方式，检验结果如表 7-13 所示。

表 7-13 单位根检验结果

ADF 单位根检验			LLC 单位根检验		
变量	统计量	P 值	变量	统计量	P 值
lnTRA	297.3854	0.0000	lnTRA	-16.5281	0.0000
lnGDP	143.6513	0.0018	lnGDP	-9.6771	0.0000
D（lnCGDP）	175.7127	0.0000	lnCGDP	-10.1057	0.0000
lnPOP	997.3468	0.0000	lnPOP	-2.2244	0.0131
lnAREA	20.0633	0.0101	D（lnAREA）	-18.6411	0.0000
lnLPI	619.7753	0.0000	lnLPI	-58.7664	0.0000
lnCUS	490.9393	0.0000	lnCUS	-43.1346	0.0000
lnIHF	445.0361	0.0000	lnIHF	-35.4418	0.0000
lnSHI	673.6201	0.0000	lnSHI	-56.8366	0.0000
lnQLS	375.4602	0.0000	lnQLS	-30.2557	0.0000
lnTIC	529.6428	0.0000	lnTIC	-19.3346	0.0000
lnTIM	342.3274	0.0000	lnTIM	-29.9217	0.0000

数据来源：由 Stata16 的计算结果整理得到

通过检验结果发现，大部分变量的原序列都是平稳的，变量 lnCGDP 和 lnAREA 的原序列非平稳但一阶差分后均为平稳序列，表明所有序列为一阶单整。

第十节 基于空间计量模型的空间溢出效应的实证分析

一、空间计量模型的选择

在确定数据具有空间相关性,可使用空间计量方法后,接下来就需要确定运用哪种空间面板回归模型。常见的空间回归模型有空间滞后模型(Spatial Autoregression Model_ Panel)、空间杜宾模型(Spatial Durbin Model)和空间误差模型(Spatial Errors Model)。

空间滞后模型,可简称为 SAR 模型,其基本形式如下:

$$y = \lambda Wy + X\beta + \varepsilon \tag{7-10}$$

W 为自行设定的空间权重矩阵;λ 为因变量的空间滞后回归系数,可反映空间相关性;β 为自变量的回归系数;ε 表示扰动项。

空间滞后模型的内涵是被解释变量除了受到解释变量的影响作用外,还会受到通过空间权重矩阵作用的其他地区被解释变量的影响,最终形成一个均衡结果。

空间杜宾模型,可简称为 SDM,其基本形式如下:

$$y = \lambda Wy + X\beta + WX\delta + \varepsilon \tag{7-11}$$

W 为自行设定的空间权重矩阵;λ 表示因变量的空间滞后回归系数;δ 表示自变量的回归系数;ε 表示扰动项。

空间杜宾模型的内涵是被解释变量除受到本地区自变量的影响之外,还受到通过空间权重矩阵形成的相邻地区自变量的空间影响。

空间误差模型,可简称为 SEM,其基本形式如下:

$y = X\beta + u$,其中,扰动项 u 的生成过程为 $u = \rho Mu + \varepsilon$,$\varepsilon \sim N(0, \sigma^2 In)$

$$\tag{7-12}$$

M 自行设定的空间权重矩阵;ρ 表示空间误差回归系数,能够反映空间相关程度;β 表示自变量的回归系数。

空间误差模型区别于其他模型的地方在于不同地区的被解释变量之间的空间相关性通过误差项来体现。

通过 Moran's I 指数的检验,发现"一带一路"沿线国家的物流绩效之间存在着一定的空间相关性,但为了确定建立的空间计量模型中是否含有空间滞后项和空间误差项，所以需要进行进一步的检验。依据 LeSage、Pace（2002）和 Elhorst（2010）关于空间计量模型的选择标准，首先利用非空间面板模型构建 LM 和 R-LM 统计量进行空间自相关检验，如果 LM-Error、LM-Lag、Robust-LM-Lag 与 Robust-LM-Error 检验都不显著，则表示使用普通的面板回归模型；如果 LM-Error、Robust-LM-Error 通过了显著性检验或 LM-Lag、Robust-LM-Lag 通过了显著性检验，这就表明应该使用空间误差模型（SEM）或空间滞后模型（SAR）。接着使用 Wald 检验，因为空间误差模型（SEM）和空间滞后模型（SAR）是空间杜宾模型（SDM）的特例，所以，如果检验结果强烈拒绝原假设，那就应该使用空间杜宾模型（SDM）；如果检验结果不能拒绝原假设，那就应该根据 LM 的检验结果使用空间误差模型或空间滞后模型。LM 的检验结果见表 7-14。

表 7-14 LM 检验结果

检验	统计量	P 值
LM Error（Burridge）	19.1930	0.0000
LM Error（Robust）	19.1854	0.0000
LM Lag（Anselin）	0.0135	0.9074
LM Lag（Robust）	0.0059	0.9386

从表 7-14 的检验结果可知，LM-Error 和 Robust-LM-Error 通过了 1% 的显著性水平检验，LM-Lag 和 Robust-LM-Lag 则没有通过显著性检验，说明 SEM 模型优于 SAR 模型。接下来将空间误差模型（SEM）与空间杜宾模型（SDM）进行比较。Wald 检验的结果为"chi2（6）= 29.00, Prob>chi2 = 0.0001"，通过了 1% 的显著性检验，强烈拒绝原假设，说明空间杜宾模型（SDM）为最优模型。综上，本文采用空间杜宾模型进行空间效应的实证分析。

在确定使用空间杜宾模型（SDM）之后，需要确定采用何种效应模型进行回归分析。由于使用固定效应模型时，系统会自动剔除不具有时间波动性的变量，而本文的地理距离变量（DIS）就属于没有时间波动性的变量，如果距离变量被剔除，那么就违背了贸易引力模型的初衷，所以本章采用了 B-P 检验在随机效应和混合 OLS 模型之间进行选择，对模型（7-3）至（7-9）进行 B-P 检验的结果见表 7-15。

表 7-15 B-P 检验结果

模型	检验统计量	P 值
(6-3)	838.40	0.0000
(6-4)	827.53	0.0000
(6-5)	823.10	0.0000
(6-6)	851.96	0.0000
(6-7)	851.22	0.0000
(6-8)	813.76	0.0000
(6-9)	834.24	0.0000

结果显示，7 个模型均通过 1% 的显著性水平检验，强烈拒绝原假设，所以本文选择随机效应模型进行回归。

二、模型估计结果分析

1. 总体回归分析

利用 Stata 软件对模型（7-3）进行回归，研究"一带一路"沿线国家的物流绩效对中国与其沿线国家跨境电子商务出口贸易的影响。结果如表 7-16 所示。

表 7-16 总体 SDM 回归结果

变量	(6-3)
$\ln GDP_{it}$	0.4260 * * * (0.1171)
$\ln CGDP_{it}$	2.6029 * * * (0.2132)
$\ln DIS_{it}$	-1.5708 * * (0.5872)
$\ln POP_{it}$	0.9346 * * * (0.1868)
$\ln AREA_{it}$	-0.3382 * * * (0.1163)
$\ln LPI_{it}$	0.4570 * (0.2628)

续表

变量	(6-3)
W × lnLPI$_{it}$	-0.9220**
	(0.4390)
ρ	0.1696***

注：＊＊＊、＊＊、＊分别表示通过1%、5%、10%的显著性水平检验，括号内数字为标准误

由于空间计量模型中存在着空间权重矩阵，所以致使自变量的回归系数并不能表示其对因变量的直接影响程度，因为自变量和因变量间还存在着反馈效应，但是可以先从系数的正负性来初步判断。

在SDM模型不考虑空间权重矩阵时，各个变量都通过了显著性水平检验，"一带一路"沿线国家的国内生产总值（lnGDP$_{it}$）、中国的国内生产总值（lnCGDP$_i$）、"一带一路"沿线国家的人口规模（lnPOP$_{it}$）、"一带一路"沿线国家的物流绩效指数（lnLPI$_{it}$）的系数是正的，而地理距离（lnDIS$_{it}$）和沿线国家国土面积（lnAREA$_{it}$）的系数是负的。这说明在"一带一路"范围内，沿线国家国内生产总值和人口规模的增加可以带动个人的购买能力，从而提高国家整体的购买能力，扩大国内市场的同时与其他国家进行进出口贸易的需求也在逐渐增加。中国国内生产总值的提高会促进其生产制造能力，从而具有更强的供给能力，满足日益增长的贸易需求，这一系列的生产活动都能促进"一带一路"沿线国家与中国之间的跨境电子商务贸易额。物流绩效指数的得分越高，意味着物流的各个环节，如清关、基础设施建设、国际运输便利性等流程都在逐步改善，从而提高物流的整体效率，为跨境电子商务交易提供夯实的基础。所以物流绩效是提升中国对沿线49个国家跨境电子商务出口额的重要因素，且物流绩效的改善对贸易的发生具有促进作用。但"一带一路"沿线国家的国土面积及与中国之间的地理距离都对两国之间的跨境电子商务贸易产生负向的作用。这是因为国土面积和地理距离同属于地理变量，地理变量本身的微小变化就会对贸易产生显著影响。距离的远近在某些程度上可以衡量运输成本的高低，运输成本是贸易成本的组成部分，运输成本越高，则越不利于两国之间的贸易往来，阻碍贸易增长。国土面积越大，其国家的地形和气候就有可能越复杂，对一个国家的经济发展和贸易活动产生制约作用。空间滞后系数ρ通过1%的显著性检验，它是因变量即中国对"一带一路"沿线国家跨境电子商务出口额的滞后系数，是在空间权重矩阵上

的溢出效应。它大于0就意味着因变量受到本国自变量和相邻国家自变量的双重影响。

在SDM模型中，$W \times \ln LPI_{it}$在5%的显著性水平下显著，表示的是其他国家的物流绩效对本国与中国之间跨境电子商务贸易的影响，$W \times \ln LPI_{it}$的回归系数为负数就意味着相邻国家物流绩效的改善导致了本国与相邻国家之间物流成本的差异，这就促使跨境电子商务贸易由"物流成本高国家"向"物流成本低国家"流动，即由本国向相邻国家流动，从而造成贸易的转移，导致了一种负向的空间溢出效应。在同等条件下，相邻国家物流绩效的改善意味着本国的国际竞争力在减弱，本国的贸易受到威胁，对本国贸易的产生有着抑制作用。

2. 分项指标回归分析

为了更加细致地研究物流绩效中各分项指标对中国与"一带一路"沿线国家跨境电子商务贸易的影响程度，接下来按照前文的方法和模型，对方程（7-4）至（7-9）在空间杜宾模型（SDM）下进行相同的回归检验，结果如表7-17所示。

表7-17 分项指标SDM回归结果

变量	(5-4)	(5-5)	(5-6)	(5-7)	(5-8)	(5-9)
$\ln GDP_{it}$	0.4266 *** (0.1184)	0.3961 *** (0.1150)	0.4699 *** (0.1147)	0.4887 *** (0.1166)	0.4509 *** (0.1162)	0.4784 *** (0.1159)
$\ln CGDP_{it}$	2.5919 *** (0.2133)	2.6085 *** (0.2109)	2.6000 *** (0.2119)	2.5932 *** (0.2154)	2.6103 *** (0.2134)	2.6087 *** (0.2145)
$\ln DIS_{it}$	-1.5708 *** (0.5927)	-1.5820 *** (0.5885)	-1.5047 *** (0.5760)	-1.5695 *** (0.5916)	-1.5869 *** (0.5886)	-1.5597 *** (0.5920)
$\ln POP_{it}$	0.9581 *** (0.1893)	0.9563 *** (0.1858)	0.8825 *** (0.1848)	0.8992 *** (0.1875)	0.9308 *** (0.1875)	0.9046 *** (0.1879)
$\ln AREA_{it}$	-0.3544 *** (0.1170)	-0.3345 *** (0.1165)	-0.3248 *** (0.1142)	-0.3494 *** (0.1168)	-0.3492 *** (0.1164)	-0.3461 *** (0.1173)

续表

变量	(5-4)	(5-5)	(5-6)	(5-7)	(5-8)	(5-9)
$\ln CUS_{it}$	0.1599 (0.1682)					
$W \times \ln CUS_{it}$	-0.7178** (0.2939)					
$\ln IHF_{it}$		0.6014*** (0.1976)				
$W \times \ln IHF_{it}$		-0.9034*** (0.2994)				
$\ln SHI_{it}$			0.3746** (0.1787)			
$W \times \ln SHI_{it}$			0.1143 (0.3685)			
$\ln QLS_{it}$				-0.0689 (0.2202)		
$W \times \ln QLS_{it}$				-0.3508 (0.3924)		
$\ln TIC_{it}$					0.1860 (0.1837)	
$W \times \ln TIC_{it}$					-0.6640** (0.3073)	
$\ln TIM_{it}$						0.0231 (0.1853)
$W \times \ln TIM_{it}$						-0.2904 (0.3545)

注：***、**、*分别表示通过1%、5%、10%的显著性水平检验，括号内数字为标准误

由统计结果可知，变量$\ln GDP_{it}$、$\ln CGDP_i$、$\ln DIS_{it}$、$\ln POP_{it}$及$\ln AREA_{it}$的影响效果和显著性与模型（7-3）的回归结果一样，所以下面将只对物流绩效指数中6个分项指标的回归系数进行分析。

在 SDM 模型不考虑空间权重矩阵时，清关效率（$\ln CUS_{it}$）、物流基础设施（$\ln IHF_{it}$）、国际运输便利性（$\ln SHI_{it}$）、货物可追溯性（$\ln TIC_{it}$）和货物运输及时性（$\ln TIM_{it}$）的系数都为正，但只有 $\ln IHF_{it}$ 和 $\ln SHI_{it}$ 分别通过了 1% 和 5% 的显著性水平检验。系数唯一为负的物流服务质量和能力（$\ln QLS_{it}$）也未通过显著性检验。这表明通过加大对物流基础设施的投入，选择合适的交通运输路线，安排有价格竞争力的货物都能促进中国对"一带一路"沿线国家的跨境电子商务出口贸易。

在 SDM 模型考虑空间权重矩阵时，$W \times \ln CUS_{it}$ 和 $W \times \ln TIC_{it}$ 通过 5% 的显著性水平检验，$W \times \ln IHF_{it}$ 通过了 1% 的显著性水平检验，其他指标未通过显著性检验。$W \times \ln CUS_{it}$ 表示的是其他国家清关效率的改善对本国与中国之间跨境电子商务贸易的影响，它的系数为负意味着相邻国家清关效率的改善会提高相邻国家的物流效率、增加国际竞争力，那么本国的国际竞争力就会相对减弱，导致本国与中国之间的跨境电子商务贸易额受到不利影响，这种不利影响就是负的空间溢出效应。$W \times \ln TIC_{it}$ 的系数为负表示相邻国家货物可追溯性的改善会对本国与中国之间的跨境电子商务贸易产生阻碍作用，这种阻碍作用就是负的空间溢出效应。$W \times \ln IHF_{it}$ 表示其他国家物流基础设施对本国的影响，物流基础设施的不同会导致两个相邻国家间物流成本及物流效率的差异，而跨境电子商务贸易当然会向物流效率高的国家转移，这就使物流效率相对较低的另一个国家的跨境电子商务贸易受到威胁，导致了一种负向的空间溢出效应。

三、空间溢出效应测度分析

1. 物流绩效溢出效应的分解

李飞和曾福生（2016）认为 SDM 模型中解释变量回归系数除包含直接影响外，还包含反馈效应，所以并不能直接反应解释变量对被解释变量的影响。所以接下来为了剔除反馈效应，将基于 SDM 偏微分方法将"一带一路"沿线国家物流绩效对中国跨境电子商务出口贸易在空间权重矩阵下的溢出效应进行分解。

直接效应是指剔除反馈效应后，本国自变量对因变量的平均影响；空间溢出效应也被称为间接效应，是指其他国家的自变量通过空间权重矩阵而产生的对因变量的平均影响；总效应是指在"一带一路"范围内，任何一个国家的自变量对"一带一路"整体跨境电子商务贸易的平均影响。在 SDM 模型中,"一带一路"沿线国家物流绩效对中国出口跨境电子商务贸易的直接效应、间接效应和总效应,如表7-18所示。

表7-18 "一带一路"沿线国家LPI溢出效应的分解

变量	直接效应	间接效应	总效应
lnLPI	0.4156*	-0.8386*	-0.4230

注:***、**、*分别表示通过1%、5%、10%的显著性水平检验

由表7-18可知,lnLPI直接效应的系数为正,且通过10%的显著性水平检验,这表明物流绩效指数的提高会对本国的跨境电子商务贸易产生积极作用,即本国的物流绩效指数提高1%,那么本国与中国之间的跨境电子商务贸易额就会提高0.4156%。间接效应也被称为空间溢出效应,lnLPI间接效应的系数为-0.8386,虽然显著性较弱,但仍在10%的显著性水平下显著。这表明受空间地理距离的影响,物流绩效会对相邻国家产生负的空间溢出效应,可以解释为相邻国家物流绩效指数提高1%,那么本国与中国之间的跨境电子商务贸易额就会减少0.8386%。lnLPI总效应的系数为正,但未通过显著性检验,这可能是因为物流是一个整体的系统,单个国家的物流绩效改善也不能保证整体的改善,所以很难为"一带一路"国家整体与中国之间的跨境电子商务贸易带来显著的经济发展贡献。

2. 物流绩效分项指标溢出效应的分解

为了更加清楚地了解物流绩效各分项指标的空间溢出情况,计算了"一带一路"沿线国家物流绩效指数6个分项指标的直接效应、间接效应、总效应,具体结果见表7-19。

表7-19 物流绩效指数分项指标溢出效应的分解

变量	直接效应	间接效应	总效应
lnCUS	0.1246	-0.6936**	-0.5690
lnIHF	0.5590***	-0.8046**	-0.2447
lnSHI	0.3843**	0.1997	0.5840
lnQLS	-0.0866	-0.3437	-0.4302
lnTIC	0.1553	-0.6267*	-0.4714
lnTIM	0.0120	-0.2679	-0.2559

注:***、**、*分别表示通过1%、5%、10%的显著性水平检验

(1) 直接效应

由表 7-19 知，lnIHF 和 lnSHI 的系数为正表明物流基础设施建设和国际运输便利性会对本国与中国之间的跨境电子商务贸易产生积极作用。这两个指标分别在 1% 和 5% 的显著性水平下显著，其他指标未通过显著性检验。与国际运输便利性对比，物流基础设施对中国与"一带一路"沿线国家跨境电子商务贸易的影响比较大，说明想要提高中国对"一带一路"沿线国家的跨境电子商务出口贸易，就要注重沿线国家的物流基础设施建设。

(2) 间接效应

由表 7-19 知，lnCUS 和 lnIHF 通过 5% 的显著性水平检验，lnTIC 通过了 10% 的显著性水平检验，其他指标未通过显著性水平检验，并且他们的系数均是负的。lnCUS 的系数是 -0.6936，意味着清关效率受地理距离的影响在临界国家的溢出会产生消极的影响，即负向的空间溢出效应。lnIHF 的系数为负表明其他国家的物流基础设施建设会对本国与中国之间的跨境电子商务贸易产生负的空间溢出效应。lnTIC 间接效应的系数为 -0.6267，表明相邻国家的货物可追溯性改善 1%，那么本国与中国之间的跨境电子商务贸易就会减少 0.6267%。同时，经过对比分析发现，物流基础设施的溢出效应受临界国家因素的影响最大，也最为显著，其次是清关效率，最后是货物可追溯性。

③总效应

在表 7-19 中，lnCUS、lnIHF、lnQLS、lnTIC 和 lnTIM 的系数都为正，lnSHI 的系数为负，但均未通过显著性水平检验。这可能是因为总效应表示的是本国单个因素对中国与"一带一路"沿线 49 个国家整体之间跨境电子商务贸易的总的平均影响。这 6 个指标中的任何一个对整体贸易的影响都太小，无法推动或抑制 49 个国家整体的发展。

第十一节　相关结论

本章首先从理论方面对物流绩效对跨境电子商务的作用机制和相关研究的文献进行了梳理，接着分析了"一带一路"沿线国家的物流绩效现状和中国对"一带一路"沿线国家的跨境电子商务出口贸易现状，并利用皮尔逊相关系数初步判断了物流绩效与我国对"一带一路"沿线国家跨境电子商务出口额之间的相关性。在此基础上，构建空间杜宾模型进行实证分析，重点识别和检验"一带一路"沿线国家物流绩效对中国与其跨境电子商务出口贸易影响的空间溢出效应是否存在及其影响程度。根据相关的理论和实证分析结果，本文得到的结论如下：

（1）"一带一路"沿线各区域物流发展极不平衡，差异显著。从"一带一路"沿线49个国家的物流发展现状来看，由于制度环境、经济水平和互联网普及程度的差异，致使中东欧国家的物流绩效整体水平高于亚洲国家，且"一带一路"沿线各国物流绩效指数呈现出"东低西高，沿海高内陆低"的特征。从横向和纵向两个方面综合比较物流绩效6个分项指标后，发现货物运输性这一指标表现最好，清关效率和基础设施建设则是"一带一路"沿线国家物流发展的薄弱环节。

（2）"一带一路"沿线国家物流绩效对中国与沿线国家的跨境电子商务出口贸易的影响存在着空间交互作用。即中国对"一带一路"沿线任何一个国家的跨境电子商务出口贸易不仅受到该国的物流发展水平的影响，还受到沿线其他国家物流发展水平的影响。所以中国对"一带一路"沿线国家跨境电子商务出口贸易的发展受到物流绩效的直接和间接影响。

（3）物流基础设施建设和国际运输便利性对中国与"一带一路"沿线国家的跨境电子商务出口贸易有着显著的直接促进作用，且作用效果依次减弱。物流绩效指数的6个分项指标中，只有基础设施建设和国际运输便利性这两个指标的直接效应通过了显著性水平检验，这意味着加大对本国物流基础设施的投入、提升本国与其他国家信息的交换效率都能有效促进中国对"一带一路"沿线国家的跨境电子商务出口贸易。

（4）清关效率、物流基础设施建设和货物可追溯性都存在显著的空间溢出效应，且具体表现为挤出效应。即在"一带一路"沿线49个国家的范围内，受到地理距离的影响，邻近国家的清关效率、基础设施建设或货物可追溯性任一指标的提升都会使中国与东道国的跨境电子商务出口贸易规模减小。也就是说，邻近国家的物流表现会对中国与东道国之间的跨境电子商务贸易产生挤出效应。同时，在对物流绩效指数分项指标溢出效应分解后，发现清关效率、物流基础设施建设和货物可追溯性三项指标间接效应的系数分别为-0.6936、-0.8046、-0.6267，说明物流基础设施的溢出效应受空间地理距离的影响最大，也最为显著，其次是清关效率，最后是货物可追溯性。观察物流绩效及物流绩效分析指标的系数后，发现它们对中国与"一带一路"沿线国家之间跨境电子商务出口贸易的间接影响都大于直接影响，即邻近国家的物流发展水平比本国的物流发展水平对本国跨境电子商务贸易的影响程度更深，这意味着"一带一路"沿线国家在努力提升本国物流业发展的同时，更要多加关注"一带一路"区域内其他国家的发展，提升整个区域物流的运作效率。

第十二节 对策建议

根据研究结论，本章认为（洪文倩，2020），应该从以下四方面来提升"一带一路"沿线国家的物流发展水平，促进中国与沿线国家之间的跨境电子商务贸易健康、长足的发展。

（1）加强区域间合作，整合物流资源，缩小区域差距。物流资源是提升物流绩效指数的物流基础，加强物流规划有助于整个物流体系的构建和物流系统效率的提高。从对沿线国家物流绩效的比较分析中可以看出"一带一路"沿线区域之间物流业发展很不平衡，这种不平衡会降低"一带一路"整体的物流发展水平，所以需要各个区域间加强合作，把不同区域的物流资源进行整合，发挥各个区域在物流环节的不同优势，先缩小国家间物流绩效的差距，再采取各种措施提升"一带一路"国家的整体物流效率。在国家层面，要从打造高效全面的物流网络的角度出发，以合理布局、协调规划为目标，统筹规划各地区、各部门的物流发展。在地区层面，各地区要在国家物流规划的指导下，结合当地经济发展水平及物流发展速度，提出切实可行的发展目标，为现代物流产业发展进程贡献力量。在企业层面，各个物流企业可以沟通协调，努力制定规范化的行业标准，促进物流行业向着专业化的方向发展，实现物流企业的规模经济，降低物流成本，从而降低贸易成本促进跨境电子商务贸易的进一步发展。

（2）强化物流基础设施建设，提升综合运输体系。从实证结果中发现，物流基础设施对我国与"一带一路"沿线各国跨境电子商务出口贸易影响最为突出。与此同时，物流基础设施还是沿线国家物流绩效中表现最差、最为薄弱的环节，所以提升沿线国家整体物流水平的突破口在于加强物流基础设施建设。我国作为"一带一路"倡议的发起方，同时也作为拥有丰富建设基础设施经验的基建能手，完全可以发挥在大型基建项目上的技术优势，积极帮助"一带一路"沿线国家中基础设施落后的国家开展建设，在沿线国家中建立综合立体全方位的交通运输体系、改善贸易运输条件、提升运输服务质量。另外,"一带一路"沿线国家可以将某些关系国家整体物流体系的基础设施,如大型运输通道、特大型物流枢纽等作为重点扶持的项目,给予一定的政策或资金支持。

(3) 加强物流信息化建设,优化物流供应链。海关作为国际贸易和国内贸易的关键区别点,其效率的高低是影响我国对其他国家出口跨境电子商务贸易的重要因素。近些年来,国家对于跨境电子商务的关注度逐渐增高,也出台了一些措施来简化通关手续,比如允许跨境电子商务出口采用"清单核放、汇总申报"的报关方式。此外,在"一带一路"国家之间建设一个技术先进的信息网络系统是提升整体物流绩效的关键。信息化是物流发展的基础,在物流活动的各个环节,都可以看到数据传递的身影,只有保证物流流通信息的及时传递,才能有提升物流绩效的可能性。同时,云计算、大数据、区块链等新技术的出现更为物流信息化建设的道路提供了良好的基础,各国应该将新技术与物流紧密结合,推动物流信息化建设的进程,提高货物的流转效率,降低货物的时间成本,促进物流绩效的提升。

(4) 组建跨国物流集团,提升物流服务质量。"一带一路"沿线国家的物流服务质量和能力都具有空间相关性,这说明"一带一路"沿线国家物流服务能力彼此影响,所以一个国家的物流服务质量和能力的提升并不能使"一带一路"整体跨境电子商务贸易向更好的方向发展。在这种情况下,就需要思考提升"一带一路"国家整体物流服务质量和能力的方法,比如"一带一路"沿线国家中经济发展水平较好的部分国家可以考虑组建一个共同出资的跨国物流集团,统一为区域内的跨境电子商务贸易提供物流服务,这样有利于物流环节的标准化,提高货物的运输效率。此外,这个跨国物流集团由于是合资企业,所以企业中会有不同国家的物流人才,他们会更加了解自己国家的物流发展情况,有利于整体物流绩效的提升。组建跨国物流集团还有助于建立沿线区域物流人才库。一般来说,物流发展水平较高的国家拥有更多的物流专业人才,这些人才掌握的专业物流知识以及具备的国际视野可以帮助物流发展水平较低的国家,以此提高区域整体物流服务的能力。

第八章 区块链+国家吸引力水平对跨境电子商务企业的影响——以一带一路沿线国家为例

国家吸引力是一个比较综合的反映，一方面，它有国际贸易方面的影响，也有旅游品牌的影响，还有物质发达程度的影响；另一方面，又受到本国综合国力、国际关系甚至区域影响力等方面的影响。而对于跨境电子商务企业来讲，服务贸易方面的能力更为重要，特别是在现代物流能力和物流网络特别发展的时期。

第一节 国家吸引力的内涵

王幸婷（2020）在其论文中系统地分析了国家吸引力水平对跨境电子商务企业的影响。国家吸引力概念的构成要素可以分为经济、社会和环境吸引力三个方面。美国学者约瑟夫·奈（Nye，2004）的"三维棋局"模型，将世界政治分为三个紧密联系、相互依存的层次或影响范围。一个国家的硬实力是指军事实力和经济实力，军事实力在顶层，经济实力在中间层。奈（Nye，2004）认为，模型底部的那个层次叫"软实力"，即一个国家通过非军事手段（如通过说服或吸引而非强迫或报复手段）去影响另一个国家。他声称，这种软实力可能成为在国际竞争中取得成功的一种手段，特别是在冷战后，政治、社会和国际环境都发生了变化。这种变化还包括很多因素，如人们对生活质量的关心和对气候变化的关注。举例来说，在诸如国际旅游和移民领域，为了在竞争中取胜，各国需要更具吸引力来吸引潜在的游客和高技术移民。同样，在出口市场或外商直接投资领域，具有较强吸引力的国家能够通过吸引国际消费者和投资者的方式，实现对原产地产品或服务的销售，以及吸引各产业、公司和工厂前来开展业务等。PH am Mayon, Jarvis（1981）用"目的地吸引力"的概念对国家吸引力进行了解释，他认为越能满足游客或移民者需求的目的地就越有吸引力。一系列研究表明，人口的跨国、跨区域流动受到经济、政治、社会等各方面因素的影响。李光勋（2016年）认为，在国际旅游中，相对于经济因素，自然景观、文化景点等非经济因素对人们选择目的地的影响更加重要，而与短期的旅游不同，国际移民是长期定居，受到就业、教育等的影响。因此，移民决策需要对环境、社会、经济、政治等各种因素进行综合考虑。

从国际贸易研究的角度来看，国家吸引力的概念被用来衡量一个国家在市场上的特点。Christiansen（2004）等学者指出东道国能够为企业提供一系列的优势，如市场规模大、生产成本较低、基础设施完善等，投资者希望通过投资东道国而获得具体的收益，在这种诱人的战略考虑驱动下，跨国企业会根据不同国家的特点做出实际的决策。如果一个国家对跨国企业的吸引力越大，则该国就越有可能被选定为东道国。而美国学者查尔斯·希尔（2014）对国家吸引力模型进行了更加全面的分析，进一步指出一个国家作为一个潜在的市场或投资环境，它的综合吸引力取决于在该国长期从事商务活动的相关收益、成本和风险之间的平衡。而Barney和Clark（2006）则基于资源基础的理论，提出国家吸引力是一个国家具有持续竞争优势的战略资源，它的提升与否是与该国是否进行有效管理密切相关的。

从目前来看，学术界对于国家吸引力的概念还没有形成统一的观点，但是通过国际贸易、国际旅游和国际移民三个研究领域的比较，我们可以发现国家吸引力在不同领域的应用是不一样的。在国际贸易中，国家被当作一个市场或投资场所，因此能够获得更多经济收益的国家是更有吸引力的；在国际旅游中，国家被当作一个旅游景点，游客们考虑更多的是住宿、交通等因素；而在国际移民中，移民者是基于寻求更好的生活质量或者是避难等不同的需求作出的移民决定。

第二节 国家吸引力影响因素

国家吸引力影响因素诸多，本文将从以下层面进行相关影响因素分析。首先，从国际贸易角度看，经济、政治、法律、环境等各种因素都会作用于国家吸引力。邓宁（1993）指出，东道国拥有诸如大市场、低廉的劳动力和生产成本、基础设施等区位优势，对于企业跨国经营具有正面的影响作用。王强（2016）认为，在企业国际化发展的过程中，东道国的市场因素、税收政策和成本都是企业需重点考虑的因素。李光勋（2016）指出，如果东道国的市场规模较大、经济增长较快、购买力较强，那么就有可能为跨国企业提供更多的优惠，从而最大化企业的利益，因此，可以吸引到更多的跨国企业。张晴，杨斌来，姚佳（2018）认为，东道国的经济规模、汇率水平、贸易、技术水平等影响着一个国家作为一个市场或投资场所的吸引力。李猛、于津平（2011）则通过研究中国与74个东道国的动态面板数据发现，东道国的资源禀赋、市场规模是影响中国海外投资的重要因素，此外，贸易关联度与制度建设也有一定的相关性。田毕飞、邱艳琪（2010）和牛媛媛（2013）认为，双边贸易总额、地理距离、市场规模等是影响跨国企业选择一个市场的重要因素。

其次，从对国家产生风险的角度看，深入分析出现风险的因素，将有利于帮助企业及时制定行之有效的措施，减少因为国家风险而给企业国际化发展造成的不利影响。纳吉（1978年）认为，国家宏观层面的事件会导致国家风险，如政治经济形势、国家政策的变动等。梅尔德伦（1999）从经济、地域、政治、主权、汇兑以及转移风险六个角度出发对国家风险进行了深入的研究。王海军（2014）认为，经济风险、社会政治风险和自然风险共同构成了国家风险，主要包括社会政治制度、经济结构和货币等各方面的风险。丁峰（2019）认为，应该充分考虑法律、政治、人文等各方面的影响因素。赵德森（2018）指出，所谓国家风险，即意味着东道国的政治、社会、经济、法律和文化等因素对跨国贸易活动带来的潜在不利影响，如局部战争风险、政局动荡风险、政党更替风险、金融稳定风险以及经济波动风险等都会影响企业的跨国贸易活动。

而社会政治风险是国家风险中最重要的一类风险，还可以进一步细分为政治风险和社会风险，其中政治风险包括一国政府的政局动荡、恐怖主义、政府治理水平、反商业趋势等，可能会给在当地经营的跨国企业带来不确定性因素，并导致其收益损失、资产减少。沈铭辉和张中元（2016）通过案例研究发现，中国企业在进入一个国家进行商务活动的过程中，面临着与当地居民的矛盾、宗教与部落冲突等许多社会风险问题。孟醒和董有德（2015）认为，东道国社会风险的主要因素包括国民的受教育程度、经济管制的情况、社会的治安问题。经济金融风险也是一个重要风险源,包括通货膨胀、汇率波动等因素。

第三节 国家吸引力影响跨境电子商务出口的依据

在信息不对称的条件下,可以将一个国家的国家吸引力水平作为一个评估的标准,选择将货物或服务出口到哪个国家。从理论视角来看,可以用信号理论来解释东道国的国家吸引力水平如何影响跨境电子商务选择合适的潜在市场或投资场所的作用机制。信号理论是由2001年诺贝尔经济学奖获得者Spence于1973年首先提出来的,来源于对买卖双方信息不对称情境下市场互动的研究,Spence通过对劳动力市场的研究发现,如果求职者通过表现自己以降低信息不对称时,那么将会影响到雇主的选择,举例来说,通过更高级的严格的教育信号,高质量的有潜力的雇员能够将自身与低水平的求职者区分开。Spence(2002年)指出,信号的根本在于偏离完美信息,即所谓的"信息不对称"。因此,信号理论最基本的研究问题在于如何减少双方之间存在的信息不对称。

第四节 市场规模、经济增速对跨境电子商务的影响

一国的市场规模与经济增速一定程度上决定了在一个国家长期从事商务活动的收益。根据内部化理论的基本假设,企业在生产经营的过程中总是追求最大利润的。因此,不论是何种企业,在选取海外市场时,提升利润水平以及扩大业务规模都是首要考虑的因素,而能否实现这两个目标主要取决于东道国的市场机会。李凌(2015年)提出,在选择东道国的过程中,市场规模具有显著的正面影响作用。此外,如果一个国家的经济发展非常迅速,则意味着该国具有较大的市场潜力,可以作为海外扩张的目标国家。对于跨境电子商务来说,跨境电子商务出口市场属于卖方市场,出口规模与进口方的有效需求息息相关,即跨境电子商务出口的贸易规模受制于东道国的市场规模。

根据长尾理论,当市场足够大,且拥有顺畅的流通渠道时,即使是滞销

品也会有与畅销品相同的市场份额。也就是说,当国外消费者的需求更大,更多样化时,跨境电子商务出口企业可以把众多的小订单集合成大订单,消费者可以买到各式各样的产品,企业也不用担心小众产品卖不出去;另一方面也可以在一定程度上缓解国内外供求不对称的问题,帮助企业扩大业务规模和提升利润水平。除了市场规模外,经济增长能在一定程度上反映一国未来的经济趋势,对于跨境电子商务来说,国际市场竞争激烈,早日进入有潜力的经济后起之秀国会在一定程度上取得先发优势。根据混沌理论,敏感依赖于初始条件,只要抢滩成功,并通过不断强化自身优势,我国跨境电子商务就有可能在激烈的竞争中抢占电子商务的市场份额。也就是说,对于跨境电子商务来说,一个国家或地区的市场规模与经济增速可以作为一个信号,表明在该国进行跨境贸易活动所能获得收益的能力。

  基础设施较为完善且经济发展水平较高的成熟市场的吸引力更高,新兴市场也有较大的吸引力。国家吸引力水平与中国跨境电子商务出口额之间具有正相关的关系,如果东道国的国家吸引力水平提高1%,那么中国与其他国家的跨境电子商务出口额将增加0.411%以上。结果表明,一个国家或地区的吸引力水平越高,则它被选为跨境电子商务出口地的可能性就越高。

第九章　国际政治经济对区块链+跨境电子商务的影响

第一节　政治经济环境与跨境电子商务

美国仍然在科技、金融、军事上维系着全球霸主地位。由于美国在第三次工业革命中拥有主导权，所以美国在第四次工业中仍然占有巨大的优势，凭借其在新兴技术的话语权，得以阻止对手进入新兴技术领域。在金融领域，美国凭借美元的世界货币地位，向各国征收"铸币税"。同时，这三大支柱还互相交织、相互影响。许多新兴技术的研发往往首先是由美国军方来牵头推动，之后为了解决成本问题才转而进行民用的研发与推广。此外，美国利用其金融地位以及证券交易市场为高新技术的研发募集资金，进行科技成果的转化。当霸权地位受到挑战时，美国会动用各种力量如技术、金融或军事来进行反击。中美贸易摩擦的外在表象是贸易摩擦，其更为深刻的实质是科技竞争（高奇琦，2019）。

如今，我们正处于以人工智能、物联网、区块链、虚拟现实、类脑计算、基因技术等为主要特征的第四次工业革命，其中，最为关键的技术是人工智能。第四次工业革命具有颠覆性的影响，中国为了抓住这次机遇，投入了大量的人力、物力、财力。人工智能的发展对经济发展和国际政治经济格局等产生了巨大影响。觉醒与活跃的民营经济为中国追赶第三次工业革命并逐步领先第四次工业革命提供了重要助力。例如，华为在1987年创业之初就踏入了通信行业，结实地扎根于第三次工业革命所依赖的信息基础。

基于自身独有的优势和自身不懈的努力发展，中国涌现出一大批在国际上领先的企业，如 BAT、科大讯飞、商汤科技、依图科技、旷世科技、思必驰等公司。目前来看，在语音识别、图像识别等应用领域，中国的人工智能企业都具有一定优势。在 5G 领域，华为更是处于领先地位。在 5G 领域的华为不仅在通信基础设施上具有绝对优势，在智能手机等设备上也在逐步发展，华为已经成功研制出自己的鸿蒙系统，可以搭载在友商的手机上。正是由于中国企业的出色表现，美国出于维持其霸主地位的担忧，采取了一系列与科技封锁相关的措施和手段来对中国进行限制。如限制中国企业收购美国的高科技企业、限制中国到美国的留学人员以及限制美国科研机构与中国先进企业的合作等。这种狭隘的冷战思维，在人工智能时代越发显得不合时宜。

虽然无论是在人才储备、智能硬件、算法框架，还是在一些具体的人工智能应用场景中，美国无疑都拥有巨大的优势，但是由于中国庞大的人口基数、统一的市场经济体制以及来自政府的大力支持，中国企业开始较早地入局人工智能领域并取得了一定的成果。

中国发展人工智能可以说有以下的优势：具备多维度海量数据的优势。由于中国人口基数大、智能设备普及率较高，所以相比于其他主要市场，中国的智能设备用户更多，可以自身就产生大量的数据，数据市场足够大。目前，人工智能的发展主要依托数据驱动的深度学习等算法，强调通过数据进行机器学习和训练。因此，我国所具有的数据优势就能够转化为技术优势。来自政府的大力支持。在人工智能革命之前，中国已经开始推动"互联网+"战略，这为人工智能的发展奠定了一个良好的基础。在"互联网+"战略的影响下，出现了字节跳动、美团、滴滴、摩拜等一批具有全球竞争力的企业。同时，中国企业的智能化转型将会更加便利，当前，华为、小米等厂商纷纷入局，无人驾驶领域正是中国企业的智能化转型的范例。此外，针对人工智能，目前中国政府已经制定了一系列规划，以推动人工智能的全面发展。统一的市场经济体制。中国的市场是充满活力的统一大市场，是开放统一的市场经济体制，是中国互联网企业崛起的重要营收和要抢占的基础，所以只要有好的产品，人工智能企业很容易就能在公平竞争的环境下突出重围取得快速发展，这种优势在全球是独一无二的。

但是中国在人工智能领域的发展上还存在一些不足。第一，在智能硬件方面，尽管在应用性芯片领域上中国取得了一定的进步，比如有地平线的 BPU（BranchProcessing Unit）、西井科技的 deepsouth（深南）和 deepwell（深井）、华为海思的麒麟系列、阿里达摩院在研的 Ali-NPU、云知声的 Uni One、寒武纪的 NPU（Natural Processing Unit）等，但是在基础芯片方面，全球主导的产品如 NVIDIA 的 GPU（Graphics ProcessingUnit）、英特尔的 NNP（Neural Network Processor）和 VPU（Video Processing Unit）、谷歌的 TPU（Tensor Processing Unit）、IBM 的 TrueNorth、ARM 的 DynamIQ 等，几乎全部由西方企业占据。在智能传感器方面，尽管中国在相对单一的领域里已经取得了一些进步，如汇顶科技的指纹传感器、昆仑海岸的力传感器，但是离霍尼韦尔、ABB、BOSCH 等巨头还有较大差距。第二，在核心算法框架及其生态方面，中国还较为薄弱。目前主流框架如 TensorFlow、Caffe、Torch、SystemML 等都由美国企业或研究机构主导，国内的算法框架相对较少，且生态并不完整，还缺乏与国外主流框架竞争的能力。第三，中国在基础理论研究方面还相对比较薄弱。在人工智能相关的理论、方法、系统等方面的原创性研究还有很大的提高空间。

一、政治环境与跨境电子商务

跨境电子商务是全球化时代发展的必然趋势，具有巨大的发展潜能。为了更好地规范和引导跨境电子商务的发展，国家出台了多项跨境电子商务政策（蒋雨桥，2019）。

在中央大力推行"一带一路"倡议的大环境下，我国的跨境电子商务从各方面来讲都获得了较大的提升。据国家统计局和海关总署公布的贸易统计数据分析，2018 年中国与一带一路沿线的国家之间的贸易进出口总价值高达 1.3 万亿美元，占对外贸易总量的 27.4%，与同期中国对外贸易量增长率相比高出了 3.7%，同比增长了近 17%。该年进口额和出口额分别为 5630.7 亿美元和 704.73 亿美元，从中可以看出，中国对"一带一路"国家的进口额是出口额的八倍之多，中国极大地拉动了一带一路沿线国家的跨境电子商务贸易，带动了周边经济快速发展。2019 年可以说是极大地见证了中国智慧在国际舞台上散发的光辉色彩，中国与"一带一路"沿线国家的经贸往来不仅为中国的对外贸易发展带来了新动力，也被证明是国际多边合作和互利互惠共赢的典范。2019 年上半年，与中国展开经贸合作进出口增幅较大的是沙特阿拉伯、俄罗斯和埃及三个国家，进出口额分别增长了 34%、11.5% 和 11%；值得一提的是，中国对非洲的进出口总额增长了 9%，相比于整体增长率高出了 5.1%；对拉丁美洲的进出口总额增长了 7.4%，比整体高出了 3.5%，这证明了中国和新兴市场国家的贸易合作也在不断深化。总体看来，上半年中国对

"一带一路"沿线国家货物进出口不断增长，占据三分之一的中国对外贸易进出口总额。

1. 中国的跨境电子商务交易平台得以大力发展。

自中国电子商务企业出海以来，我国跨境电子商务市场就日趋成熟，进出口领域的主要平台经过模式探索，逐渐培养出竞争优势。2018年，网易考拉、天猫国际和海囤全球在跨境电子商务市场中挤进前三，市场份额分别为27.1%、24.0%和13.2%。2019年上半年，网易考拉、天猫国际和海囤全球依旧保持前三，市场份额分别为27.7%、25.1%和13.3%。这些跨境电子商务平台依托大数据平台分析用户行为等数据，占据着庞大的消费者市场，在顾客心中有一定的信用基础，并依托其相对完备的跨境供应链物流系统，能够接触到并连接更多海外优质品牌，进一步增大其已有的市场优势。

2. 当前我国跨境电子商务面临一系列挑战

制定电子商务法和实行一系列跨境电子商务新政策，并在商品安全、税收、物流、售后等方面做出一定的可行性规定，有助于改变传统跨境电子商务的形势，但当前我国跨境电子商务的发展依然面临着诸多严峻挑战。一是硬件设施条件不足。非发达地区比较欠缺完善的信用体系、地方物流配送不够顺畅以及网络宽带等硬件设施问题，都导致了跨境电子商务物流配送耗时长以及高成本和高风险。二是全球文化政策差异极大。相比于国内电子商务市场，国外市场存在着文化障碍与政策差异，很难更好地预测当地消费偏好，且易出现偏差，需针对当地政策进行战略调整。三是市场竞争激烈。时下，跨境电子商务同质化竞争极其激烈，对企业从事跨境电子商务的要求也越来越高，必须通过大数据平台对数据积累和分析，关注消费者，努力提高产品附加值，在"差异化，个性化，国际化，品牌化"方面找到方向，同时，必须注重对知识产权的保护。面对这些挑战，各大平台纷纷积极出台措施，开始着手改善供应链管理、物流管理。通过对商品追本溯源，我国跨境电子商务市场环境与消费者的利益保障日益提高。

3. 跨境电子商务发展国际环境不断改善。

2018年以来，中国不断拓展电子商务国际发展空间，扩大国际影响力，参与和推动多边合作机制建设，探索共同发展。2018年11月末，中国海关总署在欧盟和新加坡在内的36个国家、9个地区和"认证运营商"（AEO）的相互认可，实现中国越境电子商务企业的国际贸易竞争力的提高，优化通关待遇，通关时间和费用的削减。2018年，中国与阿根廷、阿拉伯联合酋长国、科威特、冰岛、俄罗斯、奥地利、哈萨克斯坦、卢旺达、巴拿马9个国家签署了两国间电子商务合作谅解备忘录，大大推进了两国之间国际贸易合作。截至2018年底，已有17个国家与中国五大洲签署了双边电子商务合作谅解备忘录。中国积极参与WTO、APEC、G20、二十国集团、金砖国家、上海合作组织、澜沧合作等多边贸易机制和区域贸易架构下的电子商务问题谈判。

4. 中国跨境电子商务物流发展分析。

跨境物流对中国跨境电子商务的发展起着决定性作用，2018年，中国跨境物流服务将在三个方面得到提升。一是整合海外仓储、建设等物流方式，构建完整的跨境物流网络。二是设立海外物流枢纽，降低跨境物流运输成本。三是"一带一路"沿线国际物流线路的快速发展，有助于丝绸之路电子商务的发展。国家邮政局数据显示，2018年国际/港澳台总量为11.1亿件，同比增长34%。仅2019年上半年，国际/港澳台的总业务额为6.3亿件，同比增长21.2%。过去的电子商务市场因灰色通关和非规制购买，相对混乱。从业务流和物流的角度来看，电子商务法的引入，使得整个跨境电子商务市场在政策的保护下，有了更快的发展。另外，如果实施新的电子商务法，那么能够在海外建立仓库的企业就会变得有利。

5. 对中国跨境电子商务结算的发展进行分析。

跨境电子商务、出境旅游、留学对跨境支付的强烈需求，使中国成为全球最大的跨境支付国。据中国支付清算协会统计，人民币跨境支付系统数量快速增长。2018年，人民币跨境支付系统业务总量为144.44万，同比增长14.57%，达到26.45万亿元，同比增加了81.71%。此外，截至2018年底，中国拥有达30家跨境支付牌照平台。目前，我国许多跨境支付公司的业务已遍布40多个国家和地区。另外，跨境结算市场也变得开放起来。

6. 跨境电子商务作为一种新型业态，其发展受到国家大力支持。

跨境电子商务发展服务平台建设势在必行，供应链物流及其支撑服务网络也应逐步完善。同时，要大力发展海外仓库布局能力，加强覆盖面积。随着新电子商务法的出台，跨境电子商务平台应抓住机遇，进一步完善跨境贸易和供给物流，构建全球供应链体系。完善出口跨境电子商务业务发展体系，通过提供优质商品，满足消费者对消费升级的需求。

二、经济环境与跨境电子商务

从宏观角度来看，我国的经济环境为跨境电子商务企业的发展提供了坚实有力的发展条件，包括网络条件、物流条件等。自 2010 年以来，我国的 GDP 总量首次超过日本，成为世界第二大经济体并一直保持。近年来，我国经济一直保持稳定的增长，并与多个国家建立了良好的双边关系、多边关系、交易同盟等，具有良好的国际商业氛围。

从微观角度分析，我国的经济环境直接为跨境电子商务企业内部发展提供资金支持，为公司提供相应的资金补贴，在一定程度上缓解资金压力，也能够间接地为企业输送创新型人才。一般来说，一个国家会在经济发展越来越好的同时越来越注重教育的发展、注重人才的培养、注重专业性人才的输入，这些对于企业的发展与经营是必不可少的。同时，经济发展也会带动物流行业的发展，推动跨境电子商务产业链发展更加完善。

2014 年，跨境电子商务交易总额 3.9 万亿元，占同年对外贸易总额的 14.76%，而 2018 年跨境电子商务交易额增长至 9.1 万亿元，占比 2018 年对外贸易额的 29.84%。在这 5 年的时间内，跨境电子商务年平均增长率为 23.59%，而对外贸易总额的年平均增长率仅为 3.66%，甚至在 2015 和 2016 年的对外贸易总额出现了负向增长。从跨境电子商务同比增长率折线图来看，2015 年的增长率突破了 30%，2018 年增长率接近 20%。这说明对于国家来说，我国的跨境电子商务发展潜力非常大，跨境电子商务在对外贸易发展中的地位越来越重要。据艾媒咨询数据预测，2019 年跨境电子商务交易规模有望增至 10.8 万亿元，对于已经开展跨境电子商务或者打算从事跨境电子商务的企业来说，这一领域仍然存在极大的利润空间。

第二节　区块链环境下跨境电子商务的新挑战

一、跨境电子商务生存条件恶化

自 2018 年以来，随着美国对中国启动"301 调查"以来，在科技日益进步和贸易逐步扩大的条件下，国际环境的风云变化促使中国企业必须应对贸易战的潜在威胁，"一带一路"倡议旨在缓解企业走出去的阻碍、逼退逆全球化潮流、建立包容开放的世界。在贸易战开始前，经济一体化日益深入人心，成为引人注目的国际经济关系趋势之一，众多国家和地区积极发展全球化战略加强交流，不断形成各类为消除贸易壁垒、规范贸易关系而制定的贸易协定。出现了欧盟、北美自由贸易区（NAFTA）、亚太经合组织等经济合作组织，在一定程度上维护了其成员国的利益，且创造了相对友好的贸易环境。根据世界银行发布的世界综合贸易解决方案（World Integrated Trade Solution，WITS）公布的 2016 年全球进出口数据，中国、美国、德国等贸易大国，与其他世界排行前 5 位的国家和地区的进出口额，分别占全球进口与出口总额的 36.32%和 38.41%。中国作为最大的发展中国家，自加入世贸组织以来，对周边国家的影响力日益增强，可以说中国是从全球自由化中获益最大的国家之一。但是随着中国开始调整产业结构以求促使产业升级，中国开始在世界范围内遭受到了以高度自由化为市场准入屏障的打压，比如美国奥巴马曾经主导《跨太平洋伙伴关系协定》（TPP）和《跨大西洋贸易与投资伙伴协议》（TTIP）来削弱中国这一潜在竞争对手的力量和地位。而美国总统特朗普上任后，虽然美国先后退出了 TPP 和《巴黎协定》，但是从对中国启动"301 调查"等行为来看，自由贸易与保护主义间的矛盾不断被激化。

二、我国电子商务应对措施

从地缘战略等角度出发，中国在推进"一带一路"倡议进程中成立了亚洲基础设施投资银行（以下简称亚投行）和丝路基金，支持和加强"一带一路"沿线国家之间的互联、互通建设，为中国企业走出去奠定了良好基础。目前亚投行批准投资项目总额超过 37 亿美元，成员总数为 84 个；丝路基金签约的 17 个项目承诺投资 70 亿美元，支持项目投资总额达 800 亿美元。"一带一路"沿线国家大多是新兴经济体和发展中国家，处于经济发展的上升期，涉及 64 个国家总人口约 44 亿人，占全球人口约 63%。基础设施合作方面，跨境光缆涵盖沿线 12 个国家多条跨境陆缆和国际海缆，铁路、民航、港口和海上物流的线路扩展与双边协定等，是跨境电子商务企业走出去的起点。"一带一路"倡议以中国为辐射中心，与周边诸如上海合作组织、东南亚国家联盟、欧盟和独联体经济联盟会等经济组织以及国家共同打造政治互信、经济融合、文化包容的利益共同体、命运共同体和责任共同体，从古至今，"一带一路"都是发展贸易的重要经济大走廊。面对新兴经济体和"一带一路"国家在全球经济和世界贸易中的重要性不断上升的现实，跨境电子商务打开了中国企业走出去迎接国际大环境、接受机遇和挑战的大门。

第三节　跨境电子商务对贸易和战略的影响

一、跨境电子商务对贸易的影响

当前我国跨境电子商务的发展极不平衡，东部沿海省份的跨境电子商务发展水平明显高于中西部省份。这极大地阻碍了我国贸易模式的转型升级，难以确保跨境电子商务能够完成推动我国经济转型升级的宏观经济政策目标。这种结果也从侧面说明，虽然我国许多省份都为跨境电子商务的发展出台了许多相应的帮扶政策，并且投入了大量的建设资金，但是这些积极的措施并没有都取得好的结果。

1. 跨境电子商务的贸易效应方向不唯一

跨境电子商务对我国贸易的影响是双向的，跨境电子商务的发展虽然能够快速地降低沟通成本、出口壁垒、促进贸易便利化，从而促进出口贸易量增长，但是在采用跨境电子商务这种新型贸易模式时，也会面临信用风险、法律风险、技术风险等贸易风险增加的局面。这会减缓出口贸易量的增长，甚至最终造成出口贸易的下降。这种理论推论得到了本文实证分析的验证。在我国不同区域内跨境电子商务对出口贸易的作用截然相反，跨境电子商务的发展存在"惊险的一跃"，只有跨境电子商务发展到一定的阶段后，才能对出口贸易起到正向的促进作用。这就导致了从全国层面上看，我国跨境电子商务的发展与出口贸易之间并不存在明显相关的关系。

2. 跨境电子商务对"一带一路"的出口影响有一定的差异

出口目的国的地缘政治条件差异使得跨境电子商务对出口贸易产生不同的影响。跨境电子商务在东部省份对出口的显著促进作用主要集中在与"丝绸之路经济带"沿线国家的贸易中，在与"21世纪海上丝绸之路"沿线国家的贸易中这种促进作用并不明显。"丝绸之路经济带"沿线的主要国家如蒙古和中亚五国等国的经济虽然相对比较落后，但增长潜力较大。原本双方间贸易壁垒较多、贸易成本过高，但是在引入跨境电子商务这种新型贸易模式之后，这些国家之间能够迅速降低交易成本，显著地提高出口贸易。"21世纪海上丝绸之路"的沿线国家主要都是东盟国家，而"中国——东盟自贸区"是发展中国家之间最大的自贸区，由于中国与东盟国家之间的贸易壁垒原本就比较少，并且双方贸易便利化程度较高，所以跨境电子商务的引入难以明显地降低交易成本，对出口贸易的影响并不显著。这说明跨境电子商务降低交易成本的能力有限，尤其当交易成本低到一定程度后，这种新型的贸易模式并不会更好地促进出口，这就意味着跨境电子商务可能只能作为刺激出口贸易的短期工具，难以成为贸易发展的长期动力源泉。

二、跨境电子商务对战略的影响

全球化竞争极大促进了电子商务的发展，特别是在发展中国家，如中国、俄罗斯和印度，电子商务的交易规模增长幅度都很大，并主要通过 B2B 和 B2C 等方式促进企业重新构建生产和出口方式。中国与其他"一带一路"国家和地区在资源和产业结构上既存在互补性，又难以避免地存在创新能力弱、核心技术少、劳动力成本低等相似性。跨境电子商务企业除了面对国内同行的竞争，也需要在国际竞争中抢占市场，而电子商务平台本身的信息公开和比价功能可以给市场上的产品和服务买家带来更多的选择。当今电子商务环境下，可以通过网页、智能电话以及无线网络平板电脑等获取订单信息、发货信息、产品信息，质量好坏、服务优劣、定价高低等信息愈来愈透明，是电子商务企业战胜对手、实现盈利的一大挑战。因此，作为跨境电子商务的参与主体，外贸企业如何建立独特的外销系统打开市场，在竞争的同时加强合作，是一个严峻的考验。

1. 开始注重品牌与质量

中国企业的劣势就在于缺乏具有国际竞争力的品牌。一方面，传统出口厂商通过制造假货、仿冒品、"山寨"产品获取高额利润的方式已经不符合当前国际市场的贸易趋势，并且不仅严重破坏了中国制造业的企业的声誉，还损害了名牌企业的知识产权；外贸企业的贴牌生产模式不仅妨碍自身品牌的树立，也极不利于培育跨国企业配置全球资源和研发高附加值产品的能力。另一方面，通过跨境电子商务平台流通到海外的商品，在质量把控上缺乏统一标准，由于不同国家和地区对进口商品的质检规定不尽相同，这就对外贸商品的质量监管提出了更高的要求；市场终将淘汰过去一味求量不求质的方式，而中国现有跨境电子商务平台在商品质量认证、品牌保护、消费评价、售后服务方面存在的"痛点"，限制了跨境电子商务企业提高国际市场占有率的速度。

2. 侧重转型与创新

全球化，也可以说国际货物和服务贸易的增长、金融资本和劳动力流动的增长并非新现象。目前,中国跨境电子商务产业面临着转型压力。但是在过去短短几十年间,世界经济一体化显著涌现,这种融合现象伴随着国际贸易的增加,特别是产业内贸易和资本流动的增加,其背后的因素包括放松管制、减少内外部贸易壁垒的全球行动以及科技发展带来的电子商务进步。规模经济的扩大和运输成本的下降导致生产和库存分散化,尤其表现在企业可以远距离生产和运输货物,并且可以大量降低库存,这会动摇一国产业所处的竞争优势地位,产业的成功转型变得尤为关键。外贸出口企业是"中国制造"的源头,其开展国际合作、实施管理创新、进行智能化生产的技术和战略转型发展较为缓慢,难以与欧美等发达国家研发实力匹敌。因此,跨境电子商务企业在国际竞争者强劲扩张的势头下,亟待调整商业模式、创新平台设计、开发新兴市场。B2B模式代表了企业与买家和供应商互动方式的根本性转变,它通过缩小大型跨国公司和小型创业公司之间的地理距离,重塑了企业间开展业务的基础。正是由于电子商务突破了地域限制,在世界各地的用户只要连接互联网,就可以充分利用基于互联网的跨境电子商务平台进行交易,这也迫使电子商务企业必须加快软硬件的创新;一旦产品和服务的更新速度跟不上国外同类跨境电子商务平台,前期积累的行业优势就不复存在。

第四节 构建新型跨境电子商务的思考和措施

在智能时代,为了促进跨境电子商务的发展,我们需要在全球层面形成对人工智能未来发展方向的整体思考(高奇琦,2019)。具体原因如下。

第一,人工智能在军事中的应用可能会加剧各国的军事竞争。出于战争的考量,美国在开发人工智能之初就希望将人工智能用于战场,并且目前在战争的各个角落都可以看到人工智能的影子,如大量的无人机被应用。但是这一方面增加了美军与其他国家军事力量之间的差距,另一方面还会产生一些伦理问题。例如,在出现军事无人机攻击平民事件之后,美国军方借口将决策的责任归为机器,从而逃避责任。第二,人工智能可能会加快风险社会的来临。如人工智能可能被用于一些黑色产业。由于缺乏制定实时有效的法律对人工智能进行监管,人工智能用于黑色产业的速度要比白色产业更快。在巨大的经济利益诱惑下,黑色产业的从业者们在缺乏法律、道德等约束的条件下可以更加肆无忌惮地将人工智能用在一些不合规的领域。语音模仿、智能换脸等与人工智能相关的伪造技术很可能被诈骗分子加以利用，产生严重的政治风险和社会风险。第三，作为颠覆性的技术，人工智能对人类社会产生的影响会向其他国家外溢。如由于人工智能的发展引发的失业风险很可能会产生全球性的影响。如果大面积的失业风险在全世界蔓延，就会引发严重的社会动荡问题。同时，失业风险还会加剧反移民的浪潮，在欧美已经出现了这样的趋势。因此，主权国家需要联合起来思考这些问题，共同对人工智能的发展进行整体性的规划。第四，在通用人工智能的研发问题上，各国应该达成共识。目前，西方国家大多鼓励进一步发展通用人工智能，如阿西洛马原则也并不反对通用人工智能的发展。但是，通用人工智能的最终发展很可能会对人类存在的意义产生巨大的挑战。如果通用人工智能的发展最终导致人类失去存在的意义，那么这将是人类所难以接受的。这需要各国联合起来，达成对通用人工智能发展方向的基本共识。

为了确保跨境电子商务能够对出口产生促进作用，应该加快提高我国跨境电子商务发展水平，尤其要向中西部地区给予更多的政策和资金支持。目前我国中西省份的信息基础建设仍不够发达，基础设施、互联网普及程度政策优惠力度都远逊于东部省份。因此，我国必须着重加强中西部跨境电子商务基础设施和服务能力建设，加大资金投入力度和政策帮扶力度。并且在政策落实阶段的监督指导工作，要及时跟进每一项针对跨境电子商务的扶持工作，切实评估政策效果，发现问题及时纠正，避免各项政策流于形式，以求让每项政策能够充分地发挥出预期结果（蒋雨桥，2019）。

通过以下措施可以构建新型的跨境电子商务：

1. 建立系统工程模式

在跨境电子商务智慧物流体系的创建过程中，物流节点和渠道非常重要，这是构成物流体系的重要要素，同时也是智慧物流体系建设的重要支撑要素。在智慧物流体系建设期间，要形成系统的物流发展观点，同时以系统的工程建造模式构建智慧物流体系。"一带一路"为跨境电子商务的发展提供了统一的研究角度，特别是沿线涉及的国家资源、地理、科学技术、经济等综合分析，政治上、经济上的要求，尊重智能物流系统的主要物流节点明确表示，目前的发展构筑必要的物流基础设施，重视物流模式的确定，陆、海、空物流渠道的联系加强。具体来说，智慧物流体系的建设，应该从经济、社会、技术的层面来划分不同的区域、步骤和层次。经济发展水平决定了智慧物流体系建设水平及其影响基础设施建设水平。以信息化技术为中心，将网络连接起来，提高物流系统的智能性，引导发展水平较低的国家改善物理设施。智能物流网络系统，以区域、层次等为基础划分物流网络系统，打造高水平网络发展与物流运行区域，带动第二层次网络的物流发展，完善智慧物流系统。

2. 利用数学建模方针技术建设智慧物流系统

先进信息技术的融合对于智慧物流体系的建设非常重要。特别是将数学建模和系统仿真技术的应用，在科学利用前期规划条件的基础上，"一带一路"跨境智能电子商务物流系统创建系统逐渐复杂，必须做好系统规划，这样才能科学地规避构建风险。结合"一带一路"发展基础，针对各国政治、文化和技术，建立数学模型，并将模拟技术融入其中，注重智慧物流体系建设的科学性和合理性。在系统方案中，以时间运行为参考进行仿真模仿，构建三维动画，实现物流信息的实时跟踪调查，同时保证物流系统的科学性。与此同时，还需要构建"空中丝绸之路"发展系统，有效整合地区资源，注重控制商业链路，实现区域经济发展的顺畅交流。

但是我们要注意在这过程中有以下问题需要考量：

1. 警惕贸易风险

在努力提高跨境电子商务发展水平的同时，要注意信用、法律、技术等贸易风险。大力推进跨境电子商务平台与海关网络系统对接，加强跨境电子商务监管力度。加快培养熟悉国际贸易理论、实践和各种国际商务法律法规，掌握技术手段的复合型人才。积极参与各类国际合作，加快推进跨境电子商务国际法律法规的统一和完善，积极推进跨境电子商务全球化进程。加强跨境电子商务技术研发投入，促进海关、银行、外汇、保险等多部门合作交流，提高网购平台、网络支付的便利性和安全性。

2. 精准推进贸易模式转型

在当前阶段，跨境电子商务发展水平还相对落后的中西部省份，不应盲目鼓励传统贸易模式直接转向跨境电子商务。在推进跨境电子商务的过程中，主要选择东部和沿海城市进行试点。另外，要大力刺激与相对落后国家进行贸易的企业开展跨境电子商务的积极性。对这些企业可以给予适当的支持，如优惠的贷款、税收等政策，必要的技术支持等。

3. 合理评价跨境电子商务的作用

要认识到，跨境电子商务作为一种贸易模式，只是短期的贸易刺激手段，不应过度迷信和盲目推崇。提高贸易实力的根本立足点还是产品本身，只有拥有过硬的贸易商品,才能在国际市场上获得长期利益。

4. 提高出口企业的生产效率

促进生产技术进步,提高出口企业生产效率,避免中西部地区再次陷入"微笑曲线"底部。适时调整贸易政策,鼓励生产性优势企业进入国际市场,提高出口产品附加值,提高中国企业在海外高端产品市场的竞争力。

可以预见的是,人工智能必将对跨境电子商务产生深远的影响。正如欧盟于2019年4月发布的人工智能伦理准则一样,世界先进国家正在争夺人工智能领域的话语权。美国的大公司也有推行阿西洛玛原则等和规则的地方。中国在这些规则的制定中发言权相对较弱。技术是人工智能发展的基础,同时,伦理、政策、法律的完善是人工智能应用于社会治理的关键。在人工智能的发展中形成的美国的超级权力不会在短期内消失。在人工智能的基础理论、算法框架、伦理规则方面,美国拥有不亚于其他国家的优势。在这样的背景下,与美国的竞争合作显得尤为重要。同时,人工智能的发展所带来的风险,必须由国民国家联合起来应对,因此,人工智能的发展需要合作。面对美国的技术封锁,中国应以"以柔克刚"的方式应对。习近平总书记指出,"处理好人工智能在法律、安全、就业、道德伦理和政府治理等方面提出了新的课题,需要各国深化合作、共同探讨。中国愿在人工智能领域与各国共推发展、共护安全、共享成果"(http://cpc.people.com.cn/GB/n1/2018/1031/c64094-30374719.html)。合作不仅是应对美国挑战的被动战略,而且应该是积极的战略。根据国务院印发的《新一代人工智能发展规划》,到2030年,我国将成为世界主要人工智能创新中心,人工智能理论、技术、应用总体达到世界领先水平。人工智能一旦落地,就会产生隐私、安全等社会问题。另外,在伦理、就业、政府治理等方面,人工智能的社会应用还是无人涉足,国外的研究和成果非常少。因此,我们应该在竞争合作的框架下,更加积极地与美国和其他国家合作,共同推动未来人工智能的国际规则的创立和人工智能的健康发展。

第十章　区块链+跨境电子商务与央行数字货币和Libra

全球央行数字货币竞赛，中国、瑞典较为领先，各国方案中以零售型CBDC居多。截至2020年7月，有36个国家的央行在进行关于零售型或批发型CBDC的工作。中国、瑞典、巴哈马、柬埔寨和韩国已经在进行零售型CBDC的试点测试，厄瓜多尔、乌克兰和乌拉圭已经完成了零售型CBDC的基本研发工作，还有18家中央银行发布了零售CBDC的研究报告。与此同时，另有泰国央行、沙特央行、中国香港金管局等13家中央银行在开展批发型CBDC的研发工作。随着区块链技术、分布式数据库、数字账本技术、可控匿名、加密算法、量子计算等技术的发展，全球数字货币推行再起波澜。Facebook提出了以一篮子银行存款及短期国债为信用基础、采用独立协会治理的Libra，而由中国央行负责管理、以国家信用为背书、具有无限法偿性的央行数字货币则正在部分城市测试。二者分别代表着正在世界范围内掀起的一场数字货币支付革命的跨国企业巨头、国家政府的数字货币。本文通过比较Libra和央行数字货币的基本性质，阐述其对国际货币体系的影响，从货币话语权、全球支付、政策创新、技术应用、开发推出环节和"一带一路"等方面比较二者的竞争与合作关系。

第一节　Libra的基本性质

1. Libra的货币性质从其货币创造主体来看，依旧以银行信用为基础

Libra的依然是第二类以法定货币为支撑的数字代币，是一揽子经济体银行信用货币的映照。Libra并没有创造货币，从货币创造主体上看，Libra的货

币性质仍可以认为是银行信用。Libra 可以通过使用银行信用兑换，从而在 Facebook 影响的各个国家和地区的经济边界范围内使用，如手机扫码购物、车费支付、账单支付等。

2. Libra 的核心优势在于其货币支付流通——跨境支付

与传统电子支付不同，Libra 是基于区块链技术开发的用于跨境支付的数字钱包，其核心优势就体现在跨境支付领域，具有去中心化、点对点实现低成本清算的重要优势。在跨境支付领域，Libra 具有足够大的市场前景与内生动力，从而激发对 Libra 的需求，促成货币在未来实现创造性质的演变，其需求主要表现在以下三个方面：支付沉淀需求、全球数字经济和跨境贸易活动的需求、投机性需要。在全球数字经济和跨境贸易活动中可依靠跨境支付的便利，以 Libra 计价销售商品和服务；抑或可以提供贷款的方式创造 Libra 币，开展出货币功能。Libra 的投机性需求将伴随 Libra 数字经济借贷利率及一篮子货币汇率价格的产生而形成，而在产生 Libra 需求的同期，投机性、套利性的资本流动也有对应增加的可能性，这将加重其体系的不稳定性。

第二节　央行数字货币的基本性质

2019 年 7 月，奥古斯丁·卡斯滕斯（Agustin Carstens）（国际清算银行行长）在《金融时报》上公开表明该组织支持不同国家的央行创建属于自身的数字货币；2016 年 4 月，英国央行与伦敦大学一起进行加密法定货币实验项目 RSCoin，该项目由央行控制；2016 年 6 月，加拿大央行开始探索以分布式账本进行大额支付、结算、清算而发行的 CAD-COIN；2017 年 12 月，荷兰央行利用比特币技术，在此基础上结合盈利、安全以及创新发行了 DNBCoin，并受荷兰政府法律保护；2016 年 9 月，欧洲央行与日本央行展开合作，发起基于区块链技术的跨境支付项目 Stella；2019 年 6 月，瑞银集团协同十余家金融公司利用区块链技术开发结算系统 USC；2019 年 7 月，在英格兰银行论坛上，国际货币基金组织示意可依据特别提款权（SDR）机制发出全球数字货币 IMF Coin。国家信用为央行法定数字货币 DCEP 背书，央行动态调控货币流通过程以保证币值稳定，最后渐渐取代传统法定货币。DCEP 与传统法定货币相比有以下六个方面的特性：

（1）成本特性：DCEP 所搭建的数字货币运营平台的发行成本会因为人

力、物力消耗的减少而逐步递减直至趋近于零，其在流通环节中的保存、运输、损毁以及真伪辨别等众多环节需要的成本几乎是能够忽略的，属一次性的高投入项目。

（2）政策调控特性：一方面，以区块链技术为基础的 DCEP 具有"分布式记账"的特点，可以及时、真实、完整地记录任何一笔资金的交易信息，央行可利用这一特点实时监测货币流通速度和流通货币总量；另一方面，DCEP 还具有"可编程性"的特性，央行可利用这一特性开发各类辅助程序限制 DCEP 的流通范围。

（3）监管特性：DCEP 替代现钞，不仅满足了人们支付效率、安全、便捷隐私等需求，还能够更加便于监控与管理，DCEP 的每一笔交易除了可溯源和不可造假外，还可将销售信息和商品生产一同融入监管体系，形成一本"超级账本"，监管所有企业的生产经营。

（4）安全及效率特性：DCEP 本质是央行发行的数字化形态的法定货币，拥有国家信用背书。DECP 能够实现"点对点支付"，在够满足人们对支付安全、隐私、效率和便利需求的同时，还能够减少人们对微信、支付宝等第三方平台移动支付平台的依赖。届时，金融行业清算系统的交易成本、支付效率和错误率将得到明显的改善，货币的流通网络也将呈现出扁平化趋势。

（5）供给侧特性：当前由环球银行金融电讯协会（SWITF）所主导的国际金融业务耗时长、服务收费高且多只服务于发达国家，而 DCEP 在交易成本、安全性和经济效率方面拥有着重要优势，其成功推出能够有效提升我国跨境结算业务领域的覆盖范围，尤其是在发展中国家中。

（6）锚定特性：以区块链技术作为底层技术的数字货币的锚定优势在于信息技术容量是有局限性的，本质上与信息技术水平以及信息技术容量相挂钩，其价值源自"挖矿"所消耗的计算处理能量。

央行数字货币和 Libra 的对比如表 10-1 所示。

表 10-1　央行数字货币和 Libra 对比

	Libra	DCEP
发行主体	由 Facebook 等机构发起的 Libra 协会	中国人民银行
研究时间	2018 年	2014 年
发行目的	建立一套简单的、无国界的货币，为数十亿人服务的金融基础设施	维护金融主权，为公众提供更便捷和有保障的支付工具

续表

	Libra	DCEP
信用基础	储备资产的价值	国家信用
使用范围	代替 M0、M1 和部分 M2	代替 M0
底层技术	基于联盟链的稳定币	不预设技术路线
发行模式	采用中心化和联盟链双层机制	中心化管控下双层运营模式
资产储备	真实资产作为储备，对每个新产生的 Libra 加密货币都有相应价值的一揽子银行存款和短期政府债券	商业银行向央行全额缴纳准备金
落地场景	跨境支付等	小额零售支付、跨境支付等
目标用户	全球数十亿用户	中国用户
监管形式	多国监管	中国政府直接监管
发行时间	预计 2020 年上半年	2020 年 4 月部分城市测试

资料来源：作者整理

第三节　Libra 和央行数字货币对国际货币体系的影响

1. Libra 对国际货币体系的冲击

第一，对货币政策的执行效果和汇率稳定产生影响。Libra 可以在理想情况下根据汇率无障碍地兑换为各国货币，各国货币也可逆向地兑换 Libra。Libra 绕开了各国的资本管制，将带来市场利率的变化和汇率的浮动，影响各个国家的货币政策执行。随着 Libra 的演进，产生相当规模的派生存款，更是会增加市场流动性甚至引起货币超发，增加货币政策的操作难度。

第二，在金融稳定和金融监管方面将带来新挑战。Libra 白皮书中表示，希望将 Libra 打造成一种新型全球货币。但 Libra 由协会管理，协会的成员形象与管理水平必将对 Libra 产生直接影响。Libra 有真实储备作为支撑，但在协会管理出现问题的情况下，会出现 Libra 储备被挪和货币超发的风险；也有可能由于协会成员发生丑闻打击公众对 Libra 的信心，引起 Libra 的和挤兑和大幅度贬值。此外，Libra 的隐私性、匿名性和交易活动合规性这三者难以均衡，使得难以将其用于洗钱等非法金融活动的监管。同时，Libra 的无国界性使得其在国家支付流通上毫无障碍，影响外汇管理效果，如 Libra 极有可能成为资本外逃和国际地下钱庄利用的手段。

第三，在国家的主权信用货币方面，将对部分国家的主权信用货币产生挤出效应。一方面，Libra 将强化美元的国际地位，但如果辩证地看其对美元的影响，既有强化效应也有冲击效应；另一方面，由于 Libra 能够履行货币的主要职能，所以其会影响当前以国家信用背书发行货币体系的主权国家，特别是对政治不稳定、币值波动较大的国家产生更强的挤出效应，甚至会进一步动摇这些国家的货币体系，从而使这些国家失去对金融经济的调控能力。

2. 央行数字货币对现代国际货币体系的冲击

央行数字货币也叫"数字货币电子支付"即（Digital Currency Electronic Payment，简称 DECP），是一种以区块链技术为基础的全新加密电子货币体系。它将替代 M0，通过采取与账户松耦合的方式实现"双离线支付"。与法币挂钩将进一步在全球金融市场推动 DECP，增强其在国际货币竞争中的优势，但 DECP 对各国法定货币的影响也可能不尽相同。对于币值不稳的法币，可能会产生货币替代效应。而目前 DECP 对美元的综合效应就可能为信用增强效应，因其绝大多数稳定币与美元挂钩。同样，对于日元、欧元、英镑等其他国际主要货币，其综合效应主要取决于数字货币是否与其挂钩，与其挂钩将可能表现为信用增强效应大于冲击效应。DECP 可以推动国家的国际地位提升，通过不断提升使用人数与流通速度，从而降低交易成本，使得金融交易更为便捷，增加对其的国际需求。因此，DECP 的使用也可能导致新的国际货币产生，或将对现代国际货币体系形成冲击、重塑全球货币格局，抑或是形成新的"数字货币区"。

第四节 Libra 和央行数字货币的竞争关系

1. 在货币话语权方面的竞争

Facebook 依托 27 亿用户群体掌握了全球最为重要的数据流量入口之一，而规模极其庞大的群体及其衍生数据量必定成为 Libra 的直接竞争力来源。Libra 建立了一套新的跨银行、跨边境、跨国家的数字货币虚拟账户交易体系，从而在实质上连接了各个国家的金融系统。市场认为 Libra 类似于电子化的特别提款权（ESDR），如果 Libra 在全球大范围推广，各国央行将被动增加

Libra 储备对应货币的配置,以应对 Libra 兑换带来的汇率冲击。目前人民币还不是全球货币,Libra 不会将人民币纳入其一篮子货币储备中。但是,在全球支付中,作为支付手段的 Libra 也可能会挤占人民币的空间,从而延缓人民币国际化进程。

2. 在全球支付方面的竞争

Libra 的使命明确为"建立一套简单的、无国界的货币和金融基础设施,为数十亿人服务",Libra 作为国际范围内的新型支付工具,也可以在一定程度上具备成为"全球支付宝"的潜力。央行数字货币与 Libra 必然产生长期竞争,如我国的"支付宝"等工具大部分集中在国内或部分国家。

3. 在货币政策创新方面的竞争

Libra 作为全球先进财政服务的财务基础设施,如由区块链操作的储蓄、贷款等产品,可以为欠发达国家提供财政和资本服务,而在发达经济体则产生巨大的效率。其政策创新在竞争市场环境中具有较大优势,对各国央行数字货币的推出产生巨大竞争。

4. 在技术应用层面的竞争

由于 Facebook 团队在全球拥有绝对的技术优势,其在应用层面亦会有特殊表现,并且,Libra 团队在新近给美国证监会的报告中表示很多因素可能阻止 Libra 的如期推出;而 DCEP 团队则率先在部分城市进行测试。二者在技术应用层面已形成相互竞争的局面。

5. 在开发与推出环节的竞争

中国央行 DCEP 和 Libra 的团队虽然隔着太平洋,但是却有暗战。比如 Libra 白皮书刚发布,中国央行数字货币研究所就开始研究;而 Libra 接受美国国会质询时,也将中国数字货币作为竞争对手。当 Libra 横空出世时,DCEP 浮出水面;当 DCEP 顺利前行时,Libra 遭遇各国质疑;当 DCEP 进入试点时,Libra 还是个方案。

6. 在区块链+跨境电子商务沿线国家倡议平衡

鉴于 Libra 及其背后隐含的美元本位对区块链+跨境电子商务国家法定货币可能的相对优势,从而可能影响我国人民币国际化战略以及相关国家金融监管及货币政策,在一定程度上影响我国长期规划建立的数字经济体系。

第五节 Libra 和央行数字货币的合作关系

1. 在货币投放上的沟通与协商

为应对 Libra 可能的全球大范围内的推广，各国央行将被动增加 Libra 储备对应货币的配置，以应对 Libra 兑换带来的汇率冲击。目前人民币还不是全球货币，Libra 不会将人民币纳入其一篮子货币储备中。同时在全球支付中，作为支付手段的 Libra 也可能会挤占人民币的空间，从而延缓人民币国际化进程。

2. 在全球支付方面的协作

央行数字货币的出现，将在 Libra 将至以及分类杂多的数字货币局面中保护我国法币的货币主权和法币地位。另外，央行数字货币在降低交易环节对账户依赖程度的同时，有利于人民币的流通和国际化。

3. 在货币政策创新方面的互鉴

在货币政策层面，应对 Libra 在全球所推动的先进财政服务的财务基础设施，各国央行将不断调整本国的数字货币推出节奏和相关政策，创新思维，互学互鉴，力求把 Libra 的冲击降低到最小。

4. 在技术应用层面的相互学习

在 Facebook 团队进行技术层面的不断深化时，各国央行相继加大研究力度，学习该团队的先进技术、创新技术和保障措施，不断更新基础设施和相应技术，完成本国央行的数字货币技术储备。

5. 在开发与推出环节的平衡

中国央行 DCEP 在部分城市的测试，势必刺激 Libra 团队加快数字货币的出台或测试。同时，Libra 接受美国国会质询时，也将中国数字货币作为竞争对手。

6. 在区块链+跨境电子商务沿线国家倡议平衡

鉴于 Libra 及其背后隐含的美元本位对区块链+跨境电子商务国家法定货币可能的相对优势，从而可能影响我国人民币国际化战略以及相关国家金融监管及货币政策，在一定程度上影响我国长期规划建立的数字经济体系。

第三篇 03

| 区块链+场景下的解决方案与路径选择 |

第十一章 区块链+跨境电子商务人才培养模式研究

第一节 区块链发展的三大趋势

一、加密货币和中央银行数字货币的成熟

事实证明，比特币的强劲升值与企业（许可链）区块链的发展并非无足轻重。比特币现在得到了 Stanley Druckenmiller 和 Paul Tudor Jones 等主流投资者的认可，并且在 CEO Michael Saylor 的推动下，成为 MicroStrategy 企业资产负债表中越来越大的一部分。大规模的主流比特币持有量应该会推动去中心化金融应用的创新。在这些应用中，比特币可以充当抵押贷款、借款和其他金融工具，而不仅仅是作为一种存储的（类似数字黄金的）价值而闲置。

分裂的美国监管格局：已经看到，OCC 银行监管机构制定的鼓舞人心的规则，但也看到了不鼓励创新的美国财政部和 FinCEN 制定的规则。相信随着对加密货币更加友好的拜登政府掌权，钟摆将向中间摆动。

CeDeFi——集中式去中心化金融：到 2022 年，只要监管指导明确，DeFi 技术就可以为企业早期采用做好准备。成熟的 DeFi 应用将被传统的中心化金融公司所接受，并整合到混合的 CeDeFi 产品中，它将中心化和去中心化金融系统的优点结合在一起——老派的监管保护与新派的创新金融基础设施和产品的结合。中央银行数字货币——至少有 40 个国家正在尝试将其法定主权货币数字化，其中约有五个国家，最值得注意的是中国——已经发行了。将法币代币化为稳定币，无疑将增加区块链分布式账本金融交易，并加速技

应用。

Continuous Truth Assessment
Is This Entity for Real?

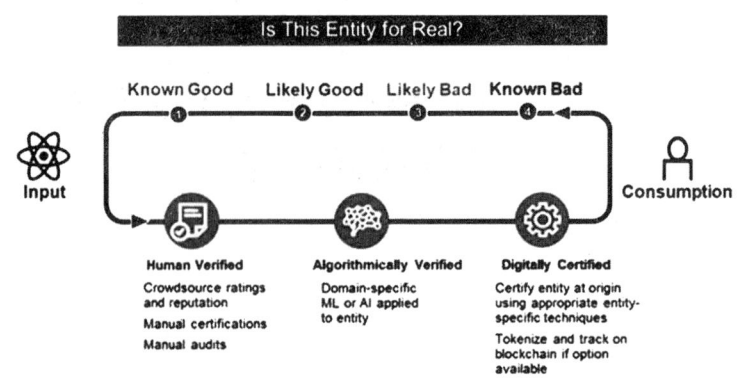

Input → Known Good ① → Likely Good ② → Likely Bad ③ → Known Bad ④ → Consumption

- Human Verified: Crowdsource ratings and reputation; Manual certifications; Manual audits
- Algorithmically Verified: Domain-specific ML or AI applied to entity
- Digitally Certified: Certify entity at origin using appropriate entity-specific techniques; Tokenize and track on blockchain if option available

图 11-1 持续的信任评估图
资料来源：Gartner、国盛证券等

二、供应链中的真相—部分由环境、社会、治理目标驱动

我们看到了几个与供应链相关的、支持 ESG 目标的有前途的用例。ESG 标准用于帮助投资者判断一家公司是否具有环境意识、社会责任和道德治理。这些标准是由数据驱动的，数据越丰富、越可靠，ESG 标准就越值得信赖。因此，使用区块链来记录和审计经过验证的来源数据，这些数据利用 Gartner 模型进行真相评估——请参阅下面中所引用的"如何使用人工智能和区块链在零信任世界中检测假货"。

现在看到几个使用这个模型的生产系统与 ESG 目标一致。即将进行的 Gartner 研究将深入研究这些案例，具体如下：

（1）Context Labs 的 Immutably 平台服务于石油和天然气行业（包括生产商和投资者），通过启用经过证明的、可证明的和可审计的排放数据，以提高 ESG 指标的质量和可靠性，并帮助石油和天然气公司减少碳足迹。例如，该公司跟踪和摄取有关燃料使用、燃烧，甲烷排放和泄漏的公共卫星和其他来源的数据。一旦数据被清洗和分析，转化后的 ESG 指标和支持数据就会被写入区块链，并在此后进行跟踪。

（2）Settlemint 与比利时的 Colruyt 及其供应链合作，鉴定区块链（从"农场到餐桌"）上标有"生物"标签的生猪肉来源。对于牲畜和农产品，"生物"标签表示食品符合欧盟有机农业法规的规定。一些工具和技术被用来确定"生物"的来源。例如，连接在猪耳朵上的物联网传感器通过测量猪嘴深入喂食槽的时间和猪在户外阳光下的时间来追踪它们所吃的食物。

（3）Copperwire 与美国一家领先的有机床垫品牌合作，以鉴定其天然羊毛和 GOTS 认证的有机床垫材料的来源，如羊毛、乳胶和棉花等，利用摄像头、传感器、标签和其他手段在源头收集所需的背景信息。

三、区块链中间件抽象层

如今，企业很难采用区块链技术。一个企业要做的决定太多了——他们必须选择一个区块链平台、一个智能合约开发环境、开发去中心化应用的工具，弄清楚如何在区块链平台间进行互操作、如何与传统系统进行整合、如何在数据标准普遍匮乏的情况下与其他区块链网络参与者进行通信和沟通。这些只是一个企业必须围绕尚不成熟的区块链技术做出的一些棘手决定，相关技能稀缺、项目回报也不完全明确，由任务组或团体进行治理的最好情况是困难、最坏情况是失败。几种技术选择正在涌现，并在市场上越来越受关注。我们将它们归类为"区块链抽象中间件"解决方案，该解决方案使企业用户免受区块链的后端技术复杂性的困扰。Gartner 将这些解决方案分为两类，并希望更多的创业公司为这些类别提供解决方案：

（1）值得信赖的集成中介，例如 chain.link，可在旧系统和多个区块链上的智能合约之间进行对接。

（2）来自 Copperwire 和 Settlemint 等供应商的区块链抽象平台，它使得开发者和用户不必使用本地智能合同和应用开发工具就能为特定基础设施中的特定区块链后端编写代码。相比之下，这些抽象平台是与云和链无关的。

（3）区块链还有很多其他创新用途，但没有足够的动力使它们成为热门趋势。其中两个脱颖而出，首先是医疗创新：冷链疫苗追踪——可能会看到这方面应用的起步；个性化医疗保健——区块链为个性化医疗和保健提供可信的数据；临床试验——支持经过验证的数据共享和协作。其次是社会效益：政府投票系统，预防假新闻。社会效益也许是去中心化公共区块链的最终皇冠上的明珠，但我们可以确定的一件事——这些效益不会使其成为顶级趋势。政府变化缓慢，社交媒体网络的商业模式目前不支持对新闻来源进行验证。希望这些用例在 2022 年开始实现，并实现去中心化公共区块链的全部潜力。

第二节 区块链+跨境电子商务人才培养模式

"区块链+和互联网+本质上都是复杂的系统性工程，2021年必须把握政策红利、市场资金、技术跃迁和价值应用的四重风口，乘风而上把握时代先机。"可以看到数字财富时代机遇很大程度来自认知盈余变现和提前布局，掌握区块链思维至关重要，区块链也是创新者的天堂，创业者的福地。当前的区块链行业，正如互联网曾历经的混乱与蛮荒，互联网经验教训是早早进，慢慢来，而大创新的四个阶段分别是：从跃向无人之地的创新，到第二阶段的商业化，之后是创造性的混乱，第四阶段是规则，巨头主导的世界。实际上，区块链产业的发展人才是关键。数字经济蕴含了人工智能、大数据、区块链等新兴技术，急需大量跨学科、创新型、复合型高端人才，协同制定数字经济核心人才战略，营造社会创新氛围，吸引高端技术人才成为当务之急。"人才培养模式"即通过相对稳定的教学内容、课程体系、管理制度和评估方式，并根据特定的培养目标，以一定的现代教育理论、教育思想为指导实施人才教育过程的总和。目前我国高校应用型人才的典型培养模式主要分为以下三种。

1. "订单式"培养模式

"订单式"人才培养模式指为满足企业岗位需求而"量身打造"的高技能应用型人才，属"就业导向型"。在该模式下，企业通常会根据自身所需的人才需求，与高校签订就业人才培养协议，即"下订单"，学生毕业后直接进入下单的企业工作。其优点在于校企双方能够共同制定人才培养方案，资源共享，互派师资，学生在这一过程中既能学到理论知识，又能得到充分的实践技能训练。但近些年来，此模式在我国高校的推广与应用逐渐浮现了一些问题，如由于校企利益分配不均等问题，导致双方缺乏相互配合的动力，即企业专家通常难以及时参与到教学过程中，学校教师的企业实操经验有匮乏，最终学生也难以及时有效地受到训练指导，校企之间难以达到合作的初衷。

2. "嵌入式"培养模式

"嵌入式"培养理念最早应用于计算机嵌入式系统的设计思路，"嵌入式系统"指计算机硬件系统中集合了操作系统和功能软件，将系统的硬件与应用软件一体化。这一概念被教育学专家引入人才培养方式当中，校企双方的功能性需求相互嵌入，既为企业提供直接的技术支持，又加强学生的实践应用能力，有效处理了学校培养与市场应用脱节的问题。

3. "产学研合作"培养模式

现代意义上的产学研合作可追溯到以斯坦福大学为代表的"特曼式大学"，特曼教授首创的"硅谷模式"具有极其重要的意义。所谓的产学研合作，就是指企业、高校和科研机构之间整合三方能够促进技术创新的生产要素，共同实施人才培养。该教育理念在我国的发展起步较晚，1997年才被正式纳入我国政府教育主管部门规划中。在企业的层面上，通过产学研合作，企业能获得强大的技术支撑，通过充分利用高校的科技资源和教学资源，为企业产品的研发、攻克生产技术难题创造便利，最主要的是能够收获更多与企业发展需求相匹配的高端人才，从而提高企业的创新力和市场竞争力。伴随区块链产业的蓬勃发展，市场对从业人员的需求也越来越多；而区块链新工种的出现，也对区块链行业的人才培养、技术创新、产业应用等方面的协同发展起到推动作用。另外，人社部在《网络招聘服务管理规定》中再次提及区块链，鼓励从事网络招聘服务的人力资源服务机构运用区块链、大数据等技术。因此，区块链人才既要注重底层技术知识结构的构建，也要注重应用层业务逻辑的学习，才能真正释放区块链技术创新应用的价值，而这也应该成为实战型人才的培养导向。

第三节 区块链+跨境电子商务创新人才培养体系

1. 加强师资队伍建设，构建专业课程体系

跨境电子商务集电子商务、计算机、管理、外语和跨文化于一体，是一门新兴的交叉学科，如与纺织品有关的纺织业跨境电子商务。学校在配备师资队伍时，一方面，要着力建设"双师型"跨境电子商务教师队伍，不仅要求教师具备实践水平，还要求教师队伍具备高度的专业水平。因此，为了增强教师在纺织行业和跨境电子商务相结合的实践能力，应大力鼓励教师深入纺织业企业进行学习和实践。另一方面，要鼓励教师参加专业学术会议，通过学术会议开展不同学科之间的热点话题讨论、教研成果交流、专家学习，提升教师的教研水平；同时，学校还应鼓励教师"面向世界"，到海外进行访学和实习，提高教师的教学水平与国际化视野。为了达到跨境电子商务对外

语教育的要求，高职院校可以根据"2015年普通高等学校高等职业教育（专科）专业名称及代码一览表"开设英语、俄语、越南语、应用阿拉伯语、泰语等外语的专业和相关外语课程。

2. 变革传统教学模式、深化实践教学体系

校企合作的实践教学模式是跨境电子商务人才发展中必不可少的关键环节，的电子商务专业和纺织专业建立了实践教学体系，包括实践、实训、实习、毕业设计等。2018年，教育部等部门联合发布的"职业学校校企合作促进办法"表示，学校需要根据自身情况与人才培养需要与企业写作；企业应利用资金、设施、知识、技术、设备和管理等要素参与校企合作，施行职业教育的义务，大力促进人力资源开发，并需要行业机构组织和行业主管部门协调、指导和推动校企合作。纺织专业和电子商务专业通过与悦达纺织等纺织企业以及苏宁易购、京东等电子商务企业合作来加强学生的实践能力。纺织业跨境电子商务专业的学生不仅要具备电子商务的运营能力，还应重视在纺织业与跨境专业的能力培养，因此，今后的校企合作更需要紧密结合产业发展进行学生素质多元化发展；同时，还需重点培养电子商务专业学生的纺织业专业知识、外语能力、中外客服交流、跨国文化等方式，并鼓励学生积极参与到跨国纺织企业实践之中，了解国外文化，养成国际化视野，培养成国际化的跨境电子商务人才。

3. 联系城市产业定位与需求，因地制宜制定人才培养方案

教育改革和发展规划纲要指出，学校要与社会发展和市场经济的发展相同步，及时调整学科专业的设置，对那些与市场经济不相适应的旧职业做出相应的调整和改造，发展市场经济中急需的新职业。现代纺织技术专业是中央政府支持的高职教育培训基地，江苏省重点培养能从事纺织生产与管理、设计、检测的专业人才，要求能结合电子商务运营、外语、管理和服务的人才。课程体系不仅囊括了传统电子商务专业还扩展到了涉及纺织业概况、纺织产品设计、海外市场调查研究、小语种学习、跨境业务、跨文化交流、国际品牌设计等课程。值得一提的是，学校还要根据市场经济发展的需要定期改善培训计划，对教学内容、教学方法、课程体系等进行革新，使其与社会发展和市场经济相适应。

4. 提升企业人员的素养

良好的素养不仅是一个人文化内涵的体现，还是一个公司或企业整体水平的衡量指标。鉴于当前跨境电子商务物流公司管理运作专业化水平仍较低，

物流公司应对上岗人员的条件严格把关。对于跨境电子商务来说，保证人才具备相应的市场知识、法律知识以及语言等是不可或缺的要素。这种配套人才队伍的建设除了要严格要求应聘的专业人才，提高门槛，还涉及企业人力资源管理活动内容。在人才管理活动中，企业的培训内容应根据人才的设置来制定。培训活动开展前，企业相关人员应直接考察企业项目覆盖的国家与地区，包含这些地区的语言特征、生活习俗以及经济发展状况等。需要注意的是，员工应进行实地考察与学习，如若外向型企业在信息收集过程中只采用网络方式，极其容易造成信息过于片面等问题。员工的实地考察与学习，容易熟练掌握不同的经济、政治、法律以及文化等内容。除此之外，可对新晋人员上进行"师徒制"教育，不仅能让新进员工在"师父"的带领下学习理念性的经验以及人际关系的处理，还能让他们在实践中不断摸索，总结经验，提升自身专业素养，在理论和实践的指导下共同进步。

5. 建立跨境电子商务人才培养体系

为了培养更多高素质的跨境电子商务人才，推动跨境电子商务发展，在培养跨境电子商务人才时，应立足实际情况，逐渐形成完善的跨境电子商务人才培养体系针对性推动培训内容改革。由于跨境电子商务人才的培训涉及电子商、国际营销、国际贸易和多种外语专业，所以在编制人才培养方案时需要结合跨境电子商务企业客观需要和市场发展需求，对跨境电子商务人才进行针对性培养，为跨境电子商务健康持续发展打下坚实基础和保障。（1）建设具有区域特色的跨境电子商务运营平台。在"一带一路"倡议的引领下，我国的电子商务得到较为快速的发展，物流产业发展也较为蓬勃。但由于"一带一路"刚刚起步发展，跨境物流在时间成本、货币成本以及服务成本等领域缺乏优势，无法实现跨境电子商务的发展。这主要表现在跨境电子商务的许多基础性设施建设尚未完善，现代物流企业也尚未健全，各种制度与系统缺乏系统化的建设。"一带一路"辐射了我国大多数的区域，涉及了各种特色的资源、产业以及产品，而我国跨境电子商务还缺乏国际快递的经验以及服务，仍停留在通过普通快件进行流通的阶段，呈现出跨境物流以及跨境电子商务不均衡的问题。整体来说，在"一带一路"倡议的影响之下，跨境电子商务的发展呈现多元化的发展趋势，在市场竞争中差异化是竞争的重点，而我国东部地区的跨境电子商务发展势头良好，但是其区域经济特色并不显著。反之，西部地区就可以凭借其特色构建在"一带一路"与地区特色引导之下的跨境电子商务平台。虽然西部地区的发展相对较为滞后，但是其丰富的资源种类可以基于"一带一路"的布局与发展，优化西部地区的地理条件和经济结构模式，构建具有西部特色的电子商务运营模式，进而综合不同地区的经济以及资源差异特征，推动西部地区的经济发展。（2）完善政策，强化保障。"一带一路"倡议覆盖60余个国家和地区，贸易往来的顺畅性面临着各个国家之间的通关、退税结汇以及监管等多方面的壁垒。因此，除了要在政策、运营以及市场等多个领域对其进行完善，还必须要完善各种政策手段。跨境电子商务触及个人、企业以及国家之间的贸易交往活动，完善的政策可以保障电子商务模式的发展。因此，要想能够有效地推动"一带一路"下跨境电子商务的快速发展，必须通过政策以及企业运营等多个方面的政策联合保障制度的构架。

6. 推动中外合作交流

"推进"一带一路"教育行动"等文件阐明了国际化职业教育的三大方向：第一，落实"一带一路"，提高教育行动的质量和水平，构建具有中国特色和世界水平的现代职业教育标准和体系；第二，合作建立双边多边教育合作机制，建立国际合作平台，培养具有国际观和则国际视野的国际化人才；第三，政府引领，协调政府和非政府教育资源，实施合作计划，对接整体布局，与企业合作走出去，共同开展科技创新和成果转化。2019年，在全国教育工作会议上教育部部长陈宝生提出"一带一路"教育行动升级版，表示要探索与中国企业和产品相适应的模式，推动职业教育"走出去"。目前，我国的大学与乌克兰、吉尔吉斯斯坦、哈萨克斯坦、俄罗斯等"一带一路"的国家相继建立了长期的交流合作机制。政府应主导国际交流合作，在鼓励学校间交流的同时，还应牵头建立国际产学研交流平台，带动"一带一路"沿线国家的政府、企业、大学和研究部门的充分参与，推动产业界联合培养人才并健全围绕产业合作与发展的人才培养机制。而目前中外交流教育所存在的问题是，来华留学生的国家仍存在分布不均的现象。为了有效促进与"一带一路"国家之间的教育和人文交流，让我国学生有效地学习"一带一路"沿线国家的经济、文化，促进双边的共同发展与繁荣，高校应借助"一带一路"合作的契机，逐渐扩大对外开放的脚步，鼓励更多的留学生来华学习，与更多的国家、高校企业进行合作。

第四节　针对不同区域，实现特色培养模式

一、中国-东盟

"一带一路"倡议提出以来，中国-东盟双边贸易的发展速度突飞猛进，当前自贸区的关系进一步深化，进入"升级版"发展阶段。目前学界对中国与东盟之间竞争互补关系还存在争议，而对中国-东盟贸易竞争性的研究能够加深我们对双边贸易的见解。虽然双方已通过紧密合作取得系列成就，但彼此间存在的贸易竞争性也不容忽视，而贸易竞争形成的根源是出口结构的相似性。中国与东盟各国同属发展中国家（新加坡除外）在特定产业上拥有着优势互补的关系，但由于双方的产业发展均处于全球价值链的中低端位置，层次相差不大，并且在出口结构上很可能存在极大的相似性，这极易带来剧烈的贸易竞争。对此，我们应厘清双方的贸易竞争优势，更好地推动优势互补，防止恶性竞争，共建中国-东盟命运共同体。

从现代世界经济史的角度看，如若将东亚制造业价值链及其形成的生产网络比作龙腾东方，日本实际上扮演的是龙头，中国大陆如同龙体，亚洲四小龙就像龙爪，而越南正在成为龙尾。依靠从事外包和出口制造而发展的日本，通过将低端环节转移到韩国、新加坡和中国台湾等地，来拓展自身更高端的产业；此后地区内各个经济体步步登高，最终形成今天的形势。经过长达半个多世纪的发展与延伸，东亚价值链的制造业产出已超出西欧和北美新教文明圈产出的总和。尽管不同的经济体之间存在着阶段性的差异，但其在发展模式上还存在着很多共性，如出口导向、发展导向的强势政府、高储蓄率、有利的产业政策以及对基础设施、教育和科研的高投入等。

尽管东亚地区在当前的经济发展中取得了显著的成就，但地区内部在政治和经济上仍存在着较为明显的缺陷。在政治方面，美国和日本在东亚发展模式中各自发挥的重要角色，其缺陷主要表现在地区内部的政治分裂和战略互信的缺乏，与经济的热度形成鲜明对比。在经济方面，其货币领域还存在着结构性风险，即融资货币主要是日元而出口收入货币是美元，东亚经济体共用一条供应链却存在两种关键货币；当供应链上的各国货币汇率锚住美元，美元和日元汇率出现大幅变动时，便会给东亚经济体带来系统性金融风险。

二、中国-俄罗斯人才联合培养

1. 建立人才联合培养模式

构建人才联合培养模式相对较为复杂，需要各个参与主体之间相互配合、通力合作。对俄跨境电子商务企业人才联合培养模式的主体框架结构和行为主体不仅包括对俄跨境电子商务企业和行业协会，还包括了政府、高校、学生等，各行为主体利用当前成熟而完善的对俄跨境电子商务线上和线下平台进行合作并健全合作机制，把理论与实践融入对学生的教学环节中去，实现社会、企业、高校以及学生的协调与可持续发展。为更好地促进校办学的可持续发展，提升办学活力、实现与企业对接，促进对俄跨境电子商务企业乃至整个社会经济的发展，需要从联合培养的视角摸索人才培养模式的建立。从联合培养的视角出发，不仅有利于揭示各合作主体之间可持续发展的内在关系，还有利于分析与解决当前校企合作发展中存在的各种问题。

2. 打造O2O人才培养路径

O2O（Online To Offline）人才培养路径的打造需要通过对俄跨境电子商务人才联合培养模式主体框架的打造，为对俄跨境电子商务人才的培养提供有力支撑。该路径的开展涉及如下3个方面：第一，高校、行业协会和企业共同研究和制定人才培养计划；第二，由政府牵头，设立资格证考试制度，只有获取俄跨境电子商务专业资格证书的高校教师才能获取授课资质，再由具有资质的教师联合对学生进行授课和培训；第三，学生参加考试并获取证书，进入实习/就业岗位。在此过程中，主要是通过对俄跨境电子商务交易平台进行教师与学生的授课、培训与考证，并配合在线下开展短期的讲座与技能竞赛来实现"线上+线下"的培养模式。

3. 产教融合、形成对俄跨境电子商务人才培养体系

（1）政府、行业协会、企业、高校四方联动，共同培养优秀的对俄跨境电子商务企业人才。（2）高校需要与时俱进，革新教学培养计划，整合电子商务、国际物流、国际贸易和商务俄语专业的核心课程，建设多元化、多维度的课群体系，并结合对俄跨境电子商务企业的发展需求，突出培养学生的复合型岗位技能，使学生相应的实践能力和职业能力。同时，还要完善高校课程体系建设，这决定着人才培养的主要方向与内容。（3）以专业、系统的方式进行学习，并设置课程学习版块。俄跨境电子商务交易相对于传统电子商务人才的核心能力，更加突出的技能是俄语的相关技能、国际贸易谈判技

能、国际物流技能,并需要具备国际网络营销等专业知识。

三、中欧人才联合培养

伴随着社会、市场的蓬勃发展,许多企业为了提升自身的核心竞争力,亟须引进跨境电子商务方面的人才。而我国有关企业当前极度缺乏相应的电子商务人才,这是由我国的跨境电子商务与发达国家相比研究起步较晚,整体模式稍显落后所造成的。同时,当前很多学生在毕业后难以胜任各大企业的相关岗位,这是由高校对于跨境电子商务相关人才的培养仅仅停留在理论教育层面,缺乏实践所导致的。此外,各企业间还会互相招徕各自的相应人才,这严重阻碍了发展起步晚的中、小型的企业的健康、长远发展。

对有关综合型人才展开培养,需要高校、政府以及企业三方能够通力合作:

(1) 高校层面:首先,高校需要重视"一带一路"倡议下的跨境电子商务对于国家未来发展所带来的重要意义。在重视的同时还需及时转变过往的教学理念,积极与相关企业合作,为学生提供更实践机会,做到理论和实践并行。

(2) 政府层面:政府有关部门需要合理地为跨境电子商务人才制定优惠政策,提升其相应的财政福利,如在税收以及财政拨付等方面作出优惠等。同时,还要及时调查各企业对相应人才的需求状况以及企业自身人才拥有情况等。

(3) 企业层面:一方面,企业要定期组织有关人员参加培训学习,在第一时间掌握先进的跨境电子商务理论和技术,从而进一步完善自身培训体系;另一方面,还要设立专门监督小组,对选聘环境严格监管,避免出现徇私舞弊现象,逐步完善自身选聘机制,从而有效引进论基础扎实、业务能力强、工作素养高的综合型人才。为了不断激励企业相应工作人员不断进行自我提高的动力,为企业的长远发展提供驱动力,企业还应健全自身的考评机制以及奖惩机制,建立科学考评和合理奖惩的方式。

四、中国—中东欧人才培养

"一带一路"倡议提出后,中国与中东欧的合作全面加速,在资金融通、政策沟通、贸易畅通、设施联通、民心相通等方面取得了很大的发展。新中国成立几十年来,中国与中东欧国家始终能够共同尊重、共同信任、共同理解、共同支持，加之其合作历史悠久、渊源颇深，在传统友谊的巩固与加持下，各领域合作取得长足进展。目前，中国政府的不断推动下，中国与中东欧国家合作形成了稳定的"16+1"模式，贸易蓬勃发展，投资欣欣向荣，合作领域不断拓展，合作机制日渐完善。

1. 高端政策型人才培养模式

"一带一路"的建设亟须大量的政策沟通人才、各领域的国际高端研究人才。智库是高端政策型人才培养模式中人才培养的主体，政府需为人才培养提供宏观方向的引导和资金的支持，企业需为人才培养提供微观数据和反馈，高校则担当人才培养的依托方和合作方。

2. 复合应用型人才培养模式

"一带一路"的建设同时也亟须较多数量的复合应用型人才。智库该模式人才培养的主体，政府为人才培养提供宏观方向的引导和资金及政策的支持，企业为人才培养提供实训和质量反馈，而高校则是人才培养的依托方和合作方。复合应用型人才是"一带一路"人才培养的重中之重，其目标是培养具有充足的跨文化交际能力和国际视野、具有多语言沟通能力和政治、经济、宗教、法律等综合人文素养，掌握较强的专业知识和专业技能的高素质青年人才，成为"一带一路"建设的生力军。

3. 基础实用型人才培养模式

能胜任国内外项目建设和基础岗位的实用型人才是"一带一路"建设中需求量最大的人才。他们是或许并不具备深厚的理论素养和专业知识，但能熟练开展工作的技工人和一线基础业务人才。

五、中非人才联合培养

1. 回顾中非高等教育合作

中非开展高等教育合作的 50 多年来，已逐渐由援助向互惠合作转变。中非高等教育合作形式多样，"互派奖学金生、互派访问学者、互通信息、合作从事相关教育研究、互派教师、互聘专家和学者、共同举办研讨会"是当前中非高等教育合作的主要表现（王彬，2019）。但整体来说，双方高等教育合作仍以中方单方面援非为主。尤其是在 2000 以前，中非教育合作主要体现为中国向非洲提供各类援助，如中国政府向来非洲华留学生提供丰富的政府奖学金，派遣各类师资、面向非洲职业技术人员举办短期研修班，向非洲提供物质、资金援助等。留学生教育依然在各种形式的中非高等教育合作中占据着主导地位，其中又以非洲向中国派遣留学生为主。

2. 中非合作未来发展趋势

（1）从援助走向合作共赢。只有在考虑双方实力的基础上兼顾双方的利益诉求，成功发展出互补性合作关系，实现合作共赢，才能使中非高等教育合作走向深入。（2）中非高等教育合作应基于双方高校实际情况，实现优势互补、合作共赢。"中国和非洲国家高等院校在学科特点和发展水平上存在着较大的差异，学科互补性较强，拥有较大的合作空间。"中非高校完全可以利用各自的优势展开互利共赢的合作。在师资、设备、经费、教学与科研水平上，中国高校整体上占有优势。中非合作中，中方高校可以全面提升学科竞争力与国际化水平；非洲高校也可以借助中方高校的人、财、物方面的优势提升自己的教研水平。（3）在优势互补的基础上，基于各自发展需求，实现合作共赢。通过中非高等教育合作，一方面，一带一路合作平台可以助力中国高校平台的发展，抓住机遇，逐步深化高等教育体制机制改革，迈进非洲，通过与非洲高校开展深度合作，提升自身高等教育国际化水平和国际竞争力；另一方面，非洲将中国高等教育经验为我所用，推动高等教育快速发展（王彬，2019）。

3. 借助多种合作平台，构建长期合作关系

借助"中非高校20+20合作计划"，中非双方可以逐步拓宽合作领域、增加合作形式、深化合作内容，构建起更为可持续的、深入的、全面的、全天候的中非高校之间的经常性合作关系，如中非高校联合开展研究项目、共同培训学生和师资、共同开发课程等。中非高校还可以构建民间合作机制，如定期举办"中非校长论坛""中非学者论坛""中非研究生论坛"或者联合建设"中非联合研究机构""中非高校网络教研平台"等多种形式合作机制。共建各种形式的合作平台。

4. 拓宽合作领域、丰富合作形式

当前中非高等教育合作的主要形式还是以留学生培育为主，主要停留在非洲向中国高校输送留学生的阶段。可以发现，留学生交流不仅为非洲培育了急需的高素质人才，还提高了中国高校的国家化进程。然而，中非高等教育合作也应随着中非合作深入发展而与时俱进地作出革新，中非双方需要进一步丰富合作的内容，扩大合作的范围，提高合作的深度。

第五节　区块链+跨境电子商务综试区高水平人才培养模式

　　跨境电子商务综试区在国家层面上是我国建设区块链+的新载体。随着跨境电子商务综试区的政策优势逐步展现，我国陆续审批设立了35个跨境电子商务综试区。而在设立跨境电子商务综试区的过程中，我国应当结合区域的产业结构、外贸营商环境和电子商务发展基础等多重因素综合考虑。对于东部沿海地区，选择产业基础和电子商务发展基础较好的城市广泛推广综试区的成功经验，最大限度地发挥该区域的外向型经济优势；对于中、西部地区，尽管在产业结构、交通条件和电子商务环境等方面存在较大差距，但应当以省会城市为重点，发挥节点型城市的示范效应，让更多中、西部地区享受到跨境电子商务的发展红利，推动我国的全面开放新格局。对于地方政府层面来说，在响应"一带一路"倡议，推动跨境电子商务综试区建设的同时，需要"量身定制"，体现区域特色。结合实证结果中存在多条综试区建设的路径，地方政府需要根据所在区域的基础条件支持具有产业特色的企业，培育具有区域特色的跨境电子商务产业，具体问题具体分析，推动综试区建设。

第十二章 区块链+跨境电子商务纠纷解决问题研究

在"一带一路"倡议下,以互联网为导向的电子商务平台实现并发展了跨国界的国际交易活动。跨境电子商务的深入发展,促进了"一带一路"沿线国家和地区的贸易分工协作、资源产品共享、市场培育开发和模式联动发展,促进了中国和沿线国家以及地区间互利共赢的战略合作。由于跨境电子商务是新生的商务业态,正在被越来越多的消费者接受,对此强化法律监管是必须的,但国家和地区间法律的差异性和滞后性问题日益凸显,"一带一路"区域的特殊性、跨境性、不平衡性等特点也导致了法律监管的缺失(温蕾等,2018)。

自从国家《推进共建丝绸之路经济带和21世纪海上丝绸之路的意愿和行动》实施以来,"一带一路"倡议的实施成效越来越明显。区域沿线国家的经济法制普遍不健全不完善,针对网络经济尤其跨境网络经济更是空白。一方面,表现在国家和地区的法律法规存在差异性和滞后性,此外,民族文化、经济差异、宗教信仰、政治体制等也不尽相同;另一方面,跨境电子商务市场交易规则的制度化建设还有待完善。在市场准入和退出机制、经营主体审核、跨境电子商务的交易行为、商品质量备案、信息交换、数据共享、信用保险服务、网络安全、风险评估、大数据交易规则等方面还缺乏有效的法律监管制度。因此,"一带一路"跨境电子商务的发展,在法律监管方面的不健全,经济效应和利益风险等方面还具有很大的不确定性。由于跨境电子商务是新生的商务业态,正在被越来越多的消费者接受,缺乏经济秩序约束的经济活动必然诱发多种经济问题。

第一节　区块链+跨境电子商务的法律监管

由于我国关于跨境电子商务的研究起步晚，致使国内有关其的法律法规等还不成熟、不健全，这使得很多企业、部门在遇到风险、物流相关问题以及经济纠纷时只能参考实体经济有关法律法规，其法律约束力、参考性都较低，一旦不能及时解决，便极易致使跨境电子商务不能有序发展。所以，国家陆续出台了有关电子商务意见，并逐步建立健全相关的发展制度（温蕾等，2018）。首先，政府主体介入监管，能够为"一带一路"跨境电子商务起到宣传以及助推作用，同时，要加强政府监督管理主体的介入，能够为跨境电子商务市场秩序提供强有力的保障，进一步维护多方权益。其次，构建网络监管共享体系。基于网络环境下实现跨境电子商务发展，必须要保障网络信息安全，借助网络技术能够确认交易中的主体身份，实现加密与交易内容的保存，确保电子支付更加的安全，快捷跟踪共享物流信息，有效实现信息安全拦截与过滤等各项技术监管。再次，是各单位部门实现信息联动监管。在"一带一路"发展背景下，电子商务涉及众多地区和国家的经济效益，也影响着跨境贸易监督管理的各项单位，由于职能部门在法律赋予的范围内必须要实现统一的联动监管，但是当前只是各部门实现单一合作，合作效率较低，无法有效实现监管统一和数据共享。如果各单位的信息联动有助于降低监督管理成本，切实提高监督管理效率。最后，国家也在推进加强第三方监管。由于"一带一路"发展模式下电子商务模式多元，有很多模式是在交易平台上完成，如建立诚信评价机制、保护交易安全、披露信息、提醒交易自身权力等。加强跨境电子商务第三方监管，有效借助发达国家的监督管理理论以及实践探究，沿线国家有效加强行业以及监督指导功能。通过各地区各国家构建网络联动法律监督管理体系，出台相关的法律制度以及管理细则，才能够有效促进"一带一路"背景下区域跨境电子商务的有效发展。

第二节　跨境电子商务法律监管主体

"一带一路"背景下跨境电子商务呈现蓬勃发展之势。但伴随着跨境电子商务的快速发展，有关法律法规和政策的缺失、不匹配和不健全已日益成为困扰行业发展的重大问题。跨境电子商务需要公平、公正、有序、健康的发展环境，这是确立跨境电子商务法律监管主体的客观需求，应该引起沿线国家和地区政府的高度重视。而各个国家和地区由于政治、经济、历史、文化、宗教等原因，法律法规在立法和执法等方面存在着差异性，因此，对跨境电子商务监管存在着一定的难度。"一带一路"沿线各个国家和地区应通过共同磋商，达成对跨境电子商务相关法律法规的统一，参照相关的国际法和行业惯例确立跨境电子商务法律监管的主体，并在签署国家和地区范围内按照国际法优于国内法的原则下遵照执行。对于跨境电子商务法律监管主体的确立，可以是由沿线国家和地区的政府通过协商共同组成，也可以是沿线国家和地区的政府认可的第三方机构、行业协会或非政府组织，还可以是沿线国家和地区的政府认可的跨境电子商务服务平台（温蕾，2018）。

第三节　跨境电子商务法律监管的实现路径和机制保障

"一带一路"跨境电子商务作为沿线国家经济发展的重要助力和经济创新驱动新模式，健全和完善法律监管是进一步提升跨境电子商务发展水平的重要保障，以现实多维度视角健全和完善"一带一路"跨境电子商务的法律监管路径组合（翟东升，2019）。

首先是跨境电子商务法律监管的保障机制。通过公示制度软环境的构建，可以对跨境电子商务市场主体身份信息和交易内容的真实性、交易行为和交易流程的透明性、各系统单位法律监管的公正性起到保障作用。因此，"一带一路"跨境电子商务的监管主体应该形成常态化、信息化的公示制度。跨境电子商务公示制度软环境稳定了电子交易市场的秩序，参与主体、交易平台和监管部门权利义务明晰，最大限度规避跨境电子商务纠纷，构建有序、法制的交易环境。

其次是有效提升跨境电子商务法律规范体系。纵观当前跨境电子商务的法律体系，虽然在海关通关、检验防疫、税收支付等环节已经具备了基本的可操作性规范，但是这些规范和跨境电子商务的特征难以形成有效契合。此外，这些法规主要以部门通知、部门规范的形式存在和发布，还存在着一定的相互冲突和不一致性，法律层次较低，难以形成有效的法律保障。"一带一路"跨境电子商务需要在沿线区域层面上通过各个国家和地区政府的协商，结合跨境电子商务自身的发展特点，制定出统一的、高法律层次的法律法规，并结合区域相关法律和其他部门法律形成系统规范的法律体系。

第十三章　构建区块链+跨境电子商务的政策框架

第一节　全球化趋势不可逆

当今世界正在经历新一轮大发展大变革大调整。虽然各国经济社会发展联系日益密切,但是保护主义、单边主义抬头,多边主义和自由贸易体制受到冲击,世界面临的风险挑战加剧。面对当今世界百年未有之变局,是合作还是对抗?开放还是封闭?互利共赢还是零和博弈?人类又一次站在了十字路口。

近年来,美国把"新兴技术"出口管制作为确保"美国优先"战略的重要抓手,并纳入国家安全范畴予以特别强化。尤其对中国,更是出台了众多针对性政策,如2007年专门针对中国新增加航空发动机等47个出口管制项目,2009年颁布《国际关系授权法案》,此后又出台《出口便利化修改草案》,2011年发布《战略贸易许可例外规定》,2013年修订《国防授权法案》。2018年,美国又对新兴技术出口管制开展讨论,再次点名中国为美国在生物技术、人工智能、先进计算等共计14个大项"新兴和基础技术"领域的竞争对手,给予严格限制。针对上述新形势,我们立足全球化发展趋势,从科学研究规律、技术发展规律与产业创新规律3个方面展开分析与研究。

纵观世界发展史,我们可以发现,经济全球化和世界经济繁荣与否有着深刻的正向关系。经济全球化是我们为推动地球各方面发展的强劲动力,这是谁都无法反驳的基本事实。随着"地球村"概念的推进,各个民族、国家、个人之间的距离越来越小,世界仿佛真的变成了一个村庄,交往日渐紧密,变成了一个有机整体。经济全球化的今天,世界各国更应该携手推动经济进步和良性发展。

第二节 迎接跨境电子商务新挑战

社会经济正处于转型期，预计在不久的将来，数字货币系统将更加成熟，得到更多的支持。一些欧美国家和其他地区也加大了这方面的研究力度，也在努力推广相关货币，特别是与 Facebook 挂钩的资产负债表引起了多个国家的关注。因此，在实施过程中要加强监管，在一定程度上避免不必要的风险。目前，许多国家都在研究合法的数字货币，但还没有真正推出，由于这一制度实施困难，我国在引进法定数字货币方面是最先进的，采取了非常谨慎的措施，央行必须确保的是：一是保护公众隐私，我们应该用合法的数字货币取代 M0，做最基本的实验；二是做好合法数字货币的定位，在确定技术路线、反复过程中，再找到一个更安全的切入点、引入机制和纠偏机制，防止合法数字货币引入带来的社会冲击。

当我们选择不同的 CBDC 模式，对支付体系、货币政策传导、金融体系结构和稳定性都会有不同的作用，其影响相对有限。因此，以下仅分析通用 CBDC 的影响：（1）对支付系统的影响。或者，在数字化趋势下，金融管理局发行的 CBDC 可以进行点对点控制的匿名交易，具有现金的高效、匿名、便捷等优点，节省了现金的印刷、储运成本，提高了日常支付效率；同时，由于 CBDC 具有全国信用等级，无须网络即可进行点对点支付，将对现有支付系统、微信和其他电子支付手段、移动支付和公共支付的选择产生重大影响，（2）利率传导机制是货币政策传导机制之一。因此，如果对 CBDC 进行利率计算，CBDC 的利率水平将直接影响货币政策的传导。确定每个实体持有 CBDC 和其他资产的比例，进而影响货币政策的有效性。如果 CBDC 被视为现金且不支付利息，中央银行可能会将货币政策限制在现金之外，并限制中央银行将名义利率降至零以下的能力。当存款利率为负时，由于现金的可用性将产生储存、保险和运输成本，只有当负利率达到一定水平时，人们才会变成现金，但在 CBDC 流通的情况下，在账户之间转移资金会比现在更容易。（3）对金融体系结构和稳定性的影响。如果在同等条件下对中央商务区进行利息计算，经济实体将把银行存款转化为更安全的中央商务区，这在一定程度上会造成银行存款的不稳定和资金的短缺，利率水平的高低也决定了公众持有的中央银行的数量以及投资和消费活动的数量。CBDC将使这一变化更便宜、更快，并将使"数字银行交易"更频繁、更严重。如果发生这种情况，银行系统可能会出现巨大的流动性短缺，这将带来金融稳定的重大风险。(4)对金融包容性的影响。电子支付主要以银行账户为基础，通过银行卡和网上银行进行操作。但受地域和网络因素的限制，银行网点的辐射范围远低于移动网络。而且，资金向偏远地区转移不方便，当地居民享受的金融服务水平低于城市，CBDC不应受到银行覆盖面和开设银行账户的限制，但可以通过便携组合或其他设备载体使用，从而扩大接受金融服务的群体，在一定程度上促进普惠性融资的实施，提高金融普惠性。

第三节 推动跨境电子商务综试区的创新发展

（1）在商业模式上想新点子。着力创新跨境电子商务模式，政府加大对跨境电子商务企业的帮扶，重点引进一批先进的跨境电子商务服务企业，为传统企业提供适当的培训，将报关、退税、国外仓储、国际物流和外汇服务融为一体，或为企业及其产品制定相应的跨境营销策略，通过Amazon、summit等主要外贸平台电子商务销售产品，或帮助企业在海外销售平台注册账户，进行海外分销，协调海关、国检、工贸等工作，建立税收等相关服务绿色通道，进一步促进通关便利化，提高产品通关效率。（2）围绕跨境物流和商贸创新，加强物流体系整合，完善物流体系，积极填补国际物流体系建设相对落后的地区，支持和引领大型国际物流企业落户，完善全球配套服务，探索建立跨境货物全球追溯体系，并尝试开展检查，免费快速检查进口货物。建设物流运输体系，完善物流基础设施，发展智能物流，降低物流成本，推进流通领域物流改革，实现运输无障碍。（3）在优化监管措施方面，加强跨境监管，研究制定跨境电子商务市场规则，加快信息系统和电子商务监管平台建设，逐步完善跨境电子商务诚信体系。控制信用风险，促进信息资源共享，加强对跨境电子商务平台和电子商务事业的监管和探索。（4）在完善配套服务创新方面，加强制定金融海关等平台建设力度，详细出具员工轮岗培训等方面的帮扶政策。使全球试验区建设既突出区域特色，又有统一操作规则，引导国家开发银行和农业发展银行建设专项资金，加大对全球试验区相关项目的支持力度，为建成完整的试验区提供有力的资金保障。将电子口岸系统优化以满足部分企业需求。在关键应用技术开发方面提供专项资金或政治支持。(5)在拓展业务市场和创新方面,要加强服务平台建设,建立覆盖业务存管和跨境外贸全过程的完整实施平台,建立信息服务平台与电子商务、物流、支付、第三方平台的对接,推动跨境电子商务平台的电脑化发展,由单一的信息查询平台,发展为包括交易支持等综合服务的全球交易平台、网上支付、售后服务、信用体系,加大对现有外资商业企业的整合力度,帮助有兴趣开展跨境电子商务的传统外贸企业转型升级,培育跨境电子商务企业的地方集团。(6)创新电子商务人才培养机制,加强人才队伍建设,着力建设省级实用型人才培养基地,支持有实力的电子商务企业与科研院所、高校合作建立实验性人才培养基地。培养电子商务、互联网金融、物流等领域人才,聚集电子商务领军人才,完善电子商务人才激励措施,引进适合电子商务发展的高层次人才和复合型人才,出台政策吸引高层次电子商务人才和优秀应用人才。跨境电子商务服务,包括电子商务和对外贸易、了解服务流程、为传统企业提供多元化的跨境电子商务服务。

第四节　区块链+企业走出去战略

针对当前面临的挑战和问题,本文提出以下五点建议,旨在克服发展跨境电子商务过程中遇到的困难,以促进业务的安全性和流动性。

商业模式的创新是电子商务长远发展的动力。跨境电子商务行业要突破原有经济模式的界限,通过技术现代化、战略变革和跨境发展,开辟新途径,信息服务业是21世纪的主导产业,电子商务已成为各国和大型企业提高和持续改进的重点。B2B电子商务模式引入了中间人的存在和参与,降低了电子商务市场的风险,提高了企业的效率,跨境电子商务行业应避免遵循原有的商业模式或先进的商业模式外国生意的一部分。在未来国际竞争的市场动态背景下,缺乏创新的商业模式是难以管理的。

实现单向互联互通的目标,不断加强电子商务领域的国际合作,可以提高各国企业的盈利能力,帮助各国和地区的居民享受全球产品的高效流通。另外,商业模式的创新是电子商务长远发展的动力。跨境电子商务行业要突破原有经济模式的界限,通过技术现代化、战略变革和跨境发展,开辟新途径,信息服务业是21世纪的主导产业,电子商务已成为各国和大型企业提高和持续改进的重点。

第五节 优化贸易伙伴，积极探索新兴市场

根据国家吸引力计算结果，主要国家大多是欧美发达国家或新兴经济体，其中，欧美等发达国家政策经济稳定，基础设施和法律体系相对完善，整体发展水平较高、市场规模较大，有利于企业持续运转；可以选择这些国家或地区作为跨国经营的目的地，但我们可以看到，这些国家或地区的劳动力成本很高。目前，我国跨境电子商务出口主要在这类市场。因此，中国对这些成熟市场的跨境电子商务出口具有很强的竞争力，新兴经济体市场潜力巨大，与中国经济互补性强，但古巴、缅甸、阿富汗等国总体发展水平较低，消费能力有限，高政治风险和基础设施必须进一步改善。因此，在这些国家或地区进行跨境贸易的背景下，必须提前进行市场调研，积极与地方政府展开沟通，降低跨境贸易风险。

外储问题一直是跨境电子商务企业面临的主要问题，一旦这项工作不开展，很容易导致货物的损毁甚至丢失。专业物流公司必须着眼于全球战略思维，构建物流企业发展的整体战略，积极引进大批技术开发和管理人才，帮助专业物流公司开发技术软件、优化技术管理流程、降低管理成本、提高服务效率和质量，这对于专业物流企业来说是可以理解的，也是其快速进步和发展的关键竞争力。专业物流公司的管理人才、设计人才、商务人才等人才的共享已成为衡量其商业效果的主要手段。专业管理人才可以为专业物流公司培养大批高素质的服务人才，制定管理制度，合理运用和配置跨境物流资源，从而提高专业物流公司的运营效率。

目前，物流信息采集和管理的数字化是实现物流配送信息化和专业化的有效手段。在跨境电子商务中，信息技术对专业物流企业的发展起着关键性的作用，专业物流企业在发展跨境企业时，必须注重信息技术的创新，提高发展能力，提高信息技术的利用水平，是专业物流公司持续稳定发展的关键。作为中国最大的民营快递公司，抢占全球物流运输市场，发展"全球顺丰"和"海丰云"业务，并根据不同国家对货物运输的要求制定不同的运输策略，"全球顺"主要针对时间短、货物敏感的地区，而"海沟风云"则将境外采购与跨境物流相结合，为境外客户搭建境外电子交易平台导航服务，不仅为

境外消费者提供了更大的消费机会,也有助于其消化物流服务。为不同的消费者提供不同的物流和运输服务,抓住当前跨境电子商务的机遇,是顺丰快递跨境物流发展的重点。

第六节 区块链+物流服务,提升能力和质量

1. 完善物流制度

对于"一带一路"和"互联网+"经济环境下的跨境电子商务而言,完善的管理体制可以使权力关系,商业模式主要有四个要素:通过供应链管理理念的应用,电子商务物流可以协调供应链中其他企业的关系,引导供应链各个环节的企业,为了实现统一的企业目标,降低供应链管理成本,提高经济效益,同时也可以改善物流企业的经营管理行为,增强跨境电子物流的软实力。

2. 建立物流联盟

跨文化管理战略是应对电子商务物流挑战的关键,在共性和文化差异的背景下,企业如何坚持求同存异的原则,保持对这种文化差异存在的正确认识,避免在文化冲突过程中迷失的局面?为了实现企业资金管理能力、资源整合能力等方面的不断提高,需要物流企业的联盟。因此,物流企业在国内外分别建立了物流仓储中心。国外联盟物流公司可以把货物送到国外的仓储中心。当国内采购商执行订单时,国外物流公司可以根据具体指令将货物送到国家级的仓储中心,然后国家级的物流公司就可以发货,以便快速地将货物送到采购商手中。

3. 物流服务的能力和质量对跨境电子商务出口有着很大的影响

物流服务的能力和质量和中国跨境电子商务出口的范围成正比。这说明,不断提高物流服务能力和质量。是促进我国与其他国家跨境电子商务出口的一项比较重要的措施。而且,优化和提高物流服务能力和质量,是一场双赢的博弈。加强跨境运输网络完善等物流基础设施建设,为跨境电子商务发展提供良好环境。在公司层面,构建一体化思维的跨境物流体系,加强信息技术在物流中的应用,建设境外物流仓储平台,构建信息更新快、运输成本低、运输路线优的电子商务出口跨境销售体系,提高货物交货率,降低跨境贸易成本。

4. 完善金融系统的支付手段和外汇计算，消除制约跨境电子商务发展的瓶颈

由第三方的支付方式如手机支付、电子货币、网络货币、在线支付等出现我们不断丰富跨国界的电子商务交易方式。市场的行情和汇率的变动变快，一部分国家和地区的突发事件严重地波及交易价格，发生了剧烈变动的国家和地区的货币大幅度下跌的现象金融设置系统作为跨境电子商务发展的重要支柱，提供跨境结算和汇率计算电子化、加快标准化程度、便于操作的相关业务，为跨境贸易企业定价、结算、应该帮助有效解决成本控制和风险管理等方面的难题。

5. 优化产业链，建立跨境电子商务区域中心

设立面向海外的跨境地区中心在"一带一路"的提倡实践的背景下，通过设立面向海外的跨境区域中心，可以为跨境企业的发展提供可靠的平台支持和技术支持。选择合适的地区，由当地政府主导设立仓储物流基地和分包中心，鼓励更多的企业积极参与跨境保税贸易和购买，建立良好的跨境发展空间。

6. 推动物流模式创新——海外仓库模式

这个模式的应用是结合出口国的实际情况，建立仓库，统一采购的货物在仓库保管，配合订单迅速调整货物，第一时间送到最终用户手中。海外仓库模式是最先进的跨境物流模式，物流配送成本高、时间长等问题可以有效选择在合适的城市或地区设立专业的海外仓库，跨境贸易逐步高效化、适时化发展。

第七节 区块链+中国全球治理的实践范本

全球治理的目标是建立更加公平合理的国际政治经济新秩序，构建新型国际关系，这一目标应通过"协商"来实现，共建共享，是中国践行新型全球治理的重要平台。习近平总书记在2018年出席推进"一带一路"建设工作五周年座谈会的讲话中也强调，共建"一带一路"顺应了全球治理体系变革的内在要求，彰显了同舟共济、权责共担的命运共同体意识，为完善全球治理体系变革提供了新思路新方案。"一带一路"倡议旨在传承和平合作、开放包容、互学互鉴、互利共赢为核心的古丝绸之路精神，在全球化和区域化深

入发展的新形势下为全球提供公共产品，帮助推动全球治理走向善治。"一带一路"倡议强调政策沟通、设施联通、贸易畅通、资金融通以及民心相通的五通发展，在新的时代潮流和历史方位中，"一带一路"倡议具有更为丰富的实践内涵。恰如习近平总书记在首届"一带一路"国际合作高峰论坛演讲中所寄予的期望，要将"一带一路"真正打造成一条和平之路、繁荣之路、开放之路、创新之路和文明之路。理解"一带一路"倡议的关键是要把握其与人类命运共同体理念和全球治理之间的相互关系：应该说"一带一路"建设的初衷和最高目标就是要构建人类命运共同体，人类命运共同体的理念也一定是"一带一路"建设的源泉和指针。"一带一路"建设与全球治理的基本价值和初衷是相互契合的，同时，"一带一路"作为内嵌于广义全球治理架构中的子系统将成为现行全酣自理实践的有益补充。具体而言，新时代中国的"一带一路"倡议将为全球治理提供至少三方面的助力：

首先，"一带一路"倡议将在国际体制机制绩效层面为全球治理做出贡献，国际体制机制建设一直是全球治理的重要研究课题。在全球治理的第一阶段，有学者强调，全球治理问题往往源于国际监管机制的危机。只有提出更适合当代世界发展的国际标准和规则，才能改善全球治理，新的、更高效的体制和国际机制的构建必须是新的全球治理的意义所在，亚洲基础设施投资银行（亚投行）和丝路基金的成立是这一倡议对体制和机制建设的最重要贡献国际。亚投行的成立主要是为了满足亚洲新兴经济体快速发展和基础设施互联互通的需要；亚投行将以服务发展中国家为主，坚持简约、高效、绿色发展的新理念，同时，始终坚持"开放包容"的原则，吸引新成员。新成员在参与亚投行治理和重大决策过程中享有与创始成员同等的权利和义务，中国投资4亿美元设立的丝路基金将坚持市场化、国际化、专业化的运作原则，坚持开放合作方式，吸引更多国际资本，共建"一带一路"，目前亚投行和丝路基金吸引了越来越多的合作伙伴加入；它们以支持发展中国家和新兴经济体为基础，以有效弥补现有国际制度和机制的不足；同时，中国在其中的作用也将为了解发展中国家如何实际创造国际体系提供经验支持。

其次，"一带一路"倡议将在基础设施建设层面为全球治理做出贡献；"一带一路"倡议着眼于整体互联互通，互联互通的基础是加强基础设施建设。在一定程度上有助于打破内部市场的分割，为建立现代市场体系奠定基础。基础设施建设将在弥合国际市场差距、推动全球市场体系走向理性善治方面发挥重要作用。《关于"一带一路"基础设施国际合作的白皮书》（以下简称《白皮书》）正式发表。白皮书审查了公路沿线国家基础设施发展的现状和趋势以及过去五年的公路倡议，他强调，"一带一路"在基础设施国际合作方面潜力巨大，但也强调协同理念，强调要更好地理解欧盟在这方面的作用。20国集团全球基础设施中心（Gihy）和牛津经济研究所联合发布的《2040年全球基础设施投资前景》报告强调，2010年，亚洲占全球基础设施投资需求的54%左右，而中国仅占全球基础设施投资需求的30%。因此，"一带一路"在这方面的作用还有很长的路要走。

最后，"一带一路"建设将为全球可持续发展治理做出贡献，实现可持续发展始终是全球治理的重要目标。联合国2015年发布的《改变2030年可持续发展世界议程》文件提供了指导当前全球治理实现可持续发展的纲领性文本。围绕"一带一路"倡议和全球治理的可持续发展，报告强调"一带一路"沿线国家的参与是基于国家可持续发展目标的实施战略，这表明"一带一路"将成为确保沿线国家主导、当家作主、走发展战略之路的保障机制，确保"一带一路"倡议得到有效、可持续、长期实施。如果"一带一路"倡议能够与联合国2030年可持续发展议程和可持续发展目标有效衔接，倡议的效果将最大化。作为新兴国家集团的代表力量，中国应该为探索新的全球治理做出贡献，人类命运共同体理念是中国参与新时代全球治理的根本思想指南。它汇集了世界上希望和平、发展和繁荣的最大的共同分歧。有识之士画了一幅美丽的图画，为实现共同发展指明了方向，"一带一路"倡议是新时期中国参与构建新型全球治理的良好实践典范。它充分体现了人类共同未来命运共同体的基本理念。在规划中国开放空间布局的同时，不断开辟互联互通的模式，中国与世界共建共享，坚持构建人类命运共同体的理念，不断推进"一带一路"建设，将是新时期中国全球治理的不懈追求。

第十四章　区块链+跨境电子商务的道路选择

2020年6月18日，习近平总书记在国际合作高层视频会议上发表书面讲话，强调中国始终坚持和平发展、互利共赢，愿与伙伴一起，共同建设"一带一路"，走团结一致、共同应对挑战的健康之路，走保障人民健康安全的健康之路，一条促进经济社会复苏的道路，一条释放发展潜力的增长之路，通过高质量共建"一带一路"，共同推进人类命运共同体建设。在2020年6月18日于陆家嘴举行的金融论坛上，国务院副总理刘鹤提出了"内部经济循环"的建议，基本上反映了我国经济金融的发展趋势。信息的内容和数量都非常庞大，此后，关于"内部经济循环"的讨论成为各方关注的焦点，7月21日，一场最高层的企业家论坛举行。我们再次谈到了经济内部循环，可以说是对我国经济发展方向的一个定调，专家学者对经济内部循环方式的定义是："中国有庞大的消费市场和完整的生产链，鉴于内部流动是主体，必须继

图形来源：赤道链

续扩大内需,促进有效投资,维护和完善产业链和内部供应链。""以国内大循环为主体,绝不是关起门来封闭运行。"国内运动和国际运动是不矛盾的、是相互促进的,当国际环境的不确定性增加时,构建以国内大循环为主体、国内国际两大循环相互促进的发展新模式,可以更好地保障我国经济安全,不断拓展经济发展空间。内部经济周期的趋势和基调,同时推动了两个周期的发展。

第一节　后疫情时代"经济内循环"的动因

日本、美国和欧盟的外贸依存度基本保持在22%左右,这表明,虽然中国外贸依存度多年来有所下降,还有进一步降低的空间,正是因为对外贸易依存度还有进一步降低的空间,才有可能提出"以内部经济循环为主"的新的发展模式,在目前对外贸易依存度仅为32%的情况下,仍提出"国内经济运行是主要因素,这是一种新的发展模式"。在中美完全脱钩的情况下,我们的经济仍然有足够的弹性,能够自力更生地继续发展,同时,经济内部运行不封闭,不再是外向型的。

因此,我们要根据中国经济发展阶段的特点,从需求和投资两个方面努力,应对出口需求减少的风险,促进中国经济高质量发展,我们要在以下几个方面取得进展:(1)以新消费推动经济转型和价值化,受疫情影响和观念转变,消费者更加关注绿色、生态、名牌、安全等需求,政府必须将社会资源引导到网络购物等新消费领域,医疗卫生、教育培训、旅游休闲、绿色食品等,从政治、供给、秩序、渠道等多方面入手,认识到新消费在扩大内需中的作用。(2)以"四个新"农村建设促进城乡发展一体化,农村市场是扩大内需的关键,启动农村"四新"建设,扩大内需,需要创新措施。(3)以新基础设施带动大规模内部投资,以技术创新为动力,以信息网络为基础,以高质量发展为需要,启动新一轮大规模基础设施建设,构建和形成数字化转型基础设施体系,重点建设5G、城际高速铁路和城市轨道交通基站、新型能源汽车充电桩、大数据中心、人工智能、工业互联网等领域。(4)以新兴产业创造新的经济增长极,当前我国经济结构的主要矛盾在于供给侧:进一步推进供给结构改革,要大力推进产业结构转型和现代化,着力打造新兴产业,打造新的经济增长极,实施政府主导、市场参与的产业发展战略是行之有效的。（5）科技创新和智慧生产是中国成为现代化强国的重要支撑。面对中国高技术受阻、中国处于全球价值链末端的困境，我们要通过自主创新，在关键技术和新技术上取得进展，走世界科技创新前沿和产业链、价值链的高限。

第二节 "后疫情时代"国内国际双循环的支撑要素

当前，中国经济正处于转换方式求发展、优化经济结构、转变增长动力的关键时期。经济发展前景是好的，但也解决了结构性、体制性、周期性问题交织在一起带来的困难和挑战，也必须解决世界经济深度衰退等不利形势，国际贸易和投资的急剧减少，国际金融市场的动荡，国际贸易的局限，经济全球化对发展中国家的逆流，保护主义和单边主义在一些国家蔓延，地缘政治风险增加，我们需要在一个更加不稳定、不确定的世界里寻找中国的发展：如何在竞争和国际合作中培育新的增长点，形成国际和国内合作发展的新模式？

（1）从国际经济发展现状看，近年来一些国家奉行"孤立主义"，当然，这违背了经济的基本原则，阻碍了经济全球化的进程，建立国家和国际的双重流通体系，利用好国家和国际市场，可以通过区域市场一体化带来其他好处，比如规模经济降低生产成本、专业化降低服务成本、通过增加产品多样性扩大市场等。以欧盟和北美自由贸易区为代表的区域一体化组织一度成为国际经济一体化的主导形式，但近年来，欧盟内部失衡、英国脱欧等问题，加上美国实施的"美国优先"战略和各种"退市"行为，以及新的冠状动脉肺炎的出现，国际区域市场的一体化充满了不确定性。所有国家或地区都把扩大内需、推动国际区域一体化发展作为应对国际经济发展和经济全球化不确定性的主要手段。中国的发展离不开世界，世界的发展离不开中国。只有不断深化开放，科学规划，积极参与国际经济循环，才能在开放过程中获得更强大的资源、技术、人才和资金支持。我们可以在多维区域之间经历生产、分配、流通、消费的循环，让各种要素更自由地流动，从而形成新的区域增长极。

只有积极参与国际经济循环，才能在开放过程中获得资源、技术、人才和最强大资本的支持；只有加强内部经济循环，各种要素才能更自由地流动，形成新的区域增长极；在国家层面，贸易可以增加国民福祉，满足公民的不同需求和偏好，提高国民生活水平，提供就业机会；对企业而言，贸易可以加强质量管理，提高经营效率，提高产品质量，加强经济合作和技术交流；在国家层面上，贸易可以调节供给和市场需求，延续社会再生产，充分利用国际国内生产要素，比较优势理论为处于不同发展阶段的国家发展自由贸易提供了理论支持。

（2）面对全球经济发展趋势的不确定性，要充分协调国内外经济发展全局，以中国为主体，内外结合，积极保障中国经济安全，规划新的增长点，推动中国从传统的国际经济均衡模式向国家和国际双重循环的新模式转变。

从全国来看，中国正从高速增长向高质量发展转变。经济发展呈现出由要素驱动、投资驱动向创新驱动转变的特点，经济结构不断优化，更加注重可持续发展。要加快新旧动能转换，构建现代经济体系，更好地满足人民美好生活的需要，特别是要降低生产、流通、消费的交易成本，加强城乡、城市和地区合作，扩大对外开放，在新形势下收获中国参与国际合作与竞争的新利益。逐步形成以内部流通为主体，国内外二元流通相互促进的发展新模式，就是要全面协调国内外经济发展大局，以中国为主体，国家和国际并举，积极保障中国经济安全，谋划新的增长点，积极推动中国从传统均衡模式向国家和国际双循环新模式迈进。从国际上看，2008年国际金融危机后，欧美国家已经认识到"掏空"产业的弊端，美国的技术创新优势在缩小，技术创新的超额利润在下降，维系产业链与价值链高端位置越来越难。保持产业链和价值链的高限越来越困难，今年以来，新肺炎在全球蔓延，威胁到国际流通，经济全球化和自由贸易碎片化趋势日益明显，中美之间基于传统均衡模式的旧发展模式难以维持。

（3）在国家和国际双循环体系中，国家循环处于主导地位，是国际循环的基础和保障，而国际循环则起着引导和优化的作用，是内部循环的延伸和补充。国际流通的发展和对外开放的不断扩大，有力地促进了中国经济的快速发展，但我们应该看到，如果把国际循环和内部循环分开，从二者的关系来看，国际循环是次循环，而内部循环是主循环，即以内部循环为基础，把满足内需作为发展的出发点和落脚点。在此基础上，继续深化开放，拓展国际市场，构建国家和国际双循环相互促进发展的新模式。

第三节 "后疫情时代"基于区块链+实现高质量发展

我们将继续深化对外开放，拓展多元化国际市场。经过改革开放40多年的不断发展，虽然中国经济已逐步融入国际产业链分工体系。近年来，全球经济增长放缓和贸易保护主义重叠，使经济全球化进程出现了"逆转"现象。中国必须逐步摆脱对传统国际交通的依赖，"一带一路"倡议是向前迈出的重要一步：通过与"一带一路"沿线国家或地区的密切合作，共建"一带一路"贸易、产业合作、共同发展的战略平台，自由贸易试验区和自由贸易港是连接国内外双流通的重要平台。推进上海、广东、天津、海南自由贸易试验区建设和发展，有利于加快形成新的国际运动，推动我们不断深化改革开放，加强同发达国家和发展中国家的联系，把中国发展同世界发展紧密联系起来，不断为经济全球化注入新的动力。

在毫无保留地推进开放型世界经济建设的同时，要坚决秉持着安全发展理念，填补相关空白，在最大程度上保证产业链和供应链安全，积极做好重大风险防范和化解工作，毫不犹豫地推动经济全球化向开放、包容、包容、平衡、胜利方向发展，推动建设开放型世界经济，同时，牢固树立安全发展观，加快完善安全发展体制机制，填补相关空白，维护产业链和供应链安全，积极做好重大风险防范化解工作。这为推动形成以国际大流通为主体，国内外双流通相互促进的发展新模式提供了基本方向和方向。

打造安全稳定的产业链，攀升全球价值链中高端，消除各环节的瓶颈，保证市场的正常运行，打破区域市场的分割，保证区域之间的协调运作，内部流动就是实现各种要素在中国不同区域之间的自由流动，实现"块""省""市"等不同区域尺度之间的经济流动，"城市"就是城市和农村。通过合理分工，以实现最优发展，推进区域发展战略，释放区域协调发展的新动力。继续推进西部大开发、东北振兴、中部崛起和东部率先发展；进一步推进京津冀协调发展、粤港澳湾建设和长三角一体化高质量发展；推动长江经济带制定高质量的黄河流域生态保护与发展规划，推进成渝经济圈建设，进一步优化区域模式，打破市场分割，建立统一的内部市场，保障内部市场的正常运行。

第四节 完善跨境电子商务区块链+生态系统

数据隐私和区块链互操作性进一步采用区块链的挑战涉及数据隐私和区块链互操作性。生态系统内的数据隐私：贸易需要选择性的透明度。有关预计到达时间、商品产地、数量等信息相对无害可以提供给不是直接交易对手的各方，但是某些商业敏感信息无法共享。Corda 和 Hyperledger 区块链协议都已经发展到这样的程度，即基于它们的应用程序可以使区块链上的数据发起者对谁可以看到什么有更细粒度的控制。区块链之间的互操作性：可以在区块链行业中的不同参与者之间实现融合，但不能在区块链网络之间实现融合。一旦部署到位，技术采用者就很难更改基础架构。因此，区块链之间的互操作性成为关键，并且是当今的主要挑战。从操作角度而言，这是出于关注。区块链技术给人们的生活带来了巨大的创新，它来源于快速的虚拟支付，服务于虚拟的在线电子商务交易，是对区块链最合适的评价，随着跨境电子商务的快速发展，区块链技术凭借其分散性、不信任性、篡改性、可追溯性和智能合约等特点，将为跨境电子商务创造一个新的生态环境，在此基础上构建中欧跨境电子商务生态系统，包括全跨境电子商务服务平台、信用风险管理、供应链智能化、创造新的生态系统，有助于促进中欧跨境电子商务均衡发展，有助于克服中欧电子商务发展的瓶颈，加强中欧在跨境电子商务领域的密切合作和协同创新能力，为中欧跨境电子商务的进一步发展提供新思路和新动力。

第五节 区块链思维的培养

区块链已经上升到了国家战略，全民掀起学习中央关于发展区块链的指示精神的浪潮。区块链正在像互联网一样，逐渐成为国家、社会、经济发展的基础设施，可以预期到，区块链很快会成为我们日常生活中无法分离的一部分。区块链作为一项伟大的信息技术创新，将为人类提供对信息的高精度的控制和管理。通过解决去信任问题，区块链技术提供了一种通用技术和全球范围内的解决方案，即不再通过第三方建立信用和共享信息资源，从而使整个领域的运行效率和整体水平得到提高。区块链可以从基础层面保证互联网、物联网、人工智能等技术可信协作，参与到分工协作的不仅是人、终端设备，还有可能是软硬件结合的数字体。

区块链思维有望成为继互联网思维后重大思维创新，也可能会成为未来社会经济发展的驱动力。区块链思维有别于互联网思维，互联网传播的是信息，而区块链更多传播的是价值。互联网思维讲究的是用户思维、产品思维、流量思维等，这些都是以互联网中的元素的角色进行的研究。而区块链思维是研究社会中或者组织中的生产关系，区块链思维可以实现更细颗粒度的分配机制，正是由于这种分配机制，可以促进区块链+产业更加精细化发展、高质量发展。同时由于区块链是分布式账本，大家共同记账，所以在数据共享交换、业务协同办理等方面有着非常强的优势和发展空间。

区块链解决了在不可信信道上传输可信信息、价值转移的问题，而共识机制解决了区块链在去中心化的设计和分布式场景下多节点间达成一致性的问题，智能合约更加接近现实，延伸到了社会生活和经济商业的方方面面。区块链是技术思想和哲学思想的统一，这意味着未来区块链项目会把它的分布式计算和控制渗透到更多项目中，这会深刻改变原来的组织模式、生产模式、管理模式，也会让生活中方方面面被卷入进来。区块链很可能成为继大型机、PC机、互联网、移动互联网、人工智能之后计算范式的第六次颠覆式创新。

区块链作为一种新兴科技出现，我们应该全面、审慎、客观地对其研究和思考。我们除了学习其技术原理，还应该思考其真谛，探究其精华，将之与其他技术进行综合比较，这样的"区块链"才能更好地服务社会经济。"知其然还要知其所以然"，区块链思维与区块链技术同样重要，深刻理解"区块链是一种技术也是一种模式创新"将有助于我们更好地应用和发展区块链。

第六节　区块链助力数字经济转型

区块链将在企业的数字化转型战略中发挥至关重要的作用。有关于数字化转型的报告提出2021年的预测："由区块链支持的产业价值链将把其数字平台扩展到整个无所不在的生态系统，从而将交易成本降低35%"和"全球约30%的制造商和零售商将通过区块链服务建立数字信任，该区块链服务可实现协作供应链并允许消费者访问产品历史。区块链技术的集成应用在新的技术革新和产业变革中起着重要作用。区块链技术之所以能作为制造业数字化转型的加速器，是因为它能加快建立数据共享、流程再造、信用体系三大模型。"

首先，"数字化"并不是对制造业企业以往的信息化推倒重来，而是需要整合优化以往的企业信息化系统。其次，在整合优化的基础上，提升管理和运营水平，用新的技术手段提升企业新的技术能力，最后，以此支撑企业适应数字化转型变化带来的新要求。区块链通过创建高度安全的信息共享场所来弥补云技术的不足。为了实现物联网的全部潜力，区块链需要成为基础架构。区块链本质上就是打造诚信社会的机器，因此与工业智能制造领域具有天然耦合性。作为一种分布式账本，它有去中心、不可篡改、可溯源等特点，通过实现这些信任，提供透明度和减少业务生态系统间的摩擦，来重塑供应链行业，从而降低成本，提升效率和管理；又因为区块链提供的信任模式，无须任何中心机构来仲裁交易；因此，区块链不仅可重建信息化的供应链，更可构造可信数字化的供应链。

1. 基础设施逐步完善区块链与产业融合更加紧密

放眼全球，区块链基础设施已经成为产业发展的重点，有了完善、稳健的基础设施，产业落地将有事半功倍之效。区块链基础设施的完善程度不仅与技术原创能力密切相关，还取决于是否与监管框架相匹配、能否形成开放的可持续发展生态、能否平衡数据安全和隐私保护等要素。目前，通用型区块链基础设施还处于早期探索阶段，我国在该领域走在了全球前列。我国主导的区块链基础设施区块链服务网络（Blockchain-based Service Network，BSN），由国家信息中心、中国移动、中国银联等机构联合发起，意图通过建立一套区块链运行环境协议，将所有数据中心连接。与互联网类似，BSN的愿景是跨云服务、跨门户、跨底层框架的全球性基础网络，包括区块链技术框架、公共城市节点、门户和运维中心四个板块。在运营结构上，BSN分为BSN中国和BSN国际两部分，二者独立运营，BSN中国采用联盟链的技术框架，BSN国际可以选择公有链技术框架。整体而言，BSN的设计兼顾了国内国际不同的监管治理框架，同时，不仅有底层技术框架，而且有数据中心和运维中心，各个省级节点也在积极推进。

2020年，全国共有23个省（直辖市、自治区）将区块链写入政府工作报告，并制定了区块链产业发展规划。同时，政府部门、金融机构、科技巨头、创业公司等纷纷推出了区块链平台和项目，涉及政务、金融、贸易、物流、知识产权、社交、消费、农业、制造业等多个领域。公开数据显示，2020年我国共落地区块链项目数量达194个，同比增加102.8%。以区块链为底层技术的健康码互认在抗击新冠肺炎疫情中发挥了重要作用。以澳门健康码互认系统为例，通过区块链技术实现了"粤康码"和"澳门健康码"的跨境互认采用，实现了后台服务不做互联、个人自愿申请转码、数据全程加密的功能。截至2020年年底，采用澳门健康码互认系统通关的人次超过1000万。

2. 为数据确权提供有效途径区块链赋能数字经济发展

发展数字经济的核心是推进数字产业化和产业数字化，推动数字经济和实体经济深度融合，打造具有国际竞争力的数字产业集群。事实上，当前全球数字经济的发展面临着共同的瓶颈：一是现有数字巨头"流量为王"的模式具有短视效应，资源浪费严重，盈利模式单一，变现成本渐高，范式改变势在必行。二是数据正越来越深刻地影响经济发展，成为数字新时代最具特色的生产要素。但当前数据无法确权、定价和交易，数据产生的价值无法给予要素提供者，将数据真正纳入生产要素仍然任重道远。

区块链则通过解决数据的确权、定价、流通，有望成为实现这一目标的重要工具。"十四五"期间，随着我国数据量在全球占比的迅速提高、技术的不断成熟以及相关法律政策的完善，区块链对数字经济的推动效应将更加明显。区块链的可追溯性使得数据从采集、交易、流通，到计算分析的每一步记录都可以留存在区块链上，通过技术信任（可以叠加中心化信任）实现数据确权。

第七节　区块链+AI将重塑信用体系

一、区块链的创新，开启了人类互联网时代，去中心化信用的建立

人类历史上最原始的商业是以货易货，普通的货物流通性很差，运输存储都不方便，因此商品交易成本也非常高。随后产生了羽毛贝壳金银等一般等价物，相对以货易货的方式来说是一种进步，这是市场上建立信用的开始。信用的产生无疑降低了市场交易成本。而区块链的诞生，开启了人类互联网时代，去中心化信用的建立。从理论上来说，这种信用建立机制，从全球成本上来看，不止比金银，很可能比中心化信用的建立成本还要低，这符合全球市场进化的趋势！

二、区块链技术颠覆性的意义就在于，以技术保证建立了一套去中心化的、公开透明的信任系统

区块链是一种分布式数据库，是通过加密产生的一系列数据块。每一个数据块都包含一个网络交易的信息，用来验证信息的有效性，生成下一个数据块，区块链通过技术架构传递价值，而区块链记录的每一笔交易都是绝对可信的、不可操纵的。从这个角度来看，区块技术的颠覆性重要性在于建立一个分散、开放、透明的信任体系，并提供技术保障。但通过技术架构自动实现信任和价值转移。锁链记录的每一笔交易都是绝对可靠和篡改的，这是锁链的优点。

三、人工智能和区块链为数字信任注入新动能

AI 正在推动整个信息安全领域进入自动化、智能化的新时代。通过对全球 402 个企业组织的调研发现，36.1% 的企业组织认为，未来三年，人工智能和机器学习将成为企业最重要的检测和分析技术。近 50% 的企业组织认为，未来一年，AI 技术和机器学习将有效助力于威胁情报的收集和分析，是企业解除威胁的主要技术手段。另外安全厂商也在积极布局，把 AI 技术融入网络、应用开发、端点设备、身份、数据、物联网、云计算领域的所有安全领域中，以提升检测效率，降低人工负担，发现未知威胁。通过深度学习，企业可以对新兴威胁做出更为快捷和准确的响应，实现主动式防御，达到安全防护效果。

可以预见，人工智能技术不断提升传统安全问题的处理速度和效果，将推动网络和信息安全从依靠专家经验的手工业时代，向机器学习自动化和人机协同的工业化时代演进。区块链从信任机制到价值创造，有望实现区块链与产业链的双链融合。在构建数字信任的过程中，区块链不仅是一项可信的技术，也是推动业务发展的潜在力量。基于区块链建立信任链能够产生新的业务价值，推动企业自身和生态伙伴的持续创新。区块链通过一系列密码技术和安全机制，建立了去中心化的分布式信任体系，具备可追溯和不可篡改的特性，与不同产业的具体业务需求结合后，会在未来催生出广阔的业务应

用场景,以更加务实的姿态实现融合。

第八节 区块链技术发展的新突破

随着区块链技术在银行业的不断应用,尤其在供应链金融、贸易金融等场景中发挥出了极强适用性和应用价值。为了更好地服务于实体经济与业务场景,实现更多规模的金融场景应用,区块链技术必将在以下几个方面实现突破。

1. 自身技术突破

区块链技术的完善,与密码学、分布式算法为主的多种内核技术的提升密不可分,多种技术的优势组合,更进一步推动区块链技术的进步,包括区块链共识算法的不断推进,拜占庭容错算法领域从 BFT 衍生出 PBFT、DBFT 等的改进型算法,运用闪电网络、雷电网络等新技术方案解决区块链技术的交易性能瓶颈问题,运用环签名、同态加密、零知识证明等新技术解决方案实现区块链交易隐私保护。随着区块链技术研发的深入,区块链技术体系会得到更进一步的完善并实现突破。

2. 融合技术突破

当前,区块链技术已经与云计算完美融合,产生了 BaaS 平台,有效降低银行应用区块链的部署成本。未来,区块链技术还将与人工智能、大数据、物联网等新型基础技术深度融合,落地更多应用场景,助力实体经济的发展。例如,在供应链金融行业,利用区块链技术将物联网企业、金融机构、供应链企业以相互信任方式进行互联,将各种设备、系统产生的数据源直接上传至区块链网络,实现供应链金融中的商流、物流、资金流等相互协同、相互校验,提升链上信息可信度,提升系统总体可信度,开拓场景业务发展。通过区块链与其他技术的融合,定能发挥区块链的数据共享优势,提升数据利用率,在联盟内形成数据与知识的闭环。

3. 监管标准突破

央行《金融分布式账本技术安全规范》的发布,以及多个国际组织在区块链标准及监管体系的探索与建设等,都反映出通用的区块链技术标准是加速区块链产业发展的关键点。区块链通用标准能加快各行业对区块链认识达成一致,形成区块链应用的"社会共识",加快区块链在跨产业的生态系统中实现价值共享，有助于产业级区块链大型生态系统的形成，降低技术和穿透式监管成本，加快区块链应用的全面落地。针对金融科技创新发展新形势，有必要打造适合区块链应用的创新监管机制，以法律法规、部门规章等为准绳，明确技术红线，为区块链技术创新及应用营造良好的发展环境。

日益便捷的数字化金融体验，与我国科技金融的蓬勃发展密不可分。大力推动科技创新，加快关键核心技术攻关，打造未来发展新优势，是当前新形势下发展的必然要求。区块链技术作为具有优化金融基础结构、强化金融生态的先天优势，是数字化建设过程中破解筒仓效应的有效抓手，在科技金融建设过程中发挥促进信息共享和资源融合的作用，为银行数字化转型之路带来新的动能。作为传统金融机构，我们需要在监管机构的统一指导下不断对区块链技术进行探索和研究，适应在更多的金融业务场景中实践应用。

第九节　区块链+对数字货币和新基建的推动作用

2020年6月底，北京市印发了《北京市城市链创新发展行动计划（2020—2022年）》，提出了区块链经济社会发展的"北京规划"。这对全国区块链发展具有较强的示范效应，北京规划明确了区块链发展的四大重点任务，包括基础技术、多领域应用、产业对接和人才建设。具体包括：（1）构建底层开源技术平台和区块链生态；（2）关注公共事务、财政、社会服务、城市管理、公共安全、卫生、电子商务和贸易局；（3）培育龙头企业，建立创新和产业发展基础，设立区块链产业投资专项基金，实施人才引进专项行动等。

随着加密活动监管政策日益明确，香港数码资产交易牌照已正式实施。香港证监会已为数码资产交易平台建立监管架构，包括冷热组合保险、客户业务隔离、反洗钱措施等要求。2020年8月，证监会已原则上批准BC科技集团OSL数字资产交易平台的证券交易资格，OSL平台原则上以第1类（买卖证券）及第7类（提供交易服务）的牌照申请方式批准我们认为，逐步将数字资产交换平台纳入监管框架，应促进符合虚拟活动的投资需求，我们认为，这应以允许出售自动化证券和虚拟资产的方式进行。有利于加密货币产业的健康发展。

可以看出，中国DC/EP已经取得了良好的进展，在细节上已经成为

CBDC 的主要代表，在新的区块链基础设施方面，北京规划明确了区块链发展的四大重点任务，包括基础技术、多领域应用、基础设施建设、产业对接和人才建设，具有很强的示范效应。此外，数字资产交易许可证在香港的正式实施，将对加密货币产业的健康发展起到积极作用。2020 年 8 月 29 日，建行 app 上线测试"数字人民币个人投资组合"功能，引起市场关注，可见目前我国在 DC 的研究进展是积极的，目前，DC/EP 启动了"4+1"试点项目。

目前，主要试点场景包括交通补贴、工资补贴、线下零售店补贴等；另外，商务部近日下发文件，未来将试点范围进一步扩大到 DC/EP，包括京津冀、长三角地区，滴滴等公司也宣布，已与央行数字货币研究所签署协议，测试 DC/EP，"探索数字经济与实体经济的融合"。在全球 66 家中央银行中，中央银行对细节的关注度超过了中央银行的整体关注度，第一批中央银行的实验主要基于 Jasper（加拿大银行）、Ubin（新加坡金融管理局）、Stella（日本银行和欧洲中央银行）等批量方案，2019 年 Libra 白皮书的发布以及 2020 年新流行病影响下非接触社会概念的发酵，对全球 CBDC 尤其是 CBDC 零售业的发展起到了重要的推动作用。瑞典央行的 e-krone 项目是第一个接受测试的项目。中国 DC/EP 从 2014 年开始研究，到 2020 年开始测试，美国数字美元基金会也在 5 月份发布了《美国央行数字货币框架白皮书》，区块链新的基础设施发展政策率先出台，自 5 月封锁链正式纳入新基础设施以来，央行、证监会、最高法院等高层机构随后出台了一系列详细的政策和指引。与此同时，北京、江苏、河北等地方政府也纷纷推出发展封锁链的具体方案。

第十节　区块链+跨境电子商务应用中的风险识别与控制

区块链技术改变了传统的商业模式，将企业的运营从基于人的信任转变为基于算法的信任，这可能使企业面临从未遇到过的风险。为应对区块链技术带来的风险，企业需加强对新兴风险的认知，并建立健全的风险管理战略、治理和控制体系。企业需要主要关注区块链应用的商业化风险、法律监管风险和技术风险这三类核心风险：

（1）商业化风险——区块链技术冲击企业当前业务流程，带来商业战略及运营风险：①战略风险：企业需要在抢先试水区块链与等待技术成熟之间做出选择，带来业务战略风险。②运营和IT风险：企业需要更新现有系统，以适应新的业务流程，新技术产业与原系统间的系统接口也存在风险。③供应商风险：由于大多数技术来自外部供应商，公司可能会面临重大的第三方风险。④声誉风险：区块链技术应用不当会导致不完善的客户体验问题。

（2）法律监管风险——全球范围内与区块链应用相关的监管要求存在不确定性，在各类区块链应用中需特别注意合规性问题：①跨国贸易风险：全球范围内与区块链应用相关的监管要求有所不同，而区块链应用往往涉及多国主体，更需要明确每个用例、网络参与者类型以及框架是否符合各个国家监管规定。②智能合约风险：智能合约中涉及交易等环节的法律问题，其法律适用性值得合约各方关注，且智能合约中任一个微小编码错误都可能导致法律无法判定责任人。在开发智能合约时，应注意提前将适用法规以及争议解决方式内嵌其中，并确保编码准确。

（3）区块链技术风险—区块链技术尚在起步期，部分技术漏洞带来安全、性能等方面的风险：①跨链技术风险：不同链之间信息和资产的互操作性较低，跨链存在可用性、安全性和可拓展性隐患。②私钥管理风险：私钥管理的安全是区块链密码安全的前提。一旦私钥丢失，用户不仅无法对数据进行任何操作，也无法使用和找回其所拥有的数字资产，造成无法挽回的损失。③信息安全风险：区块链面临网络攻击的风险；特别是，智能合约一旦被启动就会自动执行到结束，使智能合约在遭受到黑客攻击时具有"将错就错，一错到底"弊端。

综上所述，区块链的行业应用机遇与风险同在。所谓"夫未战而庙算胜者，得算多也"，无论是政府还是企业，在决定区块链发展战略及实施路径时，都需要深刻洞察宏观市场环境、行业发展机遇和企业自身能力，并对潜在风险具备清醒认知和详细应对谋划，我们建议企业立足实际，扎实推进；优势互补，互利共赢；及时跟踪，顺势而为，把握时代机遇，占得市场先机。

附 录

附录1 区块链相关词语及其解释

中本聪。日裔美国人，日本媒体常译为中本哲史，此人是比特币协议及其相关软件Bitcoin-Qt的创造者，但真实身份未知。

加密货币。加密货币是数字货币（或称虚拟货币）的一种。是一种使用密码学原理来确保交易安全及控制交易单位创造的交易媒介。

区块链（Blockchain）。区块链是分布式数据存储、点对点传输、共识机制、加密算法等计算机技术的新型应用模式。是一个共享的分布式账本，其中交易通过附加块永久记录。

区块（Block）。在比特币网络中，数据会以文件的形式被永久记录，我们称这些文件为区块。一个区块是一些或所有最新比特币交易的记录集，且未被其他先前的区块记录。

区块头（Blockhead）区块头里面存储着区块的头信息，包含上一个区块的哈希值（PreHash）、本区块体的哈希值（Hash），以及时间戳（TimeStamp）等。

Node。节点。由区块链网络的参与者操作的分类账的副本。

Oracles。Oracle通过向智能合约提供数据，它现实世界和区块链之间的桥梁。

去中心化。去中心化是一种现象或结构，必须在拥有众多节点的系统中或在拥有众多个体的群中才能出现或存在。节点与节点之间的影响，会通过网络而形成非线性因果关系。

去中心化应用（Dapp）。是一种开源的应用程序，自动运行，将其数据存储在区块链上，以密码令牌的形式激励，并以显示有价值证明的协议进行操作。

去中心化自治组织（DAO），即可以认为是在没有任何人为干预的情况下运行的公司，并将一切形式的控制交给一套不可破坏的业务规则。

分布式账本（DistributedLedger），即数据通过分布式节点网络进行存储。而分布式账本不是必须具有自己的货币，它可能会被许可和私有。

分布式网络（Distributed Network），即处理能力和数据分布在节点上而不是拥有集中式数据中心的一种网络。

共识机制。共识机制是通过特殊节点的投票，在很短的时间内完成对交易的验证和确认；对一笔交易，如果利益不相干的若干个节点能够达成共识，我们就可以认为全网对此也能够达成共识。

工作量证明（PoW—Proof of Work），是指获得多少货币，取决于你挖矿贡献的工作量，电脑性能越好，分给你的矿就会越多。

权益证明（PoS—Proof of Stake），根据你持有货币的量和时间进行利息分配的制度，在POS模式下，你的"挖矿"收益正比于你的币龄，而与电脑的计算性能无关。

智能合约。智能合约是一种旨在以信息化方式传播、验证或执行合同的计算机协议。智能合约允许在没有第三方的情况下进行可信交易，这些交易可追踪且不可逆转。

时间戳（Timestamp）：一个能表示一份数据在某个特定时间之前已经存在的、完整的、可验证的数据，通常是一个字符序列，精确标记区块产生的时刻，区块链技术要求获得记账权的节点必须在当前数据区块头中加盖时间戳，表明区块数据的写入时间，反映了文件创建的先后顺序，有助于形成不可篡改和不可伪造的区块链数据库。简单地讲，时间戳是指字符串或编码信息用于辨识记录下来的时间日期。国际标准为ISO 8601。

超级账本（Hyperledger）。超级账本是Linux基金会于2015年发起的推进区块链数字技术和交易验证的开源项目。通过创建通用的分布式账本技术，协助组织扩展、建立行业专属应用程序、平台和硬件系统来支持成员各自的交易业务。

拜占庭将军问题（Byzantinefailures）。拜占庭将军问题是由莱斯利·兰伯特提出的点对点通信中的基本问题。含义是在存在消息丢失的不可靠信道上试图通过消息传递的方式达到一致性是不可能的。因此，对一致性的研究一般假设信道是可靠的，或不存在本问题。

51%攻击。当一个单一个体或者一个组超过一半的计算能力时，这个个体或组就可以控制整个加密货币网络，如果他们有一些恶意的想法，他们就有可能发出一些冲突的交易来损坏整个网络。

预言机。预言机是一种可信任的实体，它通过签名引入关于外部世界状态的信息，从而允许确定的智能合约对不确定的外部世界作出反应。预言机具有不可篡改、服务稳定、可审计等特点，并具有经济激励机制以保证运行的动力。

图灵完备。图灵完成是指机器执行任何其他可编程计算机能够执行计算的能力。一个例子是 Ethereum 虚拟机（EVM）。

私钥（Private Key）。私钥是一串数据，它是允许您访问特定钱包中的令牌。它们作为密码，除了地址的所有者之外，都被隐藏。

公钥（Public Key），是和私钥成对出现的，公钥可以算出币的地址，因此可以作为拥有这个币地址的凭证。

零知识证明。零知识证明由 S. Goldwasser、S. Micali 和 C. Rackoff 在 20 世纪 80 年代初提出的。它指的是证明者能够在不向验证者提供任何有用的信息的情况下，使验证者相信某个论断是正确的。

高级加密标准（AES）。密码学中的高级加密标准（Advanced Encryption Standard，AES），又称 Rijndael 加密法，是美国联邦政府采用的一种区块加密标准。

钱包（Wallet）。即是一个包含私钥的文件。它通常包含一个软件客户端，允许访问查看和创建钱包所设计的特定块链的交易。

冷钱包。通俗来说冷钱包就是将数字货币进行离线下储存的钱包，玩家在一台离线的钱包上面生成数字货币地址和私钥，再将其保存起来。而冷钱包是在不需要任何网络的情况下进行数字货币的储存，因此，黑客是无法进入钱包获得私钥的。

轻钱包（SPV）。轻钱包依赖比特币网络上其他全节点，仅同步与自己相关的数据，基本可以实现去中心化。

全节点。全节点是拥有完整区块链账本的节点，全节点需要占用内存同步所有的区块链数据，能够独立校验区块链上的所有交易并实时更新数据，主要负责区块链的交易的广播和验证。

闪电网络。闪电网络的目的是实现安全地进行链下交易,其本质上是使用了哈希时间锁定智能合约来安全地进行 0 确认交易的一种机制,通过设置巧妙的"智能合约",使得用户在闪电网络上进行未确认的交易和黄金一样安全。

对等网络(P2P)。即对等计算机网络,是一种在对等者(Peer)之间分配任务和工作负载的分布式应用架构,是对等计算模型在应用层形成的一种组网或网络形式。

挖矿(Mining)。挖矿是获取比特币的勘探方式的昵称。利用电脑硬件计算出币的位置并获取的过程称之为挖矿。

矿工。尝试创建区块并将其添加到区块链上的计算设备或者软件。在一个区块链网络中,当一个新的有效区块被创建时,系统一般会自动给予区块创建者(矿工)一定数量的代币,作为奖励。

矿池。是一个全自动的挖矿平台,使得矿工们能够贡献各自的算力一起挖矿以创建区块,获得区块奖励,并根据算力贡献比例分配利润(即矿机接入矿池—提供算力—获得收益)。

公有链。完全开放的区块链,是指任何人都可读取的、任何人都能发送交易且交易能获得有效确认的、全世界的人都可以参与系统维护工作,任何人都可以通过交易或挖矿读取和写入数据。

私有链。写入权限仅面向某个组织或者特定少数对象的区块链。读取权限可以对外开放,或者进行任意程度地限制。

联盟链。共识机制由指定若干机构共同控制的区块链。

主链。主链一词源于主网(mainnet,相对于测试网 testnet),即正式上线的、独立的区块链网络。

侧链(Pegged Sidechains)。楔入式侧链技术,它将实现比特币和其他数字资产在多个区块链间的转移。这就意味着用户们在使用他们已有资产的情况下,就可以访问新的加密货币系统。

跨链技术。跨链技术可以理解为连接各区块链的桥梁,其主要应用是实现各区块链之间的原子交易、资产转换、区块链内部信息互通,或解决 Oracle 的问题等。

硬分叉。区块链发生永久性分歧,在新共识规则发布后,部分没有升级的节点无法验证已经升级的节点生产的区块,通常硬分叉就会发生。

软分叉。当新共识规则发布后,没有升级的节点会因为不知道新共识规则下，而生产不合法的区块，就会产生临时性分叉。

哈希值（Hash）。也称散列函数，即将原始数据编码为特定长度的、由数字和字母组成的字符串，如果两个散列值是不相同的（根据同一函数），那么这两个散列值的原始输入也是不相同的。

哈希率。假设挖矿是解一道方程题，而且只有把每个整数代入才能算出来，那么哈希率就是每秒处理数据的速度。

哈希树（Hashtree）。哈希树是一种树形数据结构，每个叶节点均以数据块的哈希作为标签，而非叶节点则以其子节点标签的加密哈希作为标签。

SHA256：SHA-256是比特币一系列数字货币使用的加密算法。然而，它使用了大量的计算能力和处理时间，迫使矿工组建采矿池以获取收益。

KYC：KYC是Know Your Customer的缩写，意思是了解你的客户，在国际《反洗钱法》条例中，要求各组织要对自己的客户作出全面的了解，以预测和发现商业行为中的不合理之处和潜在违法行为。

ETH：一种开源的有智能合约功能的公共区块链平台，通过其专用加密货币以太币提供去中心化的虚拟机来处理点对点合约。

开源。源代码对全部人开放，用户可加以修改并分享至其他用户。

EOS。英文全称为Enterprise Operation System，即为商用分布式应用设计的一款区块链操作系统。

TRON：由孙宇晨创建的区块链去中心化应用操作系统。

TPS：每秒系统处理的数量，衡量系统吞吐量的指标。

投资回报率（ROI，Return on Investment）。即通过投资而应返回的价值，是企业从一项投资活动中得到的经济回报。

客户关系管理（CRM，Customer Relationship Management）。企业为提高核心竞争力利用相应的信息技术以及互联网技术协调企业与顾客间在销售、营销和服务上的交互，从而提升其管理方式，向客户提供创新式的个性化的客户交互和服务的过程。

C2C：Customer to Customer，个人出售商品给个人的电子商务交易模式。

B2C：Business to Consumer，商家面向消费者销售产品和服务的商业零售模式。

私域流量。从公域（Internet）、它域（平台、媒体渠道、合作伙伴等）引流到自己私域（官网、客户名单）的流量，以及私域本身产生的流量。

B2B：Business to Business，企业与企业之间进行数据信息的交换、传递，开展交易活动的商业模式。

SKU：Stock keeping Unit，库存进出计量的单位，可以是以件、盒、托盘等为单位。

KPI：Key Performance Indicator，关键绩效指标。通过对组织内部流程的输入端、输出端的关键参数进行设置、取样、计算、分析，衡量流程绩效的一种目标式量化管理指标。

O2O：Online To Offline，线上到线下。将线下的商务机会与互联网结合，让互联网成为线下交易的平台。

随机数（Nonce）：随机数由系统随机生成，即区块中将要被全网确认的数学题答案。随机数机制对于保证区块链的去中心化至关重要，因为随机数一旦被操控或预测，恶意节点可借此来控制区块，实现双花攻击。

默克尔树。默克尔树（Merkle-root）指某一区块主体中被记录的所有交易的哈希值，该值通过逐级两两哈希计算得到，被记入区块头中，具有唯一性，用来索引和组织该区块所有的交易信息。

非对称加密。非对称加密是为满足安全性需求和所有权验证需求而集成到区块链中的加密技术。1976 年，美国学者 Dime 和 Henman 为解决信息公开传送和密钥管理问题，提出一种新的密钥交换协议。与对称加密算法不同，非对称加密在加密和解密过程中使用两个非对称密码，分别是公开密钥（Public Key）和私有密钥（Private Key）。公钥与私钥是通过一种算法得到的一个密钥对，公钥是密钥对中可公开的部分，私钥则是非公开或保密的。

数字签名。非对称密钥加密技术与数字摘要技术的应用，具有不可抵赖性。

附录 2　国家各部委发布与区块链相关的政策列表

国家各部委发布与区块链相关的政策列表

政策名称	颁布日期	颁布主体	政策要点
《金融分布式账本技术安全规范》	2020-02	中国人民银行	在基础软硬件、密码算法、账本数据、共识协议、隐私保护等方面提出技术要求，规范分布式账本技术在金融领域的应用，提升分布式账本技术的信息安全保障能力

续表

政策名称	颁布日期	颁布主体	政策要点
《关于支持国家级新区深化改革创新加快推动高质量发展的指导意见》	2019-12	国务院	支持国家级新区加快发展战略性新兴产业，培育发展一批特色产业集群，加快推动区块链技术和产业创新发展，探索区块链+模式，促进区块链和实体经济深度融合
《关于推动供应链金融服务实体经济的指导意见》	2019-07	中国银保监会	鼓励银行业等金融机构，在合法合规的、风险管控的前提下，探索运用区块链技术，与核心企业合作搭建服务上下游链条企业的供应链金融服务平台，创新金融产品和服务，更好满足企业融资需求
《2018年信息化和软件服务业标准化工作要点》	2018-03	工业和信息化部	提出推动组建全国信息化和工业化融合管理标准化技术委员会、全国区块链和分布式记账技术标准化委员会
《区块链数据格式规范》	2017—12	工业和信息化部	该标准规定了区块链的数据格式规范，包括区块链技术相关的数据结构、数据分类及其相互关系、数据元的数据格式要求
《关于防范代币发行融资风险的公告》	2017-09	中国人民银行等七部委	叫停中国境内所有代币融资项目；坚决打击炒作虚拟货币的行为
《云计算发展三年行动计划（2017—2019年）》	2017-03	工业和信息化部	深入推进大企业双创，鼓励和支持利用云计算发展创业创新平台，支持中小企业、个人开发者基于云计算平台，开展大数据、物联网、人工智能、区块链等新技术、新业务的研发和产业化，培育一批基于云计算的平台经济、分享经济等新兴业态，进一步拓展云计算应用范畴
待续……			

附录 3 中东欧各国物流绩效具体得分及排名

"一带一路"欧洲国家物流绩效得分及排名

地区	国家	2010年 LPI	2010年 世界排名	2012年 LPI	2012年 世界排名	2014年 LPI	2014年 世界排名	2016年 LPI	2016年 世界排名	2018年 LPI	2018年 世界排名	LPI均值	"一带一路"排名
中东欧	波兰	3.44	30	3.43	30	3.49	31	3.43	33	3.54	28	3.47	4
	爱沙尼亚	3.16	43	2.86	65	3.35	39	3.36	38	3.31	36	3.21	11
	立陶宛	3.13	45	2.95	58	3.18	46	3.63	29	3.02	54	3.18	12
	斯洛文尼亚	2.87	57	3.29	34	3.38	38	3.18	50	3.31	35	3.21	10
	保加利亚	2.83	63	3.21	36	3.16	47	2.81	72	3.03	52	3.01	23
	捷克	3.51	26	3.14	44	3.49	32	3.67	26	3.68	22	3.50	3
	匈牙利	2.99	52	3.17	40	3.46	33	3.43	31	3.42	31	3.29	9
	马其顿	2.77	73	2.56	99	2.50	117	2.51	106	2.70	81	2.61	35
	罗马尼亚	2.84	59	3.00	54	3.26	40	2.99	60	3.12	48	3.04	20
	斯洛伐克	3.24	38	3.03	51	3.25	43	3.34	41	3.03	53	3.18	13
	克罗地亚	2.77	74	3.16	42	3.05	55	3.16	51	3.10	49	3.05	19
	拉脱维亚	3.25	37	2.78	76	3.40	36	3.33	43	2.81	70	3.11	17
	波黑	2.66	87	2.99	55	2.75	81	2.60	97	2.81	72	2.76	30
	乌克兰	2.57	102	2.85	66	2.98	61	2.74	80	2.83	66	2.79	28
	摩尔多瓦	2.57	104	2.33	132	2.65	94	2.61	93	2.46	116	2.53	39

附录 4 亚洲、非洲各国的物流绩效具体得分及排名

"一带一路"亚洲、非洲国家物流绩效得分及排名

地区	国家	2010年 LPI	2010年 世界排名	2012年 LPI	2012年 世界排名	2014年 LPI	2014年 世界排名	2016年 LPI	2016年 世界排名	2018年 LPI	2018年 世界排名	LPI均值	"一带一路"排名
东北亚	蒙古国	2.25	141	2.25	140	2.36	135	2.51	108	2.37	130	2.35	43
	俄罗斯	2.61	94	2.58	95	2.69	90	2.57	99	2.76	75	2.64	33
	新加坡	4.09	2	4.13	1	4.00	5	4.14	5	4.00	7	4.07	1
	马来西亚	3.44	29	3.49	29	3.59	25	3.43	32	3.22	41	3.43	5
	泰国	3.29	35	3.18	38	3.43	35	3.26	45	3.41	32	3.31	8
	菲律宾	3.14	44	3.02	52	3.00	57	2.86	71	2.90	60	2.99	24
东南亚	越南	2.96	53	3.00	53	3.15	48	2.98	64	3.27	39	3.07	18
	印度尼西亚	2.76	75	2.94	59	3.08	53	2.98	63	3.15	46	2.98	25
	老挝	2.46	118	2.50	109	2.39	131	2.07	152	2.70	82	2.42	41
	柬埔寨	2.37	129	2.56	101	2.74	83	2.80	73	2.58	98	2.61	34
	缅甸	2.33	133	2.37	129	2.25	145	2.46	113	2.30	137	2.34	45
南亚	印度	3.12	47	3.08	46	3.08	54	3.42	35	3.18	44	3.17	14
	巴基斯坦	2.53	110	2.83	71	2.83	72	2.92	68	2.42	122	2.70	32
	尼泊尔	2.20	147	2.04	151	2.59	105	2.38	124	2.51	114	2.34	44

续表

地区	国家	2010年 LPI	2010年 世界排名	2012年 LPI	2012年 世界排名	2014年 LPI	2014年 世界排名	2016年 LPI	2016年 世界排名	2018年 LPI	2018年 世界排名	LPI均值	"一带一路"排名
南亚	马尔代夫	2.40	125	2.55	104	2.75	82	2.51	104	2.67	86	2.58	36
	不丹	2.38	128	2.52	107	2.29	143	2.32	135	2.17	149	2.34	46
西亚北非	阿联酋	3.63	24	3.78	17	3.54	27	3.94	13	3.96	11	3.77	2
	科威特	3.28	36	2.83	70	3.01	56	3.15	53	2.86	63	3.03	22
	土耳其	3.22	39	3.51	27	3.50	30	3.42	34	3.15	47	3.36	7
	卡塔尔	2.95	55	3.32	33	3.52	29	3.60	30	3.47	30	3.37	6
	阿曼	2.84	60	2.89	62	3.00	59	3.23	48	3.20	43	3.03	21
	黎巴嫩	3.34	33	2.58	96	2.73	85	2.72	82	2.72	79	2.82	27
	沙特阿拉伯	3.22	40	3.18	37	3.15	49	3.16	52	3.01	55	3.14	16
	巴林	3.37	32	3.05	48	3.08	52	3.31	44	2.93	59	3.15	15
	约旦	2.74	81	2.56	102	2.87	68	2.96	67	2.69	84	2.76	29
	伊拉克	2.11	148	2.16	145	2.30	141	2.15	149	2.18	147	2.18	48
	埃及	2.61	92	2.98	57	2.97	62	3.18	49	2.82	67	2.91	26
	阿富汗	2.24	143	2.30	135	2.07	158	2.14	150	1.95	160	2.14	49
	格鲁吉亚	2.61	93	2.77	77	2.51	116	2.35	130	2.44	119	2.54	37
	亚美尼亚	2.52	111	2.56	100	2.67	92	2.21	141	2.61	92	2.51	40
中亚	哈萨克斯坦	2.83	62	2.69	86	2.70	88	2.75	77	2.81	71	2.76	31
	吉尔吉斯斯坦	2.62	91	2.35	130	2.21	149	2.16	146	2.55	108	2.38	42
	塔吉克斯坦	2.35	131	2.28	136	2.53	114	2.06	153	2.34	134	2.31	47
	乌兹别克斯坦	2.79	68	2.46	117	2.39	129	2.40	118	2.58	99	2.53	38

参考文献

一、英文著作

［1］PANANOND P, CUERVO-CAZURRA A. The Complementarity of Foreign and Domestic Investments by Emerging-Market Multinationals［M］// CASTELLANI D, NARULA R, NGUYEN Q, et al. Contemporary Issues in International Business. Cham: Palgrave Macmillan, 2018: 125-150.

［2］EATON J, TAMURA A. Japanese and U. S. Exports and Investment as Conduits of Growth［M］// Financial Deregulation and Integration in East Asia. Chicago: University of Chicago Press, 1996: 51-72.

［3］LESAGE J, PACE R K P. Introduction to Spatial Econometrics［M］. Boca Raton: CRC Press, 2002.

［4］MELANIE S. Blockchain: Blueprint for a New Economy［M］. Sebastopol: O'Reilly Media Inc., 2015.

［5］TINBERGEN J. Shaping the World Economy, Appendix VI, an Analysis of World Trade Flows［M］. New York: Twentieth Century Fund, 1962.

［6］NYE J S. Soft Power: The Means to Success in World Politics［M］. New York: Public Affairs, 2004.

［7］BlLUNDELL R, BOND S, WINDEUJER F. Estimation in Dynamic Panel Data Models: Improving on the Performance of the Standard GMM Estimator［M］. Bingley: Emerald Group Publishing Limited, 2000.

［8］TINBERGEN J. Shaping the World Economy, Appendix VI, an Analysis of World Trade Flows［M］. New York: Twentieth Century Fund, 1962.

二、英文期刊

[1] AI W N, YANG J Z, Wang L. Revelation of cross-border logistics performance for the manufacturing industry development [J]. International Journal of Mobile Communications, 2016, 14 (6): 593-609.

[2] MUNDELL R A. International Trade and Factor Mobility [J]. American Economic Review, 1957, 47 (3): 321-335.

[3] PAIN N, WAKELIN K. Export Performance and the Role of Foreign Direct Investment [J]. The Manchester School, 1998, 66 (S): 62-88.

[4] KOJIMA K. Japan and American Direct Investment in Asia: A Comparative Analysis [J]. Hitosubashi Journal of Economics, 1978, 26 (1): 1-35.

[5] HELPMAN E. A Simple Theory of International Trade with Multinational Corporations [J]. The Journal of Political Economy, 1984, 92 (3): 451-471.

[6] MARKUSEN J R. Factor Movements and Commodity Trade as Complements [J]. Journal of International Economics, 1983, 14 (4): 341-356.

[7] LIPSEY R E, WEISS M Y. Foreign Production and Exports of Individual Firms [J]. Review of Economics and Statistics, 1984, 66 (2): 304-308.

[8] ROGER, SVENSSON. Effects of Overseas Production on Home Country Exports: Evidence Based on Swedish Multinationals [J]. Weltwirtschaftliches Archiv, 1996, 132: 304-329.

[9] AIZNMAN J, Mark M. Spiegel. Institutional Efficiency, Monitoring Costs and the Investment Share of FDI [J]. Review of International Economics, 2006, 14 (4): 683-697.

[10] DESAI, PADMA, ALEJADRO D, et al. The International Operations of national Firms: A Study of Direct Foreign Investment [J]. Journal of International Business Studies, 1977, 4 (2): 103-104.

[11] BRAINARD S, MARTIMORT D. Strategic Trade Policy with Incompletely Informed Policymakers [J]. Journal of International Economics, 1997, 42 (1/2): 33-65.

[12] DUNING J H, BUCKLEY P J. International Production and Alternative Models of Trade [J]. Manchester School, 1977, 45 (4): 392-403.

[13] GOPINATH M, PICK D, VASAVADAU. The Economics of Foreign Direct Investment and Trade with an Application to the U. S. Food Processing Industry [J]. American Journal of Agricultural Economics, 1999, 81 (2): 442-452.

[14] SEO J S, SUH C S. An Analysis of Home Country Trade Effects of Outward Foreign Direct Investment: The Korean Experience with ASEAN, 1987-2002 [J]. Asean Economic Bulletin, 2006, 23 (2): 160-170.

[15] BHAGWATI J N, BRECHER R A, DINOPOULOS E, et al. Quid Pro Quo Foreign Investment and Welfare: A Political-Economy-Theoretic Model [J]. Journal of Development Economics, 1987, 27 (1/2): 0-138.

[16] LALL S. The New Multinationals, the Spread of Third World Enterprises [J]. Journal of Development Economics, 1985, 19 (1): 210-213.

[17] BHAGWATI J N, DINOPOULOS E, WONG K Y. Quid Pro Quo Foreign Investment [J]. Economics & Politics, 1992, 82 (2): 186-190.

[18] LILNSRYR E, WEISS M Y. Foreign Production and Exports in Manufacturing Industries [J]. Review of Economics & Statistics, 1981, 63 (4): 488-494.

[19] GRUBERT H, MUTTI J. Taxes. Tariffs and Transfer Pricing in Multinational Corporate Decision Making [J]. Review of Economics & Statistics, 1991, 73 (2): 285-293.

[20] M. Pfaffermayr. Foreign Direct Investment and Exports: a Time Series Approach [J]. Applied Economics, 1994, 26 (4): 337-351.

[21] HEAD K, RIES J. Heterogeneity and the FDI Versus Export Decision of Japanese Manufacturers [J]. Journal of the Japanese & International Economies, 2003, 17 (4): 448-467.

[22] CAMARERO M A, SILVERSTRE J L C, TAMARIT C. Testing for Hysteresis in Unemployment in OECD Countries. New Evidence Using Stationarity Panel Tests with Breaks [J]. Oxford Bulletin of Economics & Statistics, 2004, 68 (2): 167-182.

[23] BUCKLEY P J. Internalisation Theory and Outward Direct Investment by Emerging Market Multinationals [J]. Management International Review, 2017, 58 (5): 1-30.

[24] MARKUSEN J R. Factor Movements and Commodity Trade as Comple-

ments [J]. Journal of International Economics, 1983, 14 (4): 341-356.

[25] KRUGMAN, PAUL R. Intraindustry Specialization and the Gains from Trade [J]. Journal of Political Economy, 1981, 89 (5): 959-973.

[26] SWENSON D L. Foreign Investment and the Mediation of Trade Flows [J]. Review of International Economics, 2010, 12 (4): 609-629.

[27] DENG P. Outward Investment by Chinese MNCs: Motivations and Implications [J]. Business Horizons, 2004, 47 (3): 8-16.

[28] VERBEKE, ALAIN, KANO, et al. An internalization Theory Perspective on the Global and Regional Strategies of Multinational Enterprises [J]. Journal of World Business, 2016, 51 (1): 83-92.

[29] DEFRAIGANE J C. Chinese Outward Direct Investments in Europe and the Control of the Global Value Chain [J]. Asia Europe Journal, 2017, 15 (2): 213-228.

[30] OLDENSKIli L. Export Versus FDI and the Communication of Complex Information [J]. Journal of International Economics, 87 (2): 312-322.

[31] KLAUS E. Meyer. Foreign Investment Strategies and Sub-national Institutions in Emerging Markets: Evidence from Vietnam [J]. Journal of Management Studies, 2005, 42 (1): 63-93.

[32] ANDERSON J E, Wincoop E V. Trade Costs [J]. Journal of Economic Literature, 2004, 42 (3): 691-751.

[33] MARTí, PUERTAS, GARCíA. The importance of the Logistics Performance Index in international trade [J]. Applied Economics, 2014, 46 (24): 2982-2992.

[34] HERTEL T W, MIRZZA T. The Role of Trade Facilitation in South Asian Economic Integration [J]. Study on Integration Trade and Investment in South Asia, 2009 (2): 12-38.

[35] JESUS F, UTSAV K. The Role of Trade Facilitation in Central Asia: A Gravity Model [J]. SSRN Electronic Journal, 2012, 50 (4): 5-20.

[36] WARREN H. HAUL H, LEE U S. The Impact of Logistics Performance on Trade [J]. production and operations management, 2013 (22): 236-252.

[37] FREUND C, ROCHA N. What Constrains Africa's Exports? [J]. Social Science Electronic Publishing, 2011, 25 (3): 361-386.

[38] PUERTA R, MARTI L, GARCIA L. Logistics Performance and Export Competitiveness: European Experience [J]. Empirica, 2014, 41 (3): 467-480.

[39] LI P X, XIE W. A Strategic Framework for Determining E-commerce Adoption [J]. Journal of Technology Management in China, 2012, 7 (1): 22-35.

[40] CHO J J K, OZEMENT J, SINK H. Logistics Capability, Logistics Outsourcing and Firm Performance in an E-commerce Market [J]. International Journal of Physical Distribution & Logistics Management, 2008, 38 (3): 336-359.

[41] BENJAMIN R, Rolf Wigand. Electronic Markets and Virtual Value Chains on the Information Superhighway [J]. Sloan Management Review, 1995, 36 (2): 62.

[42] ESTRELLA G H, MARTENS B, TURLEA G. The Drivers and Impediments for Cross-border E-commerce in the EU [J]. Information Economics and Policy, 2014, 28 (9): 83.

[43] SAMUELSON, PAUL A. The Transfer Problem and Transport Costs: The Terms of Trade when are Absent [J]. Economic Journal, 1952, 62: 278-304.

[44] KRUMAN Pl. Scale Economies, Product Differentiation, and the Pattern of Trade [J]. The American Economic Review, 1980, 70 (5): 950-959.

[45] GROENEWOLD N, LEE G, CHEN A P. Inter-regional Spillovers in China: The Importance of Common Shocks and the Definition of the Regions [J]. China Economic Review, 2007, 19 (1): 32-52.

[46] BRUN J F, COMBES J L, RENARD M F. Are there Spillover Effects Between the Coastal and Noncoastal Regions in China? [J]. China Economic Review, 2002 (13): 161-169.

[47] PöYHöNEN P. A Tentative Model for the Volume of Trade Between Countries [J]. Weltwirtschaftliches Archiv, 1963, 90: 93-100.

[48] LINNEMANN H. An Economic Study of International Trade Flows [J]. North-Holland Publishing Co, 1966 (8): 8-56.

[49] CHO S H, ROBERTS R K, KIM S G. Negative Externalities on Property Values Resulting From Water Impairment: The Case of the Pigeon River Watershed [J]. Ecological Economics, 2011, 70 (12): 2390-2399.

[50] HOLTZ-EAKIN D, NEWEY W, ROSEN S. Estimating Vector Autoregressions with Panel Data [J]. Econometrica, 1988, 56 (6): 1371-1395.

[51] LUC A. Lagrange Multiplier Test Diagnostics for Spatial Dependence and Spatial Heterogeneity [J]. Geographical Analysis, 1988, 20: 1-17.

[52] ELHORST, PAUL J. Applied Spatial Econometrics: Raising the Bar [J]. Spatial Economic Analysis, 2010, 5 (1): 9-28.

[53] BELOTTI F, HUGHES G, Mortari A P. Spatial panel data models using Stata [J]. CS Research Paper, 2016, 17: 139-180.

[54] WESSEL R, MARK C. The Blockchain as a Narrative Technology: Investigating the Social Ontology and Normative Configurations of Cryptocurrencies [J]. Philos&Technol, 2016 (10): 1-28.

[55] MARCCO L, KARIM R L. The Truth About Blockchain [J]. HARV. BUS. REV, 2017 (95): 115-127.

[56] DEEPAK P, NISHA M, SARAJU P M, et al. Everything You Wanted to Know About the Blockchain: Its Promise, Components, Processes, and Problems [J]. IEEE CONSUMER ELECS. MAG, 2018: 6, 12.

[57] PWC. How blockchain technology could improve the tax system [J]. PricewaterhouseCoopers LLP, 2016: 5.

[58] FLYNN C. Preparing for Digital Taxation in a Blockchain World [J]. Tax Planning International Review, 2016 (10): 4.

[59] EY. Blockchain: a Chain Reaction [J]. Technology company in anticipation of reaching critical mass. Ernst & Young Global Limited, 2016: 15.

[60] AINSWORTH R T, VIITASAARI V. Payroll Tax & the Blockchain [J]. Tax Notes International, Law and Economics Research Paper, Boston Univ. School of Law, 2017 (3): 1007-1024.

[61] WIJAYA D A, LIU J K, SUWARSONO D A, etc. A New Blockchain-Based Value - Added Tax System [J]. Provable Security. Lecture Notes in Computer Science. Springer, 2017, 10592: 471-486.

[62] VALENTINE P V, VIKTORIIA D C. Robot vs. tax inspector or how the fourth industrial revolution will change the tax system: a review of problems and solutions [J]. Journal of Tax Reform, 2018, 4 (1): 6-26.

[63] MICHAL R H. Can Blockchains and Linked Data Advance Taxation?

[J]. In WWW 18 Companion: The 2018 Web Conference Companion, ACM, 2018 (4): 4.

[64] FILIP F, PHILIP H, PETER F. Towards Tax Compliance by Design: A Decentralized Validation of Tax Processes Using Blockchain Technology [J]. IEEE 21st Conference on Business Informatics (CBI), IEEE, 2019 (8): 559-568.

[65] ALEXANDER S. Copyright in the blockchain era: promises and challenges [J]. Computer Law & Security Review, 2018, 66 (2): 59-82.

[66] RICHARDSON H W. Growth pole spillovers: The dynamics of backwash and spread [J]. Regional Studies, 2007, 41 (1): 27-35.

三、其他英文文献

[1] AARONW, PRIMAVERA D F. Decentralized Blockchain Technology and The Rise of Lex Cryptographia [EB/OL]. SSRN, 2015-05-20.

[2] JOHN WB, DAVID R, PHILIP C. An Emerging Political Economy of the BlockChain: Enhancing Regulatory opportunities [EB/OL]. Social Science Electronic Publishing, 2018-08-03.

[3] Investopedia. Blockchain [EB/OL]. Investopedia, 2019-09-040.

[4] CLANCY H. Let your product do the talking: the rise of smart labels. GreenBiz [EB/OL]. Greenbiz, 2016-07-29.

[5] Ethereum White Paper. A next-generation smart contract and decentralized application platform [EB/OL]. Github, 2015-11-12.

四、中文著作

[1] 李兵. OFDI 贸易效应研究 [M]. 北京：经济科学出版社, 2009.

[2] 陈强. 高级计量经济学及 Stata 应用 [M]. 北京：高等教育出版社, 2014.

[3] 梁俊娇. 税务管理 [M]. 北京：中国人民大学出版社, 2016.

[4] 陈新. 纳税信用体系研究 [M]. 北京：人民出版社, 2008.

[5] 连玉明. 重新定义大数据 [M]. 北京：机械工业出版社, 2017.

[6] 袁煜明, 王蕊, 孟岩, 等. 区块链产业应用100例 [M]. 北京：人民邮电出版社, 2021.

五、中文期刊

[1] 闫杰，刘清娟，热依汗·吾甫尔. 中国对中亚五国直接投资的贸易效应——基于丝绸之路经济带视角的研究 [J]. 上海经济研究，2017（3）：58-64.

[2] 胡昭玲，宋平. 中国对外直接投资对进出口贸易的影响分析 [J]. 经济经纬，2012（3）：65-69.

[3] 隋月红，赵振华. 我国OFDI对贸易结构影响的机理与实证——兼论我国OFDI动机的拓展 [J]. 财贸经济，2012（4）：81-89.

[4] 周昕，牛蕊. 中国企业对外直接投资及其贸易效应——基于面板引力模型的实证研究 [J]. 国际经贸探索，2012，28（5）：69-81，93.

[5] 程中海，袁凯彬. 能源对外直接投资的进口贸易效应与类型甄别——基于结构式引力模型的系统GMM估计 [J]. 世界经济研究，2015（11）：99-108，117，129.

[6] 王怡安，许启航."一带一路"背景下我国对沿线国家直接投资的贸易效应研究 [J]. 经济师，2017（11）：50-52，54.

[7] 张如庆. 中国对外直接投资与对外贸易的关系分析 [J]. 世界经济研究，2005（3）：23-27.

[8] 谭亮，万丽娟. 中国对外直接投资与进出口贸易关系的实证分析 [J]. 重庆大学学报（社会科学版），2010，16（1）：59-64.

[9] 胡兵，乔晶. 中国对外直接投资的贸易效应——基于动态面板模型系统GMM方法 [J]. 经济管理，2013，35（4）：11-19.

[10] 陈培如，冼国明. 中国对外直接投资的出口效应——对"替代"和"互补"效应并存的一种解释 [J]. 当代财经，2018（9）：102-113.

[11] 柴庆春，胡添雨. 中国对外直接投资的贸易效应研究——基于对东盟和欧盟投资的差异性的考察 [J]. 世界经济研究，2012（6）：64-69，89.

[12] 蒋冠宏，蒋殿春. 中国企业对外直接投资的"出口效应" [J]. 经济研究，2014，49（5）：160-173.

[13] 闫雪凌，胡阳. 制度、文化与中国OFDI的利益动机 [J]. 南方经济，2016（6）：1-17.

[14] 张春萍. 中国OFDI的贸易效应研究 [J]. 数量经济技术经济研究，2012（6）：76-77.

[15] 刘薇, 李冉. 中国对"一带一路"沿线国家直接投资的出口贸易效应研究 [J]. 价格月刊, 2018 (1): 80-85.

[16] 王胜, 田涛. 中国 OFDI 的贸易效应研究 [J]. 世界经济研究, 2014 (10): 80-87.

[17] 宋勇超. "一带一路"倡议下中国对外直接投资贸易效应研究 [J]. 技术经济与管理研究, 2017 (6): 82-85.

[18] 李晓钟, 徐慧娟. 中国对"一带一路"沿线国家直接投资贸易效应研究 [J]. 国际经济合作, 2018 (10): 4-9.

[19] 杨亚平, 高玥. "一带一路"沿线国家的投资选址——制度距离与海外华人网络的视角 [J]. 经济学动态, 2017 (4): 43-54.

[20] 黎绍凯, 张广来. 我国对"一带一路"沿线国家直接投资布局与优化选择：兼顾投资动机与风险规避 [J]. 经济问题探索, 2018 (9): 115-128.

[21] 彭冬冬, 林红. 不同投资动因下东道国制度质量与中国对外直接投资——基于"一带一路"沿线国家数据的实证研究 [J]. 亚太经济, 2018 (2): 95-102, 151.

[22] 臧新, 姚晓雯. 中国 OFDI 和出口关联度的测算及影响因素研究 [J]. 国际贸易问题, 2018 (12): 122-134.

[23] 尹忠明, 李东坤. 中国对外直接投资与出口的关系变动：测算、特征及成因 [J]. 当代经济研究, 2015: 84-90.

[24] 段博川, 唐幸, 刘倩. 中国对"一带一路"沿线国家 OFDI 动机的研究 [J]. 统计与决策, 2019, 35: 129-132.

[25] 余振, 陈鸣. 贸易摩擦对中国对外直接投资的影响：基于境外对华反倾销的实证研究 [J]. 世界经济研究, 2019: 108-120, 133.

[26] 王勇, 陈思杭. 中国净出口贸易的流量与潜力——基于引力模型的实证研究 [J]. 科学经济社会, 2014, 32: 61-65.

[27] 黄玖立, 李坤望. 出口开放、地区市场规模和经济增长 [J]. 经济研究, 2006 (6): 27-38.

[28] 刘和东. 国内市场规模与创新要素集聚的虹吸效应研究 [J]. 科学学与科学技术管理, 2013, 34: 104-112.

[29] 鄢飞, 王译. 基于 LPI 的丝绸之路经济带物流绩效分析 [J]. 中国流通经济, 2016, 30: 28-34.

[30] 王昕天. 国际物流绩效影响因素的作用机理 [J]. 技术经济, 2015, 34: 89-94.

[31] 刘小军, 张滨. 中国与"一带一路"沿线国家的跨境物流协作——基于物流绩效指数 [J]. 中国流通经济, 2016, 30: 40-46.

[32] 樊秀峰, 余姗. "海上丝绸之路"物流绩效及对中国进出口贸易影响实证 [J]. 西安交通大学学报（社会科学版）, 2015, 35: 13-20.

[33] 王东方, 董千里, 于立新. "一带一路"沿线国家和地区物流绩效与中国对外贸易潜力 [J]. 中国流通经济, 2018, 32: 17-27.

[34] 刘洋, 殷宝庆. 国际物流绩效的贸易效应分析——基于 Heckman 模型的实证检验 [J]. 中国流通经济, 2017, 31（10）: 28-36.

[35] 孙慧, 李建军. "一带一路"国际物流绩效对中国中间产品出口影响分析 [J]. 社会科学研究, 2016（2）: 16-24.

[36] 梁烨, 崔杰. "一带一路"倡议下物流绩效对我国贸易潜力的影响——基于扩展的引力模型 [J]. 商业经济研究, 2019（1）: 94-97.

[37] 王林, 杨坚争. 跨境电子商务规则需求影响因素实证研究 [J]. 当代经济管理, 2014, 36（9）: 21-22.

[38] 林楚, 储雪俭. 基于因子分析的中小企业跨境电商发展能力分析——以浙江省为例 [J]. 商业经济研究, 2018（19）: 125-127.

[39] 陈钰芬. 基于全流程的进口 B2C 跨境电商商品质量风险评估体系构建 [J]. 商业经济与管理, 2019（12）: 5-16.

[40] 褚学力. 金融互联互通支持中小企业跨境电商发展探索——基于我国与"一带一路"沿线国家和地区经济发展的思考 [J]. 中国流通经济, 2016, 30（11）: 66-74.

[41] 王景河, 罗文樊. 中国——东盟跨境电商链支付问题研究 [J]. 华侨大学学报（哲学社会科学版）, 2018（1）: 45-55.

[42] 曹淑艳, 李振欣. 跨境电子商务第三方物流模式研究 [J]. 电子商务, 2013（3）: 23-25.

[43] 任志新, 李婉香. 中国跨境电子商务主推外贸转型升级的策略探析 [J]. 对外经贸实务, 2014（4）: 25-28.

[44] 刘小军, 张滨. 我国与"一带一路"沿线国家跨境电商物流的协作发展 [J]. 中国流通经济, 2016, 30（5）: 115-120.

[45] 金虹, 林晓伟. 我国跨境电子商务的发展模式与策略建议 [J]. 宏

观经济研究，2015（9）：40-49.

[46] 张夏恒. 跨境电商类型与运作模式 [J]. 中国流通经济，2017，31（1）：76-83.

[47] 郭四维，张明昂，王庆，朱贤强. 新常态下的"外贸新引擎"：我国跨境电子商务发展与传统外贸转型升级 [J]. 经济学家，2018（8）：42-49.

[48] 曹红玉. 浅析跨境电商在中小外贸企业发展中的作用 [J]. 商业时代，2014（31）：61-63.

[49] 程晓煜. 基于VAR模型的贸易增长与跨境电子商务关系实证研究 [J]. 商业经济研究，2016（12）：25-26.

[50] 马述忠，陈奥杰. 跨境电商：B2B抑或B2C——基于销售渠道视角 [J]. 国际贸易问题，2017（3）：75-85.

[51] 马述忠，郭继文，张洪胜. 跨境电商的贸易成本降低效应：机理与实证 [J]. 国际经贸探索，2019，35（5）：69-85.

[52] 吴俊红. "一带一路"沿线国家物流绩效对中国跨境电商的影响 [J]. 商业经济，2019（10）：62-65.

[53] 钱莎莎. 基于ISM模型的跨境生鲜电商的供应链绩效分析 [J]. 物流工程与管理，2014，36（8）：68-70

[54] 刘明，赵彦云. 基于投入要素的中国制造业省域空间溢出效应：测度与实证 [J]. 数理统计与管理，2018，37（1）：122-134.

[55] 张光南，洪国志，陈广汉. 基础设施、空间溢出与制造业成本效应 [J]. 经济学（季刊），2014，13（1）：285-304.

[56] 林玲，王炎. 贸易引力模型对中国双边贸易的实证检验和政策含义 [J]. 世界经济研究，2004（7）：54-58.

[57] 李飞，曾福生. 基于空间杜宾模型的农业基础设施空间溢出效应 [J]. 经济地理，2016，36（6）：142-147.

[58] 俞路. 我国FDI地区间溢出效应与渠道影响因素分析 [J]. 世界地理研究，2015，24（4）：94-102.

[59] 潘文卿. 中国区域经济发展：基于空间溢出效应的分析 [J]. 世界经济，2015，38（7）：120-142.

[60] 曾子明，万品玉. 基于主权区块链网络的公共安全大数据资源管理体系研究 [J]. 情报理论与实践，2019，42（8）：110-115.

[61] 张衍斌. 以区块链技术构建中欧跨境电子商务生态圈 [J]. 中国流通经济, 2018 (2): 66-72.

[62] 杨辉, 霍军, 秦大磊. "互联网+" 纳税信用管理的理论研究与国际借鉴 [J]. 经济研究参考, 2016 (59): 35-41, 117.

[63] 甘孙. 完善我国信用建设的基本构想 [J]. 商情, 2017 (14): 33-34.

[64] 李丽琴. 我国纳税信用体系建设研究 [J]. 赤峰学院学报（哲学社会科学版）, 2016 (12): 57-58.

[65] 曹明星, 蒋安琦, 刘奇超. 区块链技术在税收领域的应用: 功能补拓、实践观照与问题前瞻 [J]. 国际税收, 2018 (5): 38-45.

[66] 袁娇, 陈彦廷, 王敏. 互联网+背景下我国税收征管的挑战与应对 [J]. 税务研究, 2018 (9): 82-88.

[67] 任超然. 基于区块链技术的税收征管模型研究 [J]. 税务研究, 2018 (11): 90-97.

[68] 杜莉, 郑毓文. 应用区块链技术推动我国增值税征管创新: 机制分析和方案设计 [J]. 税务研究, 2018 (6): 72-79.

[69] 张晓丽. 运用区块链技术创新房地产行业税收征管模式 [J]. 税务研究, 2018 (8): 111-114.

[70] 李万甫, 刘和祥, 邓学飞. 应用区块链技术推动我国纳税缴费信用管理研究 [J]. 税务研究, 2018 (12): 78-82.

[71] 袁勇, 王飞跃. 区块链技术发展现状与展望 [J]. 自动化学报, 2016, 42 (4): 481-494.

[72] 吕乃基. 从由实而虚, 到以虚驭实——一个外行眼中的"区块链" [J]. 科技中国, 2017 (1): 11-17.

[73] 张庆胜, 刘法海. 基于区块链的电子发票系统研究 [J]. 信息安全研究, 2017, 6 (6): 517.

[74] 董志学, 张义军, 宋涛. 基于区块链技术的税务管控路径研究 [J]. 税务研究, 2018 (4): 108-112.

[75] 秦川. 浅议区块链电子发票 [J]. 国际税收, 2018 (11): 78-79.

[76] 郑妍. 主权区块链技术在纳税信用管理中应用的设想 [J]. 税收经济研究, 2018 (4): 81-86.

[77] 杨雷鸣, 朱波, 苏宇. 关于应用区块链技术提升税收风险管理的思

考［J］．税务研究，2019（4）：77-80．

［78］张巍，郭墨．区块链技术服务税收征管现代化的契合性研究［J］．税务研究，2019（5）：80-86．

［79］梅海涛，刘洁．区块链的产业现状、存在问题和政策建议［J］．电信科学，2016（11）：134-138．

［80］贾宜正，章苙今．区块链技术在税收治理中的机遇与挑战［J］．会计之友，2018（4）：142-145．

［81］杨杨，杜剑，罗翔丹．区块链技术对税收征纳双方的影响探析［J］．税务研究，2019（2）：114-118．

［82］马天龙．区块链技术及国库应用场景［J］．地方财政研究，2017（12）：26-32．

［83］钟成，张桂茂．区块链技术在税务风险管控中的应用前景与挑战分析［J］．商业会计，2018（19）：126-129．

［84］张之乐．以区块链技术促进纳税遵从的设想［J］．税务研究，2017（12）：108-111．

［85］贾宜正，刘建，谷文辉，等．大数据背景下的税收治理问题研究［J］．税收经济研究，2017（5）：17-23．

［86］王毛路，陆静怡．区块链技术及其在政府治理中的应用研究［J］．电子政务，2018（2）：2-14．

［87］王晓玲．区块链技术在打骗打虚工作中的构建与应用［J］．税务研究，2019（2）：119-124．

［88］张炜．加强增值税专用发票管理的国际借鉴研究［J］．国际税收，2019（2）：75-78．

［89］张国钧，李伟，谢波峰，等．基于区块链的"互联网+税务"创新探索——以深圳市税务局的实践为例［J］．税务研究，2019（1）：68-73．

［90］汤晓冬，周河山．基于区块链技术的税收治理框架构建［J］．税务研究，2018（11）：98-104．

［91］胡海瑞．"区块链技术+税收治理"应用探研［J］．税收征纳，2019（8）：4-6，1．

［92］杰弗里·欧文斯，陈延忠．区块链与税收：从梦想到现实［J］．国际税收，2018（9）：23-27．

［93］徐夫田，汤荣志，董旸．基于区块链技术的税收信息化研究［J］．

税收经济研究，2018（5）：45-48.

[94] 吕阳.工业4.0背景下大数据技术与税收管理关系刍议[J].税收经济研究，2018（3）：48-53.

[95] 白玉明，陈卓.区块链技术在新时代税收征管领域的应用探析[J].中国税务，2018（7）：61-63.

[96] 连玉明.向新时代致敬——基于主权区块链的治理科技在协商民主中的运用[J].中国政协，2018（6）：81-82.

[97] 曾子明，万品玉.基于主权区块链网络的公共安全大数据资源管理体系研究[J].情报理论与实践，2019，42（8）：110-115，77.

[98] 张金山.巴西电子发票实践与我国深化税收征管体制改革对策[J].税务研究，2017（5）：82-86.

[99] 闫晴.大数据时代纳税信用评级制度的三维向度与优化路径[J].财会月刊，2018（13）：56-60.

[100] 唐晓鹰，孙振华，王树韧，陈忠.纳税信用与社会信用体系的融合[J].税务研究2016，（10）：112-114.

[101] 李进都，王莉，汤晶晶.国外税收信用体系建设的做法及启示[J].税收征纳，2018（2）：55-56.

[102] 安吉拉，瓦尔奇，王淑芳.区块链的诡异词汇：监管者面临的另一个挑战[J].互联网金融法律评论，2017（3）：7.

[103] 李海波.利用区块链技术促进我国跨境电子商务发展[J].财会月刊（会计版），2019（3）：142-146.

[104] 浦东平，樊重俊，梁贺君.基于区块链视角的电商平台体系构建及应用[J].中国流通经济，2018（3）：44-51.

[105] 周翔，何银川，蔡翘蔚.区块链技术对优化跨境电商支付模式的应用探析[J].科技创新与应用，2018（8）：22-23.

[106] 杨朔，黄忠义，李东格.区块链在跨境电子商务领域的应用场景和价值分析[J].网络空间安全，2020（4）：44-48.

[107] 葛静茹，焦世奇，翁朝霞."区块链+跨境电商"的发展机遇及挑战[J].现代经济信息，2019（24）：310-311.

[108] 洪文倩，王庆年.基于区块链的海运业智能合约框架构建与分析[J].物流科技，2020，43（5）：97-101.

[109] ［韩］LEE K H.国家吸引力的概念界定：研究综述[J].国际行

政科学评论,2016,82:4.

[110] 孙毅,范灵俊,洪学海.区块链技术发展及应用:现状与挑战[J].中国工程科学,2018,20(2):27-32.

[111] 孙灿.人类命运共同体与新时代中国的全球治理逻辑[J].湖北行政学院学报,2020(2):20-26.

[112] 李臻,张向前.发展跨境电子商务促进企业走出去战略研究——基于"一带一路"背景[J].科技管理研究,2018,38(21):56-63.

[113] 翟东升.从地区价值链到亚洲命运共同体——国际政治经济学视角下的中国崛起和东亚复兴[J].教学与研究,2019(6):65-75.

[114] 温蕾,郭靖云,钱隆,任旭敏,胡燃."一带一路"倡议下跨境电子商务法律监管问题研究[J].环境与可持续发展,2018,43(5):124-127.

[115] 王彬.论"一带一路"背景下中非高等教育合作行稳致远[J].齐齐哈尔大学学报(哲学社会科学版),2019(6):168-170.

[116] 闫卫喜.浅谈区块链技术在交通运输行业的应用[J].中国交通信息化,2020(2):132-134.

[117] 温珺,阎志军.中国跨境电子商务发展:新特点、新问题和新趋势[J].国际经济合作,2017(11):29-35.

[118] 高奇琦.人工智能、四次工业革命与国际政治经济格局[J].当代世界与社会主义,2019(6):12-19.

[119] 蒋雨桥,樊重俊.中国跨境电子商务发展分析[J].物流科技,2019,42(12):57-59.

六、中文报纸

[1] 习近平.共同构建人类命运共同体 在联合国日内瓦总部的演讲[N].人民日报,2017-01-20.

[2] 滕娟.区块链技术:解决电子发票痛点的突破口[N].财会信报,2017-8-18.

[3] 于富霞,易岚.国外"区块链+税务"的尝试及启示[N].中国税务报,2018-07-18.

[4] 张璋.建立纳税信用社会化应用体系[N].中国税务报,2015-12-22.

[5] 习近平在中央政治局第十八次集体学习时强调"把区块链作为核心技术自主创新重要突破口 加快推动区块链技术和产业创新发展"[N].人民

日报，2019-10-26（1）.

七、其他中文文献

[1] 邱丹霞. 基于主权区块链技术的纳税信用管理问题研究——以广东省为例［D］. 广州：华南理工大学，2020.

[2] 张海波. 东亚新兴经济体对外直接投资对母国经济效应研究［D］. 沈阳：辽宁大学，2011.

[3] 王苏琰. 中国对"一带一路"沿线国直接投资的贸易效应研究［D］. 天津：天津师范大学，2016.

[4] 郭玉梅. 中国对"一带一路"沿线国家直接投资的贸易效应研究［D］. 大连：东北财经大学，2016.

[5] 许日时. 国际物流绩效对我国进口贸易的影响研究［D］. 南京：东南大学，2017.

[6] 李莹英. 基于空间计量模型的河南省区域旅游经济空间溢出效应研究［D］. 上海：上海师范大学，2019.

[7] 孙倩倩. "一带一路"背景下贸易便利化对中国跨境电商出口的影响研究［D］. 广州：华南理工大学，2019.

[8] 薛洋洋. 国际物流绩效对我国农产品贸易的影响［D］. 大连：东北财经大学，2018.

[9] 黄楚灵. 我国对"一带一路"沿线国家OFDI与出口贸易关联性的影响研究［D］. 广州：华南理工大学，2020

[10] 洪文倩. "一带一路"沿线国家物流绩效对中国跨境电商出口贸易的影响研究［D］. 广州：华南理工大学，2020.

[11] 李哲. 基于区块链的电子发票云平台构建研究［D］. 北京：中国财政科学研究院，2018.

[12] 刘伯华. 聚类分析在纳税信用细分中的应用研究［D］. 赣州：江西理工大学，2009.

[13] 任毅. 江苏省淮安市纳税信用管理研究［D］. 大连：大连海事大学，2018.

[14] 高霞. 徐州市纳税信用管理问题与对策研究［D］. 徐州：中国矿业大学，2019.

[15] 李哲. 基于区块链的电子发票云平台构建研究［D］. 北京：中国财

政科学研究院，2018.

[16] 王幸婷. 东道国国家吸引力水平对中国跨境电子商务出口的影响 [D]. 广州：华南理工大学，2020.

[17] 张学良，杨朝远. 加快形成国内国际双循环相互促进的新发展格局 [EB/OL]. 人民网，2020-07-07.

[18] 李克强. 政府工作报告 [EB/OL]. 中国政府网，2014-03-05.

[19] 贵阳市人民政府新闻办公室. 贵阳区块链发展和应用白皮书 [EB/OL]. 搜狐网，2016-12-28.

[20] 网经社.《2019年度中国跨境电子商务市场数据监测报告》（全文）发布 [EB/OL]. 网经社官网，2020-06-08.

[21] 国盛证券. 比特币价格高企，中嘉博创布局算力运营产业链 [EB/OL]. 东方财富网，2021-02-08.

[22] 国盛证券. DEFI生态、以太坊2.0：锁仓推动eth价格持续新高 [EB/OL]. 东方财富网，2021-01-25.

[23] 国盛证券. 区块链新基建（四）：中欧投资协定背景下，隐私计算开启新蓝海 [EB/OL]. 东方财富网，2021-01-24.

[24] 国盛证券. 跨链生态引领币市热点，灰度下架XRP信托产品 [EB/OL]. 东方财富网，2021-01-18.

[25] 国盛证券. 星展银行入局加密货币交易服务，数字人民币首单电商消费诞生 [EB/OL]. 东方财富网，2020-12-14.

[26] 国盛证券. Libra2.0最快明年1月推出，数字货币再提速 [EB/OL]. 东方财富网，2020-11-30.

[27] 东方证券. TMT专题：区块链行业有望快速成长 [EB/OL]. 东方财富网，2021-01-28.

[28] 中金公司. 区块链与数字货币观察：从"数字人民币"测试看DCEP形态与功能 [EB/OL]. 新浪网，2020-10-19.

[29] 国盛证券. 区块链新基建（三）：分布式存储给互联网带来了什么？[EB/OL]. 东方财富网，2020-10-15.

[30] 中信证券. 各地政务应用持续推进，区块链行业动态追踪 [EB/OL]. 新浪网，2020-9-14.

[31] 中金公司. 区块链与数字货币观察（8月）：关注DC/EP和新基建落地进展 [EB/OL]. 新浪网，2020-09-01.

[32] 中信证券. 各国加密货币监管日趋完善, DCEP 加速推进 [EB/OL]. 新浪网, 2020-08-24.

[33] 中金公司. 区块链: 关注央行数字货币、新基建、可信经济三大投资机会 [EB/OL]. 沃见网, 2020-06-23.

[34] 国盛证券. 四探央行数字货币: 第三方支付产业新变量 [EB/OL]. 东方财富网, 2020-06-23.

[35] 亿欧智库. 2021 上海市数字经济发展研究报告 [EB/OL]. 亿欧智库, 2021-01-24.

[36] 世界经济论坛. 概览贸易探测: 第四次工业革命时期的贸易 [EB/OL]. 世界经济论坛, 2020-12-21.

[37] 埃森哲. 金融行业智能金融联合报告: 与 AI 共进, 智胜未来 [EB/OL]. 东方财富网, 2020-01-11.

[38] 物联网智库. 物联网行业: 2021 中国 AIoT 产业全景图谱报告 [EB/OL]. 中商情报网, 2021-01-07.

[39] 亿欧智库. 社交网络巨头产业互联网布局研究——腾讯案例分析 [EB/OL]. 亿欧智库, 2020-12-29.

[40] 金链盟. 2020 年全球区块链行业发展趋势报告: 数据要素视角下的产业区块链新机遇 [EB/OL]. 东方财富网, 2020-12-17.

[41] 中关村互联网金融研究院. 金融行业: 中国金融科技和数字普惠金融发展报告 (2020) [EB/OL]. 中关村互联网金融研究院, 2020-12-17.

[42] 申万宏源. 计算机应用行业区块链与数字货币点评: DCEP 设计思路给予商业机构更多参与机会 [EB/OL]. 新浪网, 2020-12-28.

[43] 开源证券. 计算机行业周报: 周观点: 底部布局高景气板块 [EB/OL]. 东方财富网, 2020-12-13.

[44] 亿欧智库. WIA2020 | 全球金融科技创新 TOP50 [EB/OL]. 亿欧智库, 2020-12-12.

[45] 刘军稳. 区块链+资产数字化: 破解实体经济困局 [EB/OL]. 学术论文联合比对库, 2019-04-23.

[46] 平安证券. 智能化区块链在场外市场运营和操作风险防范中的应用 [EB/OL]. 平安证券官网, 2018-09-05.

[47] 国盛证券. 区块链新基建 (二): 区块链+物联网, 深挖数据价值和智能场景 [EB/OL]. 东方财富网, 2020-07-27.

后　记

在数字化经济时代，本研究创新性地结合当前对经济领域影响最大的因素之一的区块链技术发展，把区块链+与跨境电子商务联系起来，对区块链+跨境电子商务展开相关研究，提出构建区块链+跨境电子商务体系，具有一定的时代意义。同时，有重点地结合区块链+跨境电子商务体系，分别从"一带一路"沿线国家物流绩效对中国跨境电子商务出口贸易的影响研究、我国对"一带一路"沿线国家OFDI与出口贸易关联性的影响研究、"一带一路"沿线国家吸引力水平对跨境电子商务企业的影响三个方向进行理论和实证研究；另外，分别从国际经济政治环境、央行数字货币和Libra、跨境电子商务人才培养模式、跨境电子商务纠纷解决路径四个方面对跨境电子商务的影响进行了分析；最后构建区块链+跨境电子商务的政策框架，并提出区块链+跨境电子商务的道路选择的相关政策。

该研究成果具有一定的创新和研究价值：一是其创新性地结合当前对经济领域影响最大的因素之一的区块链技术发展，把区块链+与跨境电子商务联系起来，对区块链+跨境电子商务展开相关研究，提出构建区块链+跨境电子商务体系，具有一定的时代意义。二是所提出的区块链+跨境电子商务相关建议和研究框架对我国数字经济时代的跨境电子商务研究有借鉴作用。三是有关提出的相关跨境电子商务产业发展、行业提升以及环境塑造等方面的政策和措施也为国内同行提供一些参考。但由于本人和团队的能力和时间有限，本文尚存在很多不足，希望在今后的研究中加以改进。具体来说有以下几方面存在不足：

（1）本研究对区块链+跨境电子商务问题进行了一定的探讨，并提出了一些政策建议。但是由于对区块链+跨境电子商务的交互影响把握的不一定非常准确，相信如果能够获得支持，则为继续进行该项研究提供了强有力的支撑，也必将使该项研究取得较大的进展，力争成为一本重要的著作。

（2）跨境电子商务作为一个较为新兴的行业，发展起步较晚，海关或统计局等机构未发布跨境电子商务贸易的详细数据，所以本文在参考各种文献和报告后，参考其测算方法，对中国分国别的跨境电子商务出口数据进行了一定比例的折算，可能会使实证结果有一定的误差。所以在进一步的探索研究中，学者可以继续寻找更好的针对中国分国别跨境电子商务出口数据的折算方法。

总体而言，区块链+跨境电子商务仍然有很大的研究空间，同时，也将面对区块链应用发展带来的越来越多的挑战。跨境电子商务的科学发展，能够使我国在国际市场中的占比有效提升，更能够帮助很多企业打破国际贸易壁垒的限制。因此，有关人员应当致力于对区块链+跨境电子商问题不断进行深入研究，力保分析有据、研究深刻、措施得当、执行到位。

致　谢

本专著由王庆年副研究员执笔，研究团队各位老师和研究生都付出了巨大的努力，其中硕士生邱丹霞、黄楚灵、洪文倩分别就相关的研究工作撰写了部分章节，硕士生吴莉、何欣怡、曾彦霏等在资料整理和相关研究方面做了大量工作，硕士生王涛等同学对本专著进行了大量的文字核对。本项目得到了教育部产学协同育人项目（201902036018，201902315002）、广东省自然科学基金项目（2020A1414010301）、广东省哲学社会科学规划项目（GD20HYJ02）、广州市哲学社会科学项目（2019GZGJ08）和华南理工大学社科项目、教改项目的大力支持，在此一并表示感谢！